근대 사상의
수용과
변용 II

메타모포시스 인문학총서 11

근대 사상의 수용과 변용 Ⅱ

강원돈·이행훈·조성환·심의용
오지석·박삼열·방원일·신응철

보고사
BOGOSA

숭실대학교 한국기독교문화연구원은 1967년 설립된 한국기독교
문화연구소를 모태로 하고 1986년 설립된 〈기독교사회연구소〉와 통
합하여 확대 개편함으로써 명실공히 숭실대학교를 대표하는 인문학
연구원으로 발전하여 오늘에 이르렀다. 반세기가 넘는 역사 동안 다
양한 학술행사 개최, 학술지 『기독문화연구』와 '불휘총서' 발간, 한국
기독교박물관 소장 자료의 연구에 주력하면서, 인문학 연구원으로서
의 내실을 다져왔다. 2018년 한국연구재단의 인문한국플러스(HK+)
사업 수행기관으로 선정되며 또 다른 도약의 발판을 마련하였다.

본 HK+사업단은 "근대전환공간의 인문학─문화의 메타모포시스"
라는 아젠다로 문·사·철을 아우르는 다양한 연구자들이 학제간 연
구를 진행하고 있다. 개항 이래 식민화와 분단이라는 역사적 격변
속에서 한국의 근대(성)가 형성되어온 과정을 문화의 층위에서 살펴
보는 것이 본 사업단의 목표다. '문화의 메타모포시스'란 한국의 근대
(성)가 외래문화의 일방적 수용으로도, 순수한 고유문화의 내재적 발
현으로도 환원되지 않는, 이문화들의 접촉과 충돌, 융합과 절합, 굴절
과 변용의 역동적 상호작용을 통해 형성되었음을 강조하려는 연구
시각이다.

본 HK+사업단은 아젠다 연구 성과를 집적하고 대외적 확산과 소

통을 도모하기 위해 총 네 분야의 기획 총서를 발간하고 있다. 〈메타모포시스 인문학총서〉는 아젠다와 관련된 연구 성과를 종합한 저서나 단독 저서로 이뤄진다. 〈메타모포시스 번역총서〉는 아젠다와 관련하여 자료적 가치를 지닌 외국어 문헌이나 이론서들을 번역하여 소개한다. 〈메타모포시스 자료총서〉는 숭실대 한국기독교박물관에 소장된 한국 근대 관련 귀중 자료들을 영인하고, 해제나 현대어 번역을 덧붙여 출간한다. 〈메타모포시스 대중총서〉는 아젠다 연구 성과의 대중적 확산을 위해 기획한 것으로 대중 독자들을 위한 인문학 교양서이다.

동양과 서양, 전통과 근대, 아카데미즘 안팎의 장벽을 횡단하는 다채로운 자료와 연구 성과들을 집약한 메타모포시스 총서가 인문학의 지평을 넓히고 사유의 폭을 확장하는 데 기여할 수 있기를 바란다.

2020년 11월
숭실대학교 한국기독교문화연구원 HK+사업단장
장경남

　　숭실대학교 인문한국플러스(HK+) 사업단은 아젠다인〈근대 전환 공간의 인문학, 문화의 메타모포시스〉의 연구 성과를 집적하기 위해 2018년 5월부터〈메타모포시스 인문학 총서〉시리즈를 기획하였다. 이미 간행된 책으로는 제1권『한국기독교박물관 자료를 통해 본 근대의 수용과 변용』(2019)과 제2권『근대 전환기 문학예술의 메타모포시스』(2019)와 제3권『메타모포시스 시학』(2019)과『근대 사상의 수용과 변용Ⅰ』(2020) 등이 있다. 이번에 발간하는『근대 사상의 수용과 변용Ⅱ』는 이러한 작업과 연속선상에 있다.

　　본서는 숭실대학교 인문한국플러스 사업단의 아젠다인〈근대 전환공간의 인문학, 문화의 메타모포시스〉연구 분과 중 '사유와 사상팀'이 그동안 축적하고 학술대회를 통해 발표된 연구 결과물을 중심으로 편찬되었다. 2020년『근대 사상의 수용과 변용Ⅰ』의 후속 작업으로 2019년 두 차례에 걸쳐〈사유와 사상팀〉에서 주관한 학술대회 발표 논문과 관련 논문을 모은 결과물이다.

　　19세기에서 20세기에 이르는 시기는 일종의 전환기였다. 전환 공간 속에서 전근대적인 것들이 근대적인 것으로 변화하면서 우리들이 현재 이해하는 인문학(Humanities)이 형성되었다. 세계를 이해하는 관점과 학문을 보는 시각이 연속성을 가지면서도 단절된 차원을 갖는 것으로 변용되었다.

　표제인『근대 사상의 수용과 변용』은 개항 이후 사상사에서 다양한 영역의 주제가 외래문명 수용과정에서 겪게 되는 충돌과 변용 양상을 다룬 논문들을 모은 것이다. 이러한 변용들을 개인, 진리, 개벽, 영성, 교육, 종교, 문화 등에 나타난 변화를 살피는 논의들로 구성되었다.

　책의 구성은『근대 사상의 수용과 변용Ⅰ』에 이어 전근대에서 근대로 변용된 주제들로 이루어졌다. 제1부는 전근대에서 근대로의 변용을 다룬다. 여러 주제들이 전근대에서 근대로 어떻게 변용되었는가를 다루고 있다.

　강원돈 교수의 「만민(萬民)에서 개인(individual)으로 - 개인의식의 탄생과 발전을 중심으로」는 전통 사회에서 군주의 지배 아래 있는 사람들의 총칭을 의미했던 집합 개념으로서 만민에서 어떻게 개인이 출현했는가를 고찰하고 있다. 조선 후기에서 근대 시기에 만민의 평등과 자주적 개인을 사유한 사상가들을 다루고 있다.

　이행훈 교수의 「도에서 진리로 - 진리 추구의 궤적을 중심으로」는 유학으로부터 근대 과학기술과 기독교의 수용에서 진리 추구의 궤적을 다루고 있다. 유교의 격치학에서 근대 과학으로의 변화와 종교의 영역에서의 진리 문제를 고찰하고 있다. 이를 통해 근대 이후 진행된 학문의 전문화, 실용화, 제도화의 문제를 제기한다.

　조성환 교수의 「혁명에서 개벽으로 - 동학에서 도덕의 전환을 중심으로」는 개벽 사상을 근대의 동력으로 재평가하면서 개벽이라는 주제로 한국근대사를 재독해하려는 시도이다. 동학혁명이나 시민혁명도 서구적 혁명의 틀이 아니라 개벽이라는 저류가 흐르고 있었음을 드러내고 있다.

심의용 교수의 「아니마에서 영성으로-동아시아에서 영성 개념 형성을 중심으로」는 현재 종교계와 과학계에서 힐링이나 치유와 관련해서 논의되는 영성의 개념이 어떤 맥락에서 논의되고 어떤 역사적 과정을 통해 수용되었는지를 논의하고 있다. 영성은 가톨릭 선교사들이 anima를 소개하는 과정에서 나온 번역어로서 그 의미의 맥락이 어떻게 수용되었는지를 밝히고 있다.

오지석 교수의 「근대전환기 평양 숭실 철학교육의 메타모포시스적 특징」은 평양 숭실에서 이루어진 철학 교육을 중심으로 한국근대전환기 철학교육이 어떻게 시작되었는지를 논의하고 있다. 특히 숭실대학교 한국기독교박물관 소장 평양숭실대학의 미공개자료를 소개하면서 근대전환기의 '외래사상의 유입, 무시, 배척, 전적수용'이라는 교육과정과는 다른 '서양인에 의한 직접 이식, 한국인의 수용과 변용'이라는 패러다임이 있었음을 밝히고 있다.

박삼열 교수의 「교육철학과 윤리사상의 메타모포시스 : 숭실대 초기 선교사 교장들을 중심으로」는 주로 숭실학당이 건립되어 폐교가 결정되기까지의 과정을 추적하며 숭실대학의 교장을 맡았던 선교사들의 교육철학과 기독교 윤리사상을 살펴보고 있다. 특히 기독교 선교사들이 조선에 들어와서 조선의 근대화 교육을 선도하며 많은 결실을 맺게 한 정신적 토대로서 교육철학과 기독교 윤리를 논의하고 있다.

방원일 교수의 「종교 개념의 메타모포시스: 종교 개념이 자리 잡기까지」는 종교(宗敎) 개념이 개항이 후에 사용되었다는 점을 밝히고 있다. 특히 1880년대부터 근대적 개념으로 정착되는 1910년까지의 종교에 대한 인식 변화와 그 변화를 담는 언어적 틀의 변화를 논의하고 있다.

신응철 교수의 「문화의 메타모포시스」는 문화의 메타모포시스의 현상을 카시러의 문화과학의 특징과 목표를 중심으로 분석하고 있다. 문화의 메타모포시스 현상의 단초는 신화와 신화적 사고에서 기원하고 있다. 신화의 순기능과 역기능이라는 점에서 신화의 사고의 고유한 특성이 문화의 메타모포시스를 이해하는 중요한 사실이라는 점을 논증하고 있다.

이번에 발간하는 『근대 사상의 수용과 변용Ⅱ』는 근대 전환기 서구 문명이 수용되는 과정에서 겪게 되는 다양한 주제의 변용을 다양한 주제를 사상사적인 맥락 속에서 다루고 있다. 이런 주제들을 하나로 묶어 성과물로 내었다는 것이 중요한 성과라고 할 수 있다. 숭실대학교 인문한국플러스(HK+) 사업단은 지속적인 연구를 통해 〈메타모포시스 인문학 총서〉 시리즈를 연속적으로 발간할 예정이다. 연구자들의 많은 관심과 응원을 부탁드린다.

2021년 1월
숭실대학교 한국기독교문화연구원
HK+사업단장 장경남

목차

간행사 … 005
머리말 … 007

제1부
전근대에서 근대로 변용

만민(萬民)에서 개인(individual)으로
개인의식의 탄생과 발전을 중심으로 _ 강원돈

1. 만민에서 개인으로의 전환 ………………………………………………… 017

2. 개항 이전 천주학과 서양 문물의 도전에 대한
   조선인의 세계관적 대응에 나타난 개인의식 ………………………… 021

3. 개항 이후 서구 문명에 대한 조선인의 세계관적 대응 ……………… 037

4. 개인의식의 태동과 한계 ………………………………………………… 061

도(道)에서 진리(truth)로
진리 추구의 궤적을 중심으로 _ 이행훈

1. 형이상학이 사라진 시대 ………………………………………………… 065

2. 유학, 진리는 멀지 않으니 ……………………………………………… 070

3. 사이언스와 격치학 ·· 074

4. 종교 그리고 유교 ·· 081

5. 삶의 길, 진리의 길 ·· 087

혁명(革命)에서 개벽(開闢)으로
동학에서의 도덕의 전환을 중심으로 __ 조성환

1. 개벽으로 한국근대사 읽기 ································ 091

2. 자각과 수양을 바탕으로 한 인문개벽 ················ 093

3. 개벽학으로 보는 한국학 ································ 112

아니마(anima)에서 영성(靈性)으로
동아시아에서 영성 개념 형성을 중심으로 __ 심의용

1. 종교와 과학에서의 영성 ································ 115

2. 기론(氣論)과 성스러움 ································ 116

3. 기론과 근대 과학 ·· 123

4. 기론과 영혼(靈魂)론 ································ 132

5. 성스러움과 치유 ·· 139

제2부
근대 사상과 메타모포시스

근대전환기 평양 숭실 철학교육의 메타모포시스적 특징 __ 오지석

1. 서양철학 수용기의 철학 교육의 모습 ································· 145

2. 필로소피아, 학문영역으로서의 철학 ····························· 148

3. 철학을 배우고, 가르치고, 이어가기 ····························· 151

4. 한국근대전환기 철학교육의 메타모포시스 현장 ·················· 154

5. 근대전환기 철학교육의 메타모포시스 ····························· 158

교육철학과 윤리사상의 메타모포시스
숭실대 초기 선교사 교장들을 중심으로 __ 박삼열

1. 초기 선교사들의 교육철학과 기독교 윤리 ························ 161

2. 배위량과 숭실대학 ··· 163

3. 나도래와 숭실대학 ··· 172

4. 마포삼열과 숭실대학 ··· 178

5. 윤산온과 숭실대학 ··· 183

6. 민족교육의 근대화의 산실 숭실대학 ····························· 189

종교 개념의 메타모포시스

종교 개념이 자리 잡기까지 _ 방원일

1. 종교라는 새로운 언어 ······························· 191

2. 유길준, 종교 개념을 도입하다 ···················· 194

3. 조선의 종교, 유교 ································· 198

4. 나라의 으뜸되는 가르침 ························ 201

5. 개신교계의 종교 개념 수용 ···················· 205

6. 국권 상실과 종교 개념 ·························· 212

문화의 메타모포시스

문화의 메타모포시스 현상을 파악할 수 있는 토대로서
신화와 신화적 사고를 중심으로 _ 신응철

1. 카시러 문화과학의 논리와 특징 ················ 215

2. 문화의 메타모포시스 현상의 토대로서 신화와 신화적 사고 ········ 222

3. 문화 위기와 정치적 신화의 출현 ··············· 227

4. 문화의 메타모포시스: 신화(신화적 사고)와 정치의 결탁 ············· 229

5. '지금 여기의' 문화의 메타모포시스,
   어떻게 읽고 대처해야 하는가? ················ 242

참고문헌 ··· 247

초출일람 ··· 258

찾아보기 ··· 259

제1부

전근대에서 근대로 변용

- 만민(萬民)에서 개인(individual)으로

- 도(道)에서 진리(truth)로

- 혁명(革命)에서 개벽(開闢)으로

- 아니마(anima)에서 영성(靈性)으로

만민(萬民)에서 개인(individual)으로

개인의식의 탄생과 발전을 중심으로

강원돈

1. 만민에서 개인으로의 전환

전통 사회에서 만민은 군주의 지배 아래 있는 사람들을 총칭하는 집합 개념이었다. 만민은 단순히 백성으로 일컬어지기도 했는데, 성씨를 달리 하는 사람들이 가족과 씨족 단위로 군주의 지배 아래 있음을 나타내는 표현이었다. 신분과 직분이 분화되어 있었던 신분제 사회에서 만민은 사농공상(士農工商)의 사민(四民)으로 지칭되기도 했다. 이 경우에는 사람들의 신분과 직분이 하늘의 뜻에 따라 정해져 있다는 관념이 작용했다. 유교의 정명(正名) 관념이 그것이다. 지배자들에게 순응하는 백성은 양민으로 불렸지만, 지배체제에 저항하고 봉기를 일으키는 사람들은 홍길동 같은 호민(虎民)에 호응하는 원민(冤民)으로 지칭되었다.[1] 19세기 말에 이르러 만민이나 백성 대신에 민중이라는 말이 쓰이기 시작했는데, 그 당시 민중은 보국안민(輔國安民)

의 기치를 내걸고 제폭구민(除暴救民)의 변혁 주체로 등장한 사람들을 가리켰다.[2] 따라서 필자에게 부여된 연구 주제에서 '만민'(萬民)은 우리나라의 정치사와 민중저항사의 경험을 전제하면서 그 의미를 비판적으로 살펴야 할 개념이다.

개인의 개념을 어떻게 규정할 것인가 하는 문제는 만민 개념보다 훨씬 더 복잡하다. 흔히들 개인이라는 개념은 관계중심의 사고가 지배적인 동양에는 없었고, 서양에서 건너온 개념이라고 한다. 우리의 사회문화사와 정치사에서 개인은 가족적 집단주의나 민족의 과잉으로 인해 지체되었다고 말하기도 하고, 심지어 우리 사회에는 이기주의나 개인중심주의는 있어도 개인이 탄생한 적이 없다고 주장하기도 한다. 이와 같은 이야기들은 개인에 관한 모종의 관념을 전제하고 있는 것 같다. 전통과 공동체적 유대로부터 벗어난 독립된 행위 주체로서의 개인의 개념이 그것이다. 그러한 개인은 서양에서 특정한 맥락에서 만들어진 일종의 이념형이다. 국가의 폭력이나 군주의 자의적 지배로부터 벗어나 자유롭게 자신을 형성할 자유와 권리를 요구하는 개인은 국가의 간섭으로부터 자유로워야 한다고 가정된 시장경제와 시민사회가 필요로 하는 인간이었다. 서양의 시민사회와 시장경제를 이념적으로 뒷받침한 자유주의는 자주적인 개인의 이념을 그 핵심으로 삼았고, 그 개인의 이념은 필연적으로 무연고적 자아로 귀착되는 경향을 띠었다.[3] 만일 이와 같은 개인의 관념을 전제하고서

---

1 이이화, 「균이 본 호민」, 한국신학연구소 편, 『한국 민중론』 제2판, 한국신학연구소, 1984, 277쪽.
2 정창렬, 「백성의식·평민의식·민중의식」, 한국신학연구소 편, 『한국 민중론』 제2판, 한국신학연구소, 1984, 174쪽.

우리나라의 정치사와 사회문화사에서 개인의 계보를 추적하려고 한다면, 그러한 시도는 실패할 공산이 크다. 서양에서 발달한 자유주의적 이념형으로서의 개인은 논리적으로는 관계의 그물망 속에 있는 사람을 중시하는 우리나라의 사회문화적 전통과 정치적 전통을 부정할 때에만 발견될 수 있는 관념이고, 실제로도 전통과의 단절이라는 부정적 방식으로 발현될 수 있었기 때문이다. 따라서 필자는 서양의 특수한 역사적 맥락에서 발달한 이념형으로서의 개인을 전제하지 않고 우리나라의 정치사와 사회문화사에서 개인의 계보를 추적할 것이다. 이러한 작업을 위해서는 다만 개인을 자주적인 판단과 행위의 주체로 설정하는 것으로 충분하다고 본다.

위에서 말한 바로부터 도출되는 결론으로서 필자는 만민이 개인으로 전환되는 과정을 분석할 때에는 신분제 사회의 이데올로기를 내재적으로 비판하는 의식이 태동하는 측면과 각 사람이 자주적인 판단과 행위의 주체라는 의식이 등장하는 측면을 동시에 포착할 필요가 있다고 생각한다. 만민이 평등하다는 주장과 개인이 자주적인 판단과 행위의 주체라는 의식이 조선 시대의 민초들에게서 어떻게 해서 나타났는가를 밝힐 수 있다면, 더 할 나위 없이 좋은 일이지만, 민초들이 남긴 자료가 거의 없다 보니, 유감스럽게도 그러한 연구를 시도하기 어렵다. 그 대안은 만민에서 개인으로 전환(메타모르포시스)하는 과정을 사상적으로 선취하고 있는 지식인들의 사유 과정을 분

---

3 그 전형을 존 롤즈에게서 볼 수 있다. John Rawles, *A Theory of Justice*, Revised Edition, Harvard Univ. Press, 1999, p.118. '무연고적 자아' 개념에 대한 비판으로는 Michael J. Sandel, *Liberalism and the Limits of Justice*, Cambridge Univ. Press, 1982, 87, pp.172~173 참조.

석하는 일일 것이다. 그들에게서 형성된 개인의식을 분석하는 것만 으로는 만민이 개인으로 전환하는 과정을 만족할 만하게 설명할 수 없겠지만, 그들의 사상이 당대의 민초들이 요구했거나 민초들에게 요 구되는 바를 반영하고 있다고 말해도 지나친 것은 아닐 것이다.

만민의 평등과 자주적 개인을 사유의 중심에 설정한 사상가들은 개항 이전에도 있었다. 필자는 천주학과 서양 문물의 도전을 받으며 조선 사회의 개혁을 꿈꾸었던 다산 정약용(茶山 丁若鏞, 1762~1836), 수 운 최제우(水雲 崔濟愚, 1824~1864), 혜강 최한기(惠崗 崔漢綺, 1803~1879) 등에게서 개인의식의 단초를 엿볼 수 있다고 생각한다. 개항 이후 서양 문물을 직접 체험한 사람들은 개인의 자유와 권리에 대해 보다 구체적으로 생각하기 시작했다. 필자는 구당 유길준(矩堂 俞吉濬, 1856 ~1914), 송재 서재필(松齋 徐載弼, 1864~1951), 좌옹 윤치호(佐翁 尹致昊, 1865~1945) 등이 이를 잘 보여준다고 생각한다. 박영효나 김옥균 같은 개화파 지도자들을 선택하지 않고 유길준을 택한 것은 인물의 비중 을 고려했기 때문이 아니라, 그가 구한말에 개인의 자유와 권리에 관 해 가장 체계적인 논의를 남겼기 때문이다. 서재필과 윤치호를 택한 것은 그들이 만민에서 개인으로 메타모포시스(metamorphosis)가 이루 어지는 과정에서 종교적 세계관이 어떤 영향을 미쳤는가를 보여 주 는 좋은 예라고 생각하였기 때문이다. 이런 점에서 평양대부흥회에 참여한 무수한 개신교인들이 보여주는 개인의식을 함께 분석하는 것 은 의미가 있다고 생각한다.

이런 점들을 고려하면서 필자는 우선 개항 이전에 다산, 혜강, 수 운 등에게서 나타나는 개인의식을 분석하고, 그 다음에 개항 이후 유 길준, 서재필, 윤치호 등과 개신교 개종 평신도들에게서 등장하는 개

인의식을 분석하고자 한다. 지면이 한정되어 있기에, 이 글에서 필자
는 각각의 사상가에게서 나타나는 개인의식의 특성을 드러내는 만큼
의 심도를 유지하면서 조선의 사회문화사와 정치사에서 개인의식의
탄생과 발전을 개관할 것이다.

2. 개항 이전 천주학과 서양 문물의 도전에 대한
　조선인의 세계관적 대응에 나타난 개인의식

　천주학이 조선에 전래된 시기는 왜란과 호란을 거치며 조선 사회
의 경제적 기반이 크게 피폐해지고 신분질서가 동요하기 시작하였던
때이다. 신분질서를 이데올로기적으로 뒷받침하였던 성리학이 그 권
위를 잃기 시작하자, 일부 식자층은 경세에 이바지하고 백성의 복지
를 향상하는 데 쓸모 있는 지식을 추구하고자 하는 열망을 갖고서
성리학을 비판하고 서학의 이름으로 소개되기 시작한 천주학을 소화
하기 시작했다. 신분질서의 질곡에 묶여서 고통을 당하고 심지어 신
분질서 바깥으로 배제당하여 천민으로 낙인찍혔던 백성들은 천주 앞
에서 만인이 평등하다는 천주학의 가르침에 고무되었고, 조선의 전통
적인 경천신앙의 틀 안에 천주를 받아들여 일종의 혼합종교인 동학
을 창출해 내었다.
　천주학을 받아들여 소화하는 과정에서 조선인은 하나님 앞에 서
있는 사람을 또렷하게 의식하게 되었고, 그 사람이 다른 사람과 이제
까지와는 다른 방식으로 관계를 맺을 수 있는 가능성에 주목하기 시
작했다. 이러한 맥락에서 조선인에게 개인의식이 탄생하고 발전하기

시작했다. 이를 보여주는 현저한 예는 물론 다산 정약용과 수운 최제
우이겠지만, 천주의 가르침에 아랑곳하지 않고 서양으로부터 근대 정
치사상과 과학사상을 받아들인 혜강 최한기가 독특한 기학(氣學)의
틀에서 인간의 개체성과 평등성을 포착하고 오륜(五倫)을 재해석하는
데까지 나아갔다는 것도 잊어서는 안 된다.

아래서는 다산의 사천학(事天學), 수운의 시천주 고아정(侍天主 顧我
情) 사상, 혜강의 수평적 오륜 이해에서 개인의식이 어떻게 발현되고
있는가를 살핀다.

1) 다산 정약용의 사천학(事天學)

다산은 천주학을 접하면서 조선인에게 깊이 뿌리내린 경천사상의
틀에서 천주의 개념을 소화함으로써, 한편으로는 성리학의 천리(天
理) 개념을 비판적으로 숙고하고, 다른 한편으로는 성리학 이전의 유
교 경전 연구에 몰두하여 『중용』의 신독(愼獨) 개념과 공자의 인(仁)
과 서(恕) 개념을 재해석해서 새로운 인간관계로 나아갈 수 있는 사상
적 근거를 마련하였다.

조선인에게 하늘은 까마득한 옛날로부터 숭배의 대상이었고, 세상
만물을 살리는 힘의 원천이었으며, '하나님 맙시사'라는 구어(口語)에
서 드러나듯이 사람의 삶을 주재하는 주체로 인식되었다. 기우제는
사제가 하늘과 교감하여 비를 내리겠다는 하늘의 의지를 발동하게
한다는 것을 전제하는 의식이기에 경천 의식과 주재천 관념이 결합
된 조선인의 전형적인 천(天) 관념의 실례라 하겠다. 이러한 천 관념
은 하늘님(하눌님, 한울님, 하느님 등으로도 발음)이나 상제라는 의인화된
표현으로 나타났거니와, 이와 같은 인격적인 주재신 관념이 조선인에

게 생생하게 살아 있었기에 조선인은 천주(天主) 관념을 쉽게 받아들일 수 있었다. 이것은 하늘을 섬김의 대상으로 인식한 다산에게서도 똑같이 나타난다. 그는 천을 세상 만물을 지배하는 이법(理法)으로 이해하는 주자학 전통의 천리(天理) 개념에 비판적 거리를 취한 채 사천학(事天學)을 전개하여 천을 섬기는 이치를 규명하였다.

다산에게서 천은 사람이 마땅히 따를 도리를 명령하는 존재이니 사람은 하늘을 섬기는 마음으로 하늘의 명령을 받아들이고, 스스로 삼가는 마음으로 그 명령에 따라 살려고 노력하여야 한다. 바로 여기서 천명(天命)과 신독(愼獨)이 서로 만나고, 경천(敬天)과 수양(修養)이 동전의 양면처럼 서로 결합된다. 중용의 신독을 해석하면서 다산은 양심의 문제를 또렷하게 부각시켰다. 양심은 단순히 선량한 마음을 가리키는 것이 아니라, 한 사람이 아무도 몰래 생각하고 행동하는 것조차 나 아닌 다른 존재가 굽어 살핀다는 것을 의식하는 마음이니, 본래 함께 본다는 뜻의 그리스어 쉰에이데시스(syneidēsis)가 양심이라는 뜻으로 새겨져 서양 사상사에 자리를 잡은 것은 일리가 있다. 『중용』이 말하는 군자신독(君子愼獨)은 군자가 홀로 있을 때 스스로 삼가 생각을 바로 하고 행동을 바르게 한다는 것을 뜻하는데, 그것은 내 생각과 행동을 지켜보는 내 속의 양심을 속일 수 없다는 것을 전제한다.

다산은 신독을 두 가지 측면에서 더 날카롭게 벼렀다. 하나는 두려워하고 마땅히 섬겨야 할 하늘 앞에 서 있는 사람이 신독의 주체라는 측면이다. 이미 천주학을 소화한 다산은 천주 앞에 서 있는 사람(coram Deo)의 내면성을 포착하고, 그 내면에 자리 잡은 양심의 소리[4]에 귀를 기울여야 한다는 것을 인식하였다. 이것은 조선 사상사에서 획기적인 통찰이다. 하나님 앞에 선 인간의 내면적 자아를 의식한 다산에게서 근대적 개인의식의 단초가 나타났기 때문이다. 또 다른 하나는 다산이 신독의 주체를 영명(靈明)한 존재로 간주하였다는 점이다. 다산은 만유의 본성이 하나라는 주자학의 원칙을 거부하고 인간의 본성과 인간 아닌 금수나 사물의 본성을 서로 구별하였고, 오직 인간만이 사리를 분별하는 능력을 본성으로 타고났다고 생각했다.[5] 따라서 사람은 사리를 분별하는 능력으로써 천명을 받아들이고 그 천명에 따라 살아가도록 자신의 의지를 통제하여야 한다. 사람은 하늘의 명령을 받아들여 그 명령에 따라 살아가려는 마음을 갖기도 하고 그 명령을 알면서도 이를 거스르려는 마음을 품기도 한다. 다산은 이를 가리켜 "사람의 본성은 그 마음이 하고자 하는 대로 따르기 마련이다."(性者心之所嗜好)라고 말한 바 있다.[6] 사람은 다양한 동기와 욕구에 따라 자유롭게 발동하는 의지를 갖고 있는 자주적인 존재이기에 그 의지를 다스려 하늘의 명령에 따르게 하는 것이 도의적인 삶이다.[7] 이 점에서 다산은 이성의 절대적 명법과 의지의 준칙을 구별하고, 절대명법에 따라 의지를 발동하도록 규율하는 준칙을 제시

---

4 다산은 양심의 소리를 '하늘의 혀'라고 지칭하기도 했다. 丁若鏞, 전주대호남학연구소 옮김, 「中庸自箴」, 『國譯 與猶堂全書』 1, 여강출판사, 1989, 200쪽.
5 백민정, 『정약용의 철학』, 이학사, 2007, 101~102쪽.
6 丁若鏞, 앞의 책, 198쪽.
7 다산은 인간이 선택의 자유를 갖고 있다고 생각했고, 이러한 인간의 권능을 '자주지권'(自主之權) 혹은 '권형'(權衡)이라는 용어로 표현했다. 이에 대해서는 丁若鏞, 이지형 옮김, 『論語古今註』, 다산번역총서 5, 사암, 2010, 79쪽 참조. 송영배는 도의적인 삶의 근거를 자주지권으로 보는 다산의 발상이 『천주실의』에서 영향을 받은 것이라고 보고 이를 자세하게 분석한다. 송영배, 「다산에 보이는 『천주실의』의 철학적 영향」, 경기문화재단 실학박물관 편, 『다산 사상과 서학』, 경인문화사, 2013, 10~13쪽.

하고자 한 칸트의 자율적 도덕 이론과 매우 흡사한 윤리 사상을 펼치고 있다. 다산의 윤리에서 행위의 주체는 자유의지를 갖는 자주적인 개인이다.[8]

　다산은 사천학을 정립하여 주자학을 비판적으로 넘어섰고, 주자학 이전의 원시유학으로 돌아가 공자와 맹자가 가르친 인과 서를 독자적으로 해석하고자 했다. 인은 본래 사람 둘이 함께 있는 것을 가리키는 것이니 인간이 공동체를 이루어 함께 살아가는 사회적 존재라는 것을 애초부터 전제한다는 뜻이다. 공자는 인을 성덕(成德)이라고 하였는데, 사람들이 능력을 다하여 바른 관계를 세우는 것을 뜻한다. 공자와 맹자는 인을 실현하는 과정에서 인을 마음의 중심에 새기는 것과 이를 실천하는 것을 서로 분리시키지 않았다. 인을 마음의 중심에 새기는 것을 가리켜 충(忠)이라고 하고, 인을 사람들 사이에서 세우는 방도를 서(恕)라 하였는데, 본래 서는 같은 마음(如心)을 품는다는 뜻이다. 사람들이 서로 공감을 하고 마음을 같이 하는 서(恕)는 다른 사람이 필요로 하는 것을 헤아려 베푸는 일이기에 다른 사람을 사랑하는 행위이다.[9] 유교경전 연구를 통하여 원시유교의 가르침을 확실하게 파악한 다산은 충을 다지고 난 뒤에 서를 행할 수 있다는 식으로 충과 서를 선후관계로 파악하는 주자학을 비판하고 충과 서가 같은 동전의 양면처럼 밀접하게 결합되어 공동체 윤리의 바탕을 이룬다고 인식했다.[10]

8　나종석, 「다산 정약용을 통해 본 유교와 천주교의 만남: 한국적 근대성의 논리를 둘러싼 논쟁의 맥락에서」, 『사회와 철학』 31, 한국사회와철학연구회, 2016, 10쪽.
9　김용해, 「정약용의 사천학은 서학인가 유학인가?－서학비판론과 정약용의 사천학」, 신촌포럼 발제문, 2019.3.22, 14쪽.

위에서 살핀 바와 같이, 다산은 주자학을 넘어서는 사천학의 틀에서 천주 앞에 서 있는 개인의 양심에 관심을 집중하고, 자주적인 개인의 도덕적 판단능력을 중시하였으며, 사람들 사이에서 사랑의 실천을 통해 공동체 관계를 수립하는 윤리학을 정립하고자 했다. 필자는 다산에게서 개인의 자율성을 중시하는 새로운 사상이 움텄다고 생각한다. 다산 사상이 조선인 특유의 경천사상의 영향사 안에 있다고 한다면, 하늘님 앞에 선 개인의 내면성과 자율성을 강조한 다산의 사상은 사람의 마음에 깃든 하늘을 섬기는 시천주(侍天主)의 삶을 강조한 수운에게서 다른 형태로 구현되었다고 볼 수 있다.

2) 동학의 시천주와 사인여천

수운은 삼정문란과 서세동점이 겹쳐 위기로 치닫고 있었던 19세기 초의 조선을 변화시키고 민중을 고난에서 해방시킬 수 있는 개벽의 비결을 찾기 위해 조선에 전래된 유불선(儒佛仙) 삼교와 무교, 정감록 등의 비기도참사상을 두루 섭렵하였으며, 마침내 천주학에도 접하게 되었다. 천주학은 초월적인 하나님을 두려워하고 섬기는 일의 중요성을 가르쳤고, 천주 앞에 서 있는 자녀들 사이의 평등과 사랑을 강조했다. 경천과 천인감응에 익숙한 조선인들에게 천주를 두려워하고 섬겨야 한다는 가르침을 받아들이는 것은 어려운 일이 아니었다. 그

---

10 丁若鏞, 전주대호남학연구소 옮김, 「心經密驗」, 『國譯 與猶堂全書』 1, 여강출판사, 1989, 173~174쪽. 백민정에 따르면, 정약용은 충서를 '중의 마음으로 서를 행하는 것'으로 해석했다고 본다(백민정, 앞의 책, 356쪽). 충(忠)을 해자(解字)하면, 중(中)의 심(心)이니, 한가운데 있는 마음, 마음의 중심으로 새길 수 있다. 따라서 충서(忠恕)는 마음 깊은 곳으로부터 우러나오는 지극한 마음으로 서를 행한다는 뜻이 된다.

러나 반상이 구별되고 사람이 세상에서 하는 일이 엄격하게 구분되어 있는 조선 사회에서 사람들 사이의 평등과 사랑을 받아들이고 이를 실천하는 것은 쉽지 않았다. 그 때문에 천주학의 가르침은 수운에게 가장 큰 도전이었다.

수운이 천주학의 도전에 대응하여 그 나름의 독창적인 사상을 펼칠 수 있게 된 계기는 그가 32세 되던 해에 「을묘천서(乙卯天書)」라는 비기(秘記)를 얻어 수행을 거듭한 끝에 36세에 이르러 천주의 강림을 경험한 사건이다. 이 사건을 겪은 뒤에 수운은 천주를 마음에 모시고 사는 삶을 숙고했고, 마침내 자신의 깨달음을 시천주(侍天主) 사상으로 응축하였다.

수운의 시천주 사상은 조선인에게 뿌리 깊은 경천과 천인감응 사상을 전제할 때에만 제대로 이해될 수 있다. 수운은 경천의식과 천인감응에 익숙한 조선인들에게 하눌님의 초월성과 내재성을 동시에 강조하면서 하눌님을 자기의 마음에 모시는 사람의 존엄성을 부각시켰고, 각 사람이 하눌님을 모신 자신의 마음을 끊임없이 되돌아보게 하면서, 다른 사람 역시 하눌님을 모시고 있으니 그를 존중하고 사랑할 것을 가르쳤다. 이처럼 시천주(侍天主)와 고아정(顧我情), 오심즉여심(吾心卽汝心)은 수운에게서 서로 유기적으로 결합되어 있다. 시천주는 초월적인 신의 내재성에 관한 강령이고, 고아정은 수양의 원칙이다. 오심즉여심은 모든 사람이 하눌님을 마음에 모시는 사람들이니 서로 존중하고 공경하라는 실천 지침의 근거가 된다.

하눌님이 강생하여 마음에 내주하는 것은 각 사람이 '지극한 기운'(至氣)으로 임하는 하눌님을 맞이하여 마음에 모시는 일이니, 하눌님이 마음에 임하는 것을 자각하는 일과 뗄 수 없다. 따라서 시천주는

반드시 하눌님의 임재를 자각하는 주체를 전제하게 되는데, 그 주체
가 바로 나(我) 자신이다. 수운에게서 천주 강생과 천주 내주의 체험
은 시천주의 주체인 개인을 정립한다. 개인이 시천주의 주체이기에
수운은 각 사람이 자신의 마음에 하눌님을 모시고 있음을 자각하고
그 마음을 닦는 것이 얼마나 중요한가를 가르쳤다. 그 가르침이 바로
고아정이라는 수양 원칙이다.

　수운은 각 사람이 하눌님을 모시는 마음을 닦는 과정에서 주문을
외우게 했는데, 선생주문(先生呪文)에 이어지는 제자주문(弟子呪文)은
초학주(初學呪), 강령주(降靈呪), 본주(本呪) 등 크게 셋으로 이루어졌
고, 차례대로 외우게 했다. 초학주는 '위천주 고아정 영세불망만사의
(爲天主 顧我情 永世不忘萬事宜)'이고, 강령주는 '지기금지 원위대강(至
氣今至 願爲大降)'이며, 본주는 '시천주 조화정 영세불망 만사지(侍天主
造化定 永世不忘萬事知)'이다.[11] 초학주는 "천주를 위하고 자신의 마음
을 되돌아보면 모든 일이 잘 될 것임을 영영토록 잊지 않게 하소서."
라는 뜻이다. 초학주의 고아정은 각 사람이 천주를 모시고 천주를
지극히 위하는 그 마음을 지키고 있는가를 스스로 되돌아보라는 요
청이다. 수운이 말하는 마음은 정(情)인데, 이 점에서 수운과 다산이
확연하게 갈라진다. 다산은 천주의 뜻(天命)을 헤아리는 기관을 영명
한 이성으로 보았고, 인간의 기질과 성향에 해당하는 정은 이성의 규
율 아래 놓여야 한다고 본 데 반해, 수운은 정이 하눌님으로 표현되는
지기(至氣)가 임할 때 이에 공명한다고 보고, 그 정을 통하여 다른 사
람과 공감할 수 있는 가능성에 주목하고 있다.[12] 영명한 이성을 갖추

---

11 윤석산, 『동경대전』, 동학사, 1996, 201쪽.

지 못한 사람이라도 정(情)은 누구에게나 깃들어 있으니, 하눌님은 누구에게나 임하여 그 마음을 사로잡는다. 그런 점에서 수운은 마음을 가진 모든 평범한 사람들이 하눌님을 모시는 주체임을 강조하고 있는 셈이다. 초학주 다음에 이어지는 강령주는 "지극한 기운이 지금 내 마음에 크게 강림하소서."라는 뜻인데, 마음이 지극한 기운을 받아 그에 공명하는 경지에 이르기를 간구하는 기원문인 셈이다. 강령주에 이어지는 본주는 수운 자신이 특별히 논한 바 있는데, 시천주의 '시'(侍)는 '내유신령 외유기화 일세지인 각지불이자야'(內有神靈 外有氣化 一世之人 各知不移者也)[13]로 새겨지니, 문자적으로는, "마음에 신령이 깃들면 그 기운이 바깥으로 작용하게 되며, 한 세상을 살아가는 각 사람은 그 마음을 변함없이 간직하여야 함을 깨닫는다."(필자 사역)는 뜻이다. 수운은 계속해서 본주를 해석하기를, 그러한 변치 않는 마음을 갖고 살면 억지를 부리거나 강제하지 않아도 세상일이 조화롭게 풀릴 것이니[14] 한평생 그 풍부한 지혜를 깨우쳐야 한다고 했다. 수운은 천주가 강림하여 마음에 거주하는 경지를 가리켜 '내유신령'

---

12 정종성, 「기독교와 동학(東學)의 대화: 눅 10, 25-26의 하나님 사랑·이웃 사랑과 수운(水雲)의 시천주(侍天主)·고아정(顧我情)에 대한 비교 연구」,『신학논단』81, 연세대학교 신과대학(연합신학대학원), 2015, 350쪽. 정종성은 지기를 품은 마음이 사람뿐만 아니라 삼라만상과 공감을 이루는 경지도 아울러서 강조한다.

13 윤석산, 앞의 책, 83쪽.

14 수운은 조화정의 '조화(造化)'를 무위이화(無爲而化)로 새기고 있다.(造化者 無爲而化也). 이것은 수운이 자신의 의지를 관철하기 위해 타인의 의지를 꺾는 무리를 범하지 않고 다른 사람들과 소통하고 화합하며 사는 이치를 강조한다는 의미이다. 이 점에서 수운은 유가의 작위적 질서를 비판하고 사물의 자연스러운 이치에 따르고자 한 노장의 무위이위(無爲而爲)에 가까운 생각을 드러내고 있다. 수운의 무위이화에 대해서는 위의 책, 71, 73쪽 참조.

(內有神靈)이라고 했는데, 마음에 모신 천주, 곧 지극한 기운을 갖고 있는 신령은 마음에만 머물지 않고 그 마음을 통해 바깥으로 작용하여 사람들 사이에 소통의 기운을 불러일으키기에 이른다. 수운은 이를 가리켜 '외유기화'(外有氣化)라고 했다. 따라서 천주 강림과 내주는 시천주의 주체로서 개인을 정립시키는 동시에 그 개인을 타인을 향해 개방시켜 사람들 사이에 소통하는 관계를 창설한다. 본주(本呪)는 이렇게 지극한 기운에 공명하는 마음을 갖고서 타인과 소통하는 관계에 들어서는 사람이 품는 실천의 의지를 가다듬는다. 따라서 본주는 "천주를 모시는 마음으로 사람들과 소통하며 조화를 이루게 하시고 영원토록 이를 잊지 않게 하셔서 그 큰 도를 깨닫게 하소서."라는 뜻이다. 이렇게 보면, 수운이 가르친 초학주, 강령주, 본주는 한편으로는 천주를 마음에 모시는 사람이 그 누구에게도 주체성을 빼앗기지 않는 독립된 개인임을 강조하면서도, 그 사람이 천주를 모시고 있는 바로 그 마음으로 다른 사람과 공명하며 연대하는 주체임을 가르치고 있다.

수운은 모든 사람이 천주의 마음을 품는 주체들임을 부각시키고자 했다. 수운이 천주 강림을 체험할 때 하눌님으로부터 받은 말씀이 "내 마음이 곧 네 마음이다."(吾心卽汝心也)[15]였는데, 그 뜻은 하눌님의 마음이 그분을 품는 사람의 마음이니, 모든 사람이 하눌님의 마음을 품는 사람들이라는 뜻이다. 시천주의 주체인 내가 하눌님의 마음을 품는 존엄한 주체임을 자각한다면, 천주를 모시고 있는 다른 사람도 나와 똑같이 존엄한 주체이다. 이렇게 해서 오심즉여심은 모든 사람

---

15 위의 책, 64쪽.

의 존엄성을 인정하는 근거가 되고, 모든 사람이 하눌님을 마음에 모신 주체로서 서로 평등하다는 주장의 논거가 된다. 신분제의 굴레에 매인 조선인들에게 수운의 시천주 사상은 사람에게 귀천과 상하가 없으니, 모든 사람이 마음을 다하여 상대방을 존엄한 주체로서 존중하고 서로 공경하는 새로운 관계를 형성할 것을 강력하게 촉구한다.[16]

수운의 시천주 고아정 사상은 해월에게서는 향아설위(向我設位)와 사인여천(事人如天)의 가르침으로 심화되고,[17] 의암 손병희(義菴 孫秉熙)에게서 마침내 인내천(人乃天) 사상으로 발전한다.[18] 향벽설위(向壁設位), 곧 벽을 향해 제사를 지낼 것이 아니라 하눌님을 마음에 품고 있는 나를 향하여 제사를 지내라는 뜻의 향아설위(向我設位)는 하눌님을 모시고 있는 개개인의 존엄성을 한없이 높게 보라는 가르침이니, 이 가르침은 마침내 사람을 섬기기를 하늘같이 하라는 사인여천의 가르침으로 이어지기에 이른다. 사인여천의 가르침은 다시 사람이 곧 하늘이라는 인내천의 가르침으로 응축되었으니, 인내천은 하늘의 뜻을 마음에 새기고 그 뜻에 따라 사람의 도리를 다해 살아가는 인간의 존엄성을 그 극한에서 표현하고 있다.

---

16 박세준, 「수운 최제우와 근대성」, 『한국학논집』 73, 계명대학교 한국학연구소, 2018, 116~117쪽.

17 이에 대한 설득력 있는 설명으로는 김영철, 「'영해동학혁명'과 해월의 삶에 나타난 사인여천 사상」, 『동학학보』 30, 동학학회, 2014, 258~260쪽을 참조.

18 이종우, 「동학(東學)에 있어서 천주의 초월성과 내재성에 근거한 인간관의 변화─시천주(侍天主)에서 인내천(人乃天)으로의 변화」, 『한국철학논집』 23, 한국철학사연구회, 2008, 258쪽. "人乃天의 개념은 水雲의 侍天主를 더욱 구체적인 인간의 관점에서 해석함으로써 나왔다. 이는 海月이 人是天이라는 표현을 쓰면서 비롯되고 있다."

3) 혜강 최한기의 오류론

혜강 최한기가 살던 시대는 순조 이후에 극성을 부리던 세도정치의 시대였다. 세도정치는 한편으로 왕권을 위축시켰고, 또 다른 한편으로 공권력의 사유화를 광범위하게 촉진시켜 백성들에 대한 가렴주구를 극에 달하게 했다. 조선 사회가 적폐로 가득 차게 되자, 이에 저항하는 민중봉기들이 꼬리를 물고 일어났다. 이러한 상황에서 혜강은 조선 사회의 지배구조를 혁신하고 백성들이 평화 속에서 풍요롭게 사는 방안을 찾기 위해 노력했다.

혜강은 두 가지 점에서 다른 유학자들과 구별된다. 첫째, 그는 성호 이익의 제자들이 형성한 여러 학파들 가운데 북학파 계열에 속하는 후기 실학자로서 18세기 후반부터 본격화한 화폐유통과 시장확대를 중시했다. 그는 사람과 물산이 교류하고 세상 만방의 문화가 서로 만나는 상업의 중요성을 강조하였다.[19] 혜강은 어린 시절부터 50을 바라보는 나이에 이르기까지 오늘의 남대문 시장 근처인 창동(倉洞)에서 살았는데, 그곳 시전과 칠패 상인들이 이익을 추구하려는 적나라한 욕망을 합리적 계산에 따라 충족시키는 모습이 깊은 인상을 남겼을 것이다. 그가 눈에 보이고 실질을 갖는 것을 중시하고 사람의 생활을 꾸려가는 데 도움이 되는 것이 참된 학문이라고 본 것은 이러한 배경에서 이해할 수 있다. 둘째, 혜강은 마테오 리치의『천주실의』를 통해 서학에 접한 선배 실학자들과는 달리 1820년대에 중국에서 번역된 근대 영미의 사회과학 서적들과 자연과학 및 기술과학 저서들을

---

19 신해순, 「최한기의 상업관」, 『대동문화연구』 27, 성균관대학교 동아시아학술원, 1992, 99쪽.

접하였다. 이 저술들을 통하여 그는 영국, 프랑스, 미국 등지의 정치
제도를 파악하였고, 코페르니쿠스의 지동설을 위시한 근대 천문학과
물리학에 깊은 조예를 갖게 되었으며, 서양의 기술에 관한 폭넓은 지
식과 정보를 습득하게 되었다. 이러한 지식들과 정보들에 접한 혜강
은 형이상학적이고 관념론적인 사유를 버리고, 경험과 효용성을 중시
하는 사고방식과 실증주의적인 학문이론을 중시하는 경향을 보였다.

혜강은 널리 알려져 있다시피 기일원론(氣一元論)의 세계관을 구축
하고 자신의 철학을 스스로 기학(氣學)이라고 불렀다. 혜강에게는 기
(氣)가 먼저이고 이(理)는 그 뒤를 따른다. 기를 전제하지 않는 이(理)
는 맛을 보지 않은 채 맛을 규정하는 것과 같이 허망한 일이다. 이(理)
는 기의 운행에 대한 경험과 그것에 바탕을 두고 추측을 하는 면밀한
사유를 통해 추후적으로 얻어지는 지식일 뿐이다.[20] 따라서 이(理)가
인간에게 선천적으로 주어진 본유관념이라는 통념은 뿌리로부터 부
정된다. 혜강은 이(理)의 기에 대한 선험성과 규제능력을 앞세운 주자
학과 성리학을 뒤집어엎고, 사물을 과학적으로 인식하고 사물의 변화
에 능동적으로 대처하면서 현실을 개혁하는 진취적인 사유를 자유롭
게 전개하였다.

혜강에게서 기는 사물에 형체를 부여하고 삼라만상을 살아 움직이
게 하고 만물에 두루 퍼져 만물을 변화시킨다. 혜강을 이를 가리켜
기의 활동운화(活動運化)라 일컬었다. 기는 큰 것으로부터 작은 것에
이르기까지 삼라만상을 관통하고 만물에 통일성을 부여하는 것이니,
우주만물과 세상과 개인에 이르기까지 기의 활동운화로부터 벗어나

---

20 김인석, 「최한기의 인간관에 관한 소고」, 『철학연구』 58, 철학연구회, 2002, 151쪽.

는 것이 없다. 기는 우주만물의 생성, 변화, 발전을 일으키고,(大氣運化) 사람들 사이의 관계를 형성하고 변화시키며,(統民運化) 한 사람의 몸과 마음을 형성하고 사물을 인식하게 하고 사람으로서 이치에 맞는 삶을 살아가게 만든다.(一身運化) 기의 본성은 통(通)이니 우주만물과 세상과 개인이 서로 소통하는 세계가 좋은 세계이다. 혜강은 기학을 전개하면서 개인과 사회와 생태계를 서로 분리시키지 않고 셋을 통전적인 관점에서 인식하는 깊은 통찰을 보여주고 있다. 이러한 통찰에 기대어 혜강은 당대의 신분제와 과거제도, 전제왕권제도 등 소통을 가로막는 요인들과 구조들을 철폐하는 방안을 찾기 위해 애썼고, 대기운화에 대한 지식에 기대어 인간과 자연이 소통하며 무궁 발전하는 세계를 꿈꾸었다.

　혜강은 기학의 틀에서 인간을 새롭게 이해하였다. 혜강은 인간의 개체성에서 출발하여 인간의 평등성과 사회성을 조리 있게 설명한다. 혜강은 각 사람이 천지의 기를 자신의 몸에 받아 뼈와 근육, 혈관과 오장육부, 감각기관과 인지능력 등을 구비하고, 감각적 경험과 이에 바탕을 둔 추측을 통해 세상이 돌아가는 이치를 학습하고, 선과 악을 분별하며 행동하는 능력을 갖고 있다고 생각했다. 혜강은 기가 사람에게서 형체를 이루고 그 사람을 형성, 발전, 변화시키는 과정을 나타내기 위해 일신운화(一身運化)라는 표현을 선택하여 인간의 개체성을 부각시켰는데, 이것은 매우 주목할 만한 점이다.[21] 더 나아가 혜강은 경험에 터를 잡고 학습을 하여 지식을 형성하고 인륜적 삶을

21　崔漢綺, 민족문화추진회 편역, 「神氣通」, 『국역 기측체의』 I, 민족문화추진회, 1979, 93쪽.

꾸려나가는 주체를 자아(自我)라는 개념으로 표현하였으니, 이 또한
살아가면서 스스로 물리를 터득하는 주체의 개별성을 중시하는 용법
이다.[22] 모든 사람은 천지의 기를 받아 일신운화의 삶을 살아간다는
점에서 똑같고, 따라서 평등하다. 혜강에게서 인간의 개체성과 평등
성은 서로 분리되지 않는다. 일신운화는 사람들 사이의 소통을 활성
화하여 공동체 관계를 이루게 하기에 각 사람이 일신운화의 주체로
서 개체성을 띠지만, 그 사람은 고립된 개인이 아니라 공동체 관계
안에 있는 개인이다.[23] 인간의 개체성과 사회성은 혜강의 인간이해에
서 통합적인 관점에서 고찰된다. 혜강은 사람마다 배우고 익히는 능
력이 다르고 스스로 발휘할 수 있는 역량이 다르지만,[24] 그 때문에
사람들 사이에 위계질서를 세워서는 안 되고, 도리어 능력과 역량에
따라 사람들이 수행하는 기능과 역할을 달리 하여 서로 협동하는 삶
을 살아가야 마땅하다고 주장한다. 이런 점에서 혜강은 유교의 정명
(正名) 개념으로써 신분제를 이데올로기적으로 옹호하려고 들지 않
고, 각 사람이 사회에서 맡는 지위와 역할을 기능적으로 파악하는 관

---

22 위의 책, 45쪽. "어린 아이 시절로부터 장성하기까지 얻은 지각과 사용하는 추측은
  모두 내 스스로 얻은 것이지 하늘이 나에게 주신 것은 아니다"(自孩嬰至壯盛, 所得之
  知覺, 所用之推測, 皆自我得之, 非天之授我也).
23 崔漢綺, 민족문화추진회 편역, 『국역 인정』 I, 재판, 민족문화추진회, 1982, 37쪽(=人政
  測人序): "사람은 혼자서 삶을 영위(營爲)할 수 없고, 또 사람을 버리고서 세상을 경영
  하고 백성을 건질 수 없다. 반드시 사람과 사람이 교접(交接)하고 화협(和協)해야만
  크고 작은 사무를 이룰 수 있고, 세상 사람과 함께 지식과 견해를 합쳐야만 우주의
  인도를 밝힐 수 있다."(人不可獨處而營生 又不可捨人而經濟 必也人與人 相接相和 可
  以成大小務事 與天下人合知合見 可以明宇宙人道事務).
24 崔漢綺(1979), 앞의 책, 77쪽, 83쪽. 사람의 지식과 역량의 차이는 습염(習染=학습)의
  차이에서 비롯되는 것이지만, 혜강은 제대로 학습하는 방법을 익히는 것이 중요하다
  고 보았다.

점을 제시한다.[25]

일신운화의 개체성과 평등성에 근거하여 사회적 위계질서를 부정한 혜강은 사람들 사이의 관계를 규율하여 마침내 세상의 평화를 이루는 이치를 제시하고자 한다. 혜강이 통민운화(統民運化)로부터 군주와 백성이 함께 통치하는 정치제도를 논한 내용을 여기서 깊게 들여다 볼 겨를이 없지만, 사람의 평등성과 사회성을 중시하는 혜강의 독특한 오륜 해석만큼은 간략하게나마 짚고 넘어갈 필요가 있다. 혜강의 오륜(五倫) 해석에서 독특한 것은 삼강(三綱)을 의도적으로 배제한다는 점이다. 한 마디로, 혜강은 삼강오륜이 아니라 '삼강이 없는 오륜'[26]을 말한다. 삼강은 군신, 부자, 부부 사이의 위계를 전제하는 질서 이데올로기이다. 임금과 아버지와 지아비는 위에 있고, 신민과 자식과 지어미는 아래에 있다. 위와 아래의 지배관계에 바탕을 두고 왕에 대한 신민의 충(忠)과 아버지에 대한 자식들의 효(孝)와 지아비에 대한 지어미의 순종이 규범화되었고 그 규범들은 사회통제의 기제로 작용하였던 것이다. 혜강은 이러한 수직적 위계질서를 당연시하는 삼강을 배척하고, 부자유친(父子有親), 군신유의(君臣有義), 부부유별(夫婦有別), 장유유서(長幼有序), 붕우유신(朋友有信) 등의 오륜이 각기 다른 역할과 기능을 수행하는 사람들이 특정한 사회적 관계에서 파트너 관계를 맺으며 호혜적으로 책임을 다하는 이치라고 역설

---

25 이에 대해서는 김한식, 「혜강(惠崗)사상에 나타난 근대성 논리의 구조」, 『한국정치학회보』 34:4, 한국정치학회, 2001, 9~22쪽, 특히 19쪽 참조.

26 혜강의 '삼강이 없는 오륜' 해석이 갖는 독특성에 관한 연구로는 안외순, 「유가적 군주정과 서구 민주정에 대한 조선 실학자의 인식: 혜강 최한기를 중심으로」, 『한국정치학회보』 35:4, 한국정치학회, 2001, 79~82쪽을 참조.

한다. 유가가 전통적으로 강조해 왔던 정명과 오륜은 혜강에게서 사람들 사이의 수평적인 공동체 윤리로 재해석되고 있는 것이다. 혜강은 이처럼 재해석된 오륜에 조민화합(兆民和合)[27]을 더하여 오륜의 정신에 따라 세계만방의 인민들이 서로 화합하는 이치를 제시하는 데까지 나아갔다.

혜강이 당대 현실에서 가장 앞선 서구 사회과학과 자연과학 및 기술과학에 접하면서 조선 사상사의 한 축을 이루는 기론을 혁신하여 일신운화, 통민운화, 대기운화를 아우르는 통전적인 기학을 제시하고, 그 틀에서 인간의 개체성과 평등성과 사회성을 파악하였다는 것은 조선 사상사가 이룩한 빛나는 성취이다. 유감스럽게도 혜강 사상은 제도권 지식인 사회에서 거의 수용되지 못했고, 개항 이후에 조선 사회의 개혁과 발전을 모색하기 위해 엘리트들이 벌이게 될 논쟁에 큰 영향을 미치지 못했다.

3. 개항 이후 서구 문명에 대한 조선인의 세계관적 대응

개항은 조선인으로 하여금 서양 문명과 정치 제도를 직접 접하게 만들었다. 1881년 신사유람단의 일본 방문과 1883년 보빙사(報聘使)의 미국 방문에서 시작하여 조선인들이 세계 각국의 문물에 접할 기회가 늘어났고, 유학이나 망명 등으로 인해서 일본이나 미국에서 장기적으

---

27 崔漢綺, 민족문화추진회 편역, 『국역 인정』 Ⅲ, 민족문화추진회, 1981, 267쪽(=人政卷十八, 選人門五 畎畝教法兆民有和).

로 체류하는 사람들도 늘어났다. 이것은 중국으로부터 전해진 저서들과 번역서들을 통하여 서양의 사상과 정치제도와 기술문명 등을 접하던 것과는 차원이 다른 경험이었다. 말로만 듣던 인간의 권리, 민주주의와 참정권, 과학문명, 합리주의 등이 서양에서는 보통 사람들의 삶과 여러 제도들에 무르녹아 있다는 사실을 직접 체험하면서 조선인들은 조선을 변화시켜야 한다고 생각했고, 그 방안을 놓고 고민했다.

그러나 서구의 도전은 엄중한 것이기도 했다. 아편전쟁 이후에 서세동점의 위협을 피부로 느끼고 있었던 정부와 엘리트들은 국가의 존립을 걱정하여야 했다. 위정척사(衛正斥邪)의 기치가 개항으로 인해 꺾인 이후에 서양의 문물을 받아들여 조선을 변화시키자는 엘리트들은 조선인의 사상적 전통을 살리면서 서양의 문물을 개화의 방편으로 삼자는 동도서기(東道西器)의 담론을 거쳐 사상과 제도를 근본적으로 고쳐 국가를 부강하게 해야 한다는 변법자강(變法自疆)의 담론으로 나아갔다.

이처럼 조선인이 서양 문물을 직접 체험하고 이를 도입하는 방식을 둘러싸고 치열한 논쟁이 전개되는 과정에서 조선인의 세계관이 개항 이전에 비해 더 큰 폭으로 빠르게 바뀌기 시작했고, 이미 싹텄던 개인의식은 심화되었다. 이러한 세계관적 변화와 개인의식의 심화과정은 구당 유길준, 송재 서재필, 좌옹 윤치호, 평양대부흥회에 참여한 무수한 개신교인들에게서 확인된다.

1) 구당 유길준의 권리 이론

조선사상사에서 구당 유길준은 서양의 '권리' 개념을 받아들여 이를 본격적으로 성찰한 첫 세대 지식인들 가운데 한 사람이다. 그는 서양의 자유권 개념과 유학의 정명(正名) 사상을 서로 결합하여 그 나름의 독특한 권리 이론을 전개했고, 민(民)의 자유와 책임이 어우러 지는 법치국가를 수립하고자 했다.

조선에서 권리라는 개념이 처음으로 사용된 것은 1880년대 초였지 만,[28] '권리'라는 문자보다는 자주지권(自主之權)이라는 어구가 더 자주 쓰였다. 권리의 '리'(利)는 이익을 뜻하였기에 공공연한 이익의 추구를 금기시한 유교 전통에서 권리라는 낱말은 기피되었다. '권리'라는 낱 말이 '자주지권'이라는 어구와 나란히 사용된 것은 1883년 11월 10일 자 『한성순보(漢城旬報)』에서 처음 있었던 일이다.

> 인민이 사회에 해를 끼치지 않으면, 정부가 그들이 하는 일을 금지할 필요가 없고, 각 사람의 뜻과 취향에 따라 의논하게 하니 이를 가리키는 적절한 명칭이 자주지권(自主之權)이다. 자주지권에 바탕을 두고 상하 협 력하여 일을 하니 모든 사람이 이롭게 된다. 크게는 한 나라를 부강하게 하고, 작게는 한 사람의 권리(權利)를 보호함으로써 그렇게 된다.[29]

이 인용문에서 주목되는 것은 두 가지이다. 하나는 권리의 주체가 '일신'(一身), 곧 개인으로 설정된 점이고, 또 다른 하나는 개인의 권리

---

28 권리(權利)라는 낱말은 1865년 일본에서 『萬國公法』이 번각본(飜刻本)으로 간행된 이 래 이를 일본어로 번역하면서 사용되기 시작했다고 전해진다. 『萬國公法』은 헨리 휘 튼(Henry Wheaton)의 *Elements of International Law*를 1864년 중국에서 번역한 책이 다. 『萬國公法』은 1879년 이래로 조선에 여러 번역본으로 소개된 것으로 전해진다. 이에 대해서는 김현철, 「개화기 『만국공법』의 전래와 서구 근대주권국가의 인식」, 『정 신문화연구』 28:1, 한국학중앙연구회, 2005, 133~136쪽을 참조.

29 필자 사역. 원문은 다음과 같다. "人民所行無害於社會 則政府不必禁止傍人 亦不得譏議 各任意趣 唯其所適名自主之權 利以是而上下協勵 大以謨一國之强 小以保一身之權利".

신장과 국가의 부강이 서로 긴밀히 결합되어 있다고 본 점이다. 『한
성순보』가 정부 주도로 창간된 정부 기관지임을 감안한다면, 1883년
당시에 정부와 친정부 지식인들은 개인의 권리를 보호하는 것이 국
가부강의 관건이라는 인식을 갖고 있었음이 분명하다.[30] 『한성순보』
의 창간에 관여하고 발행 실무를 맡았던 유길준도 같은 생각이었을
것이다.

　유길준은 1881년에 신사유람단의 일원으로 일본에 간 뒤에 1년여
에 걸쳐 일본에 체류하면서 일본의 대표적인 근대화 이론가인 후쿠
자와 유기치(福澤諭吉)의 문하에서 일본이 서양문물을 받아들여 압축
적인 근대화를 추진한 과정을 연구하였고, 1883년 조미통상수호조약
이 체결된 이후 보빙사(報聘使)의 일원으로 미국을 방문한 뒤에 갑신
정변 직후인 1885년 1월까지 미국에 체류하며 기독교 문화, 인권, 민
주주의와 참정권, 과학문명, 합리주의 등이 미국 사회에 자리를 잡고
있음을 살폈다. 미국을 떠나 영국, 포르투갈, 프랑스, 독일 등지를 여
행하며 견문을 넓힌 뒤에 1885년 9월에 귀국한 유길준은 갑신정변
연루자로 몰려 연금 생활을 하던 중에 『서유견문(西遊見聞)』을 집필하
여 1889년에 이를 탈고했다.

　『서유견문』의 집필자인 유길준은 천부불가양의 권리 개념을 정확
하게 파악하고 있었고, 개인의 자유와 평등이 국가에 의해 침탈될 수

30　혹자는 19세기 말에 국권의 강화를 위해 민권을 방편적으로 강화하려는 움직임이 있
　　었다고 보고, 이 때문에 개인의 권리보다는 신민 혹은 공민의 권리가 강조되었다고
　　생각한다. 이에 대해서는 정용화, 「유교와 인권(Ⅰ): 유길준의 '인민의 권리'론」, 『한국
　　정치학회보』 33:4, 한국정치학회, 2000, 66쪽; 김신재, 「유길준의 민권의식의 특질」,
　　『동학연구』 22, 한국동학학회, 2007, 145쪽을 참조. 그런데 민권을 강조한다고 하더라
　　도 권리의 주체는 엄연히 개인이라는 것을 놓쳐서는 안 된다.

없는 기본적 권리임을 인식하고 있었다. 그럼에도 불구하고 그는 개인의 자유가 무제한한 것이 아니라 각 사람이 마땅히 지켜야 할 도리에서 벗어난 것이어서는 안 된다고 생각했다. 그는 이 생각을 "인민의 권리는 자유와 통의를 말한다."는 정식으로 표현했다.[31] 이렇게 권리를 개념적으로 정리한 뒤에 유길준은 곧바로 이를 쉽게 풀어서 다음과 같이 말한다.

> 자유는 무슨 일이든지 자기 마음이 좋아하는 대로 따라서 하되, 생각이 굽히거나 얽매이지 않는 것을 말한다. 그러나 결코 자기 마음대로 방탕하라는 취지는 아니고, 법에 어긋나게 방자한 행동을 하라는 것도 아니다. 또 다른 사람의 형편은 돌보지 않고 자기의 이익이나 욕심만 충족시키자는 생각도 아니다. 나라의 법률을 삼가 받들고 정직한 도리를 굳게 지니면서 자기가 마땅히 해야 할 사회적인 직분 때문에 다른 사람을 방해하지도 않고, 다른 사람의 방해도 받지 않으면서, 자기가 하고 싶은 일을 자유롭게 하는 권리이다.

인용문에서 유길준은 자유가 타인의 간섭이나 지배에서 벗어나 자신의 의사대로 행위할 수 있는 권리이지만, 세 가지 전제를 달았다. 하나는 역지사지의 관점에서 타인의 자유를 침해하거나 간섭하지 않아야 한다는 것이고, 또 다른 하나는 법률의 규율에 따라야 한다는 것이고, 마지막 하나는 정직한 도리를 따라야 한다는 것이다. 첫째

---

31 유길준, 허경진 옮김, 『서유견문: 조선 지식인 유길준, 서양을 번역하다』, 서해문집, 2004, 131쪽. 번역본에는 인민의 권리가 '국민의 권리'로 되어 있으나, 『서유견문』이 아직 국민국가가 성립되기 이전에 쓰인 문헌이므로 '인민의 권리'로 새기는 것이 적절하다.

입장은 자명해서 더 덧붙일 것이 없다. 둘째 입장은 그 취지가 분명하
기는 하지만, 약간 애매한 구석이 있다. 자유롭게 산다고 해서 사회적
존재인 인간이 함께 살기 위해 제정한 법을 자의로 어겨서는 안 된다
는 것은 일리가 있지만, 만일 법이 자유의 본질을 침해할 경우에는
어떻게 할 것인가에 대해서는 아직 충분한 고찰이 나타나지 않는다.
셋째 관점은 유길준이 말하는 통의(通義)에 따라 자유가 행사되어야
한다는 주장이니 그 주장이 무엇을 의미하는가는 조금 더 들여다 볼
필요가 있다.

그는 통의를 한 마디로 '당연한 정리'(正理)라고 규정한 뒤에 "천만
가지 사물이 당연한 이치를 따라 본래부터 가지고 있었던 상경(常經)
을 잃지 않고, 거기에 맞는 직분을 지켜 나아가는 것이 통의의 권리이
다."[32]고 설명했다. 삼라만상이 서로 연결된 유기적 질서에서 각각의
사물과 사람이 처해 있는 위치와 몫이 있으니, 각 사람이 그 질서
안에서 맡아야 할 직분에 충실한 것을 가리켜 통의라 한 것이다. 이것
은 유길준의 통의 개념이 유학의 전통적인 정명(正命) 개념을 전제한
다는 것을 의미한다.

유길준은 통의를 논하면서 '천연'의 통의와 '인위'의 통의를 나누고,
'무계'의 통의와 '유계'의 통의를 구별했다.[33] 천연의 통의는 자연히 생
겨난 것이니 그것을 뒤흔든다고 바뀌지 않는다. 인위의 통의는 법률
의 규율 아래서 각 사람이 누리는 권리를 말한다. 무계적 통의는 타인
과 관계없이 각자 누리는 권리이고, 유계적 통의는 사회적 관계에서

---

32 위의 책, 132쪽.
33 위의 책, 133쪽.

각 사람이 누리는 권리를 가리킨다. 따라서 유길준은 각 사람이 천부 불가양의 권리를 갖고 있음을 인정하면서도, 모든 사람이 속해 있는 사회적 관계에서 법률의 지배를 받으며 권리를 주장하고 보장받을 것을 강조한 셈이다. 유길준이 자유와 책임을 논하는 것은 바로 이 맥락이다.

  그는 자유와 책임의 관계를 논하기 위해 자유에 관한 고찰을 심화시킨다. 우선 그는 자유를 '타고난 자유'와 '처세적 자유'로 구별했다. '타고난 자유'는 '천지의 올바른 이치'에 따라 스스로 선택하는 것 이외에 그 누구에게 속박을 받거나 침해되지 않는 자유이다. 그는 토마스 홉스와 마찬가지로 모든 사람이 이러한 자유를 행사하게 되면 상호 갈등과 분쟁을 피할 수 없게 된다고 생각하였고, '타고난 자유'가 타인의 자유를 침해하지 않도록 법률의 규율을 받아 모든 사람의 이익을 도모하도록 하는 '처세적 자유'가 필요하다고 보았다. 자유가 권리라면, 그 자유는 통의에서 벗어날 수 없다. 그것은 법의 규율이 없으면 자유를 지킬 수 없다는 뜻이다. 그렇기에 유길준은 "법률이라는 기능이 없었다면 권리도 존재하기가 반드시 어려웠을 것"이라고 확언한다. 그렇게 생각을 펼친 다음에 그는 자유를 '좋은 자유'와 '나쁜 자유'로 구별하였다. 좋은 자유는 하늘의 이치를 정직하게 따르는 자유이고, 나쁜 자유는 사악하고 변벽된 인간 욕심에 내맡겨진 자유이다.[34] 앞의 것은 '유식한 사람의 자유'로서 사람의 욕심을 억제하고 하늘의 이치를 보존하여 정직한 방법으로 사람의 권리를 간직하는 자유이지만, 뒤의 것은 '새나 짐승의 자유'요 '야만인의 자유'이다.[35]

---

34 위의 책, 153쪽.

따라서 그가 말하는 '좋은 자유'는 각 사람이 하늘이 정한 질서를 존중하며 하늘의 뜻에 자발적으로 순응하여 공동의 복지에 이바지하는 자유이니, 사람들 사이의 관계에서 책임을 다하는 자유이다. 이것은 철저히 유교의 정명 개념의 틀에서 기획된 자유 개념이다.

　이러한 사고방식은 평등에 관한 논의에서도 똑같이 나타난다. 그는 모든 사람이 천부불가양의 권리를 갖고 있다고 주장했고, 이 점에서 모든 사람이 평등하다는 것을 인정했다. "사람 위에도 사람 없고, 사람 아래에도 사람 없다."는 것이다. 무엇보다도 만민은 법 앞에서 평등하다. 그러나 이와 동시에 그는 현실 세계에서 사람마다 지위가 다르고, 직분과 계급이 다르다는 것을 인정했다. '인생의 권리'는 모든 사람이 '안에 간직한 권리'로서 누구나 차이가 없지만, '지위의 권리'는 '밖으로부터 온 세력,' 곧 제도에 의해 부여된 것이기에 각 사람이 처한 지위와 계급에 따라 다르다.[36] 그는 각 사람이 지위와 계급에 따라 받은 직분에 충실한 삶을 살아가면서 조화로운 인류공동체를 형성할 것을 꿈꾸었는데, 그것은 유학의 정명(正名) 개념에 따라 신분적 위계질서를 인정하면서 신분들 상호간의 협력과 조화를 꾀하는 사회이다. 이렇게 보면, 유길준은 아직 신분제에서 해방된 개인의 자유와 평등을 말하고 있지 않은 것이 분명하다. 그는 통치를 하는 신분과 통치를 받는 신분을 엄격하게 구별하였기에 인민이 정치에 참여하여야 한다는 것을 인정하지 않았다. 그는 인민의 참정권 제한이 자신의 자유주의적 성향과 모순을 이룬다고 생각하지 않았다.[37]

35　위의 책, 138~139쪽.
36　위의 책, 138쪽.

유길준의 자유주의가 갖는 특성은 그가 작성한 인권 목록과 인권 해석에서 잘 드러난다. 인권 목록의 맨 앞에는 신체와 생명의 자유가 나오고, 바로 그 다음에 재산의 권리가 이어진다. 그 뒤로는 순차적으로 영업의 자유, 집회의 자유, 종교의 자유, 언론의 자유, 명예의 통의 등이 명시된다. 이 권리들의 주체는 당연히 개인이다. 이 권리들에 대한 유길준의 해석에서 두드러지는 것은 개인의 신체와 생명과 재산에 대한 법률적 보호가 가장 중시된다는 점이다. 우선, 유길준은 법에 의해 인신의 자유와 생명을 보호받는 데에는 만인이 평등하여야 한다고 주장했다. 그는 권력과 지위를 가진 자가 인명을 경시하고 자의적이고 사적인 형벌을 자행하는 일이 비일비재했던 당대 현실에서 "불법적인 행동으로 사람의 머리털 하나, 손가락 하나라도 해치는 것은 하늘이 내려준 이치를 어기는 것"이요, 그 누구도 남이 자신에게 그런 일을 행하도록 좌시해서는 안 된다고 주장했다. 법에 의하지 않은 형벌의 집행은 허용해서는 안 되며, 군주라도 법에 의하지 않고서는 사형은커녕 남의 털끝 하나라도 건드릴 수 없다는 것이다.[38] 그 다음에, 유길준은 권력과 지위를 이용하여 남의 재산을 빼앗는 일이 흔히 일어났던 조선 말기에 국가의 책무가 인민의 재산을 법으로 보

---

37 이나미는 서양에서 재산과 교양을 갖춘 부르주아에게만 참정권을 인정하는 것이 자유주의와 모순되지 않았다고 전제하면서 유길준에게서도 민중의 정치적 배제와 자유주의가 내적 모순을 일으키지 않았다고 지적한다. 이에 대해서는 이나미, 「19세기 말 개화파의 자유주의 사상: 독립신문을 중심으로」, 『한국정치학회보』 35:3, 한국정치학회, 2001, 36쪽을 참조.

38 유길준, 앞의 책, 143쪽. "사람이 사람을 죽이는 것은 부득이한 일로 법을 집행할 때뿐이다. 만승천자의 위엄으로도 법으로 사람을 죽이는 경우 말고는 다른 방법이 없으며, 죄를 범하지 않은 사람은 머리털 하나라도 건드릴 수 없다."

호하는 것이라고 주장했다. 그에게서 재산의 권리는 법률에 저촉되지 않을 경우에만 법에 의해 보호될 수 있고, 국가나 군주나 타인에 의한 침탈로부터 보호될 수 있다. 그는 법률에 저촉되지 않는 재산이 구체적으로 무엇을 의미하는가에 대해 명시적으로 설명하고 있지 않지만, 취득, 점유, 증여, 상속 등이 법률에 어긋나지 않을 경우, 그 재산은 법률에 의해 보호된다고 주장하고 있는 것으로 보인다. 이런 점에서 그는 재산권에 관련하여 전형적인 자유주의적 입장을 취했다.[39] 유길준은 개인의 신체와 생명과 재산에 대한 법률적 보호가 모든 사람들에게 평등하게 보장되어야 한다고 주장했지만, 그러한 권리를 강력하게 요구했던 사람들은 당대 현실에서 전제군주의 자의적인 구속과 처형의 위협에서 벗어나고 축적한 재산의 몰수를 피할 수 있는 방편을 찾았던 신분이었다. 그들은 조선의 신분제도에서 상층 엘리트였다. 이런 점에서 유길준의 자유주의적 권리 이론은 기득권층이 필요로 하는 언어를 제공하였다고 평가될 수 있고, 유학의 정명 개념에 근거한 신분제와도 충돌하지 않도록 정교하게 설계되었다고 볼 수도 있다.

위에서 본 바와 같이, 유길준은 서양으로부터 개인의 자유권 개념을 받아들여 이를 소화한 뒤에 유학의 정명 사상과 결합시켜 독특한 권리 이론을 전개하였다. 그는 공동체적 관계 속에 있는 개인을 염두에 두고 자유주의 사상을 펼쳤기에 오늘의 담론 지형에서는 공동체

---

39 위의 책, 145쪽. "재산의 권리는 나라의 법률과 어긋나지 않는 한 만승천자의 위엄으로도 이를 빼앗을 수 없으며, 천만인이 대적하더라도 이를 움직일 수 없다. 주고 빼앗을 권리가 모두 법에 있으며, 사람에게는 있지 않다. 이는 공권력으로 사유물을 보호해주는 커다란 이치이다."

주의에 가까웠다고 볼 수도 있다. 유길준은 개인의 자유권을 옹호하고 이를 법률로써 보장할 것을 주장하면서도, 인민의 대다수에게 참정권이 허용되는 것을 단호하게 거부했다. 그는 인민이 우매하기에 계몽의 대상이 되어야 한다고 생각했다. 인민이 정치에 참여하여 인민의 권익을 보장하는 입법에 나서는 것은 하늘이 정한 이치에 어긋난다는 것이 그의 생각이었다. 이것이 유길준이 구한말에 표방한 자유주의의 한계이다. 유길준이 옹호한 신체의 자유와 생명의 보장과 재산의 권리는 그가 살던 시대에는 법률에 의해 보장되지 않았고, 그러한 법률의 제정을 강제할 수 있는 힘이 아래로부터 조직되지 않았고, 그 힘을 조직할 수 있는 제도적 장치도 마련되어 있지 않았다. 조선 정부는 『서유견문』이 발행되었던 1895년에 갑오경장을 시도하였으나 자유권을 보장하는 입법은 지지부진하였고, 1899년 고종 암살 미수 사건 이후에 황제의 절대권이 강화되자 법에 의한 통치는 다시 뒷전으로 밀리게 되었다. 개인의 신체와 생명과 재산을 법률로써 보호하여야 한다고 주장한 유길준은 근대적 형법과 재산권 법제의 창설을 기다리지 않으면 안 되었다.

2) 송재 서재필과 좌옹 윤치호의 개인의식

유길준이 조선 사회의 전통을 중시하여 서양의 권리이론과 유학의 정명 사상을 절충하는 입장을 취했다면, 서재필과 윤치호는 조선의 전통과 단절하는 방식으로 서양의 권리 사상을 옹호하고 이를 민중에게 계몽시키고자 했다. 유길준이 동도서기의 입장에 가까웠다면, 서재필과 윤치호는 변법자강의 노선을 추구하였다고 볼 수 있다. 두 사람이 조선의 전통과 결별하도록 한 결정적인 계기는 기독교로 개종한 사건이었다. 이러한 공통점 때문에 서재필과 윤치호를 아래서 함께 다룬다.

(1) 서재필

서재필은 구한말에 『독립신문』 발행과 독립협회 활동을 통하여 개인과 국민의 권리를 계몽하는 데 앞장서고 변법자강의 기치를 높이 치켜든 인물들 가운데 하나이다. 대부분의 개화파 인사들과는 달리 그는 조선의 전통과 제도를 전면적으로 부정하고 서양의 권리장전에 충실한 국가의 형성을 옹호하였는데, 그러한 입장은 갑신정변 참여와 가문의 몰락, 미국 망명, 기독교 개종, 미국 사회의 체험 등에서 비롯된 것이다.

일본에서 정규 군사교육을 받은 바 있는 서재필은 갑신정변에서 무력을 조직하고 행사하는 중요한 역할을 맡았고, 갑신정변이 실패로 돌아가자 일본을 거쳐 1885년 5월에 미국 샌프란시스코에 건너갔다. 그는 갑신정변에 가담한 역모죄인으로 몰려 그의 양친과 처는 자결하였고, 손아래 동생은 처형당했으며, 두 살배기 아들은 굶어죽었다.[40] 조국과 가족으로부터 절연되어 있었던 서재필은 미국에 홀로 살면서 자살을 생각할 정도로 극한의 상황에 처해 있었는데, 그 참혹한 지경에서 기독교에 입문하였다. 그의 정치적 실패와 가정적 참극은 그가 조선에 대해 극도의 반감과 비판의식을 갖게 하는 계기가 되었고, 기독교 개종은 그의 신념체계를 근본적으로 변화시키면서 조

---

40 김도태, 『서재필박사자서전』, 을유문화사, 1972, 175쪽.

선의 유교적 세계관과 전통적 가치관에 결별하게 만들었다.

2년 동안의 일본 유학 시절에 서양의 사상과 문물에 이미 눈을 떴던 서재필은 갑신정변에 참여할 때부터 이미 조선의 개혁에서 무엇이 결정적으로 중요한가를 인식하고 있었다. 서재필은 후대에 작성한 자서전에서 갑신정변을 회고하면서 갑신정변 둘째 날인 12월 5일 오전에 발표한 새 정부의 정책들 가운데 과세, 사법, 교육 분야에서 정부행정기관의 개혁, 자질에 따른 관리 선발, 편파주의와 미신적 관행에 따른 정부예산의 낭비 제거, 신분차별의 철폐 등을 주요 정책으로 꼽고, 특히 "인민의 평등·자유권을 제정"한다는 정책이 폐정개혁안에 명시되어 있었다는 점을 부각시켰다. 이에 관련해서 그는 "오랫동안 압박과 착취에 신음하던 민중들이라 평등·자유라는 말만 들어도 기뻐서 피가 끓어오를 일이어늘, 지금 그것이 정령화 되었으니 기뻐서 뛰지 않을 이는 없을 것이다."[41]고 썼다. 이미 서재필은 자유와 평등의 실현이 조선인의 당대 최고의 과제라고 파악하고 있었던 것이다.

이러한 인식을 더욱 더 첨예하게 가다듬게 한 것이 서재필의 기독교 개종이다. 아주 오래 전에 서재필의 개종이 상징체계의 재구성에 미친 영향을 분석한 박영신은 서재필이 개종을 통해 궁극적 실재와 만남으로써 '전통적 질서의 타당성을 근원적으로 흔들어' 놓는 원점을 확보하였다고 지적한다.[42] 서재필이 만난 개신교의 하나님과 신념

---

41 위의 책, 155쪽.
42 박영신, 「독립협회 지도 세력의 상징적 의식 구조」, 『동방학지』 20, 연세대학교 국학연구원, 1978, 159쪽.

체계는 조선의 전통과 제도를 총체적으로 비판하는 초월적 거점이
되었다는 뜻이다. 조선 사회를 정치적으로 규정하는 지배적인 세계
관이 유학이고, 유학의 핵심이 정명 사상이고, 정명 사상이 신분제에
바탕을 둔 위계적인 사회질서를 정당화하고, 위계적인 사회질서가 권
력과 지위를 매개로 한 억압과 착취와 관료적 부패의 온상이고, 인권
유린과 생명경시의 바탕이고, 민중을 자포자기와 나태로 이끄는 결정
적인 계기라는 인식은 서재필에게서 일관성 있는 구도를 갖춘 완결
된 논리구조를 이루고 있었다. 따라서 서재필은 기독교적 세계관에
입각하여 서양의 권리장전을 구현하는 법치국가를 조선의 미래로 설
정할 수밖에 없었다.[43]

　이러한 서재필의 신념은 조선 정부의 압력을 받아 미국으로 돌아
가기 직전인 1898년 5월 7일에『독립신문』에 쓴 논설에 잘 나타난다.
그는 이 논설에서 예수의 가르침을 따르는 사람들이 박해를 이기고
마침내 세계 종교를 이루어 선진 국가들의 인구의 대다수를 신도로
거느리고 있는 것을 예로 들면서 '하나님이 사람에게 주신 신령한 지
식'을 지키는 '옳은 사람'과 '사람이 만든 잡념과 구부러진 학문'에 사
로잡혀 있는 사람을 대비하고, 세계 각국의 역사를 돌아보면 '옳은
의리를 잡고 있는 사람들'이 이기고 번번이 승전하였다고 말했다.[44]

43　제라 블룸퀴스트 외 영어번역 및 편집,『자주독립 민주개혁의 선구자 서재필』한국기
　　독교지도자작품선집 013, 한국고등신학연구원, 2013, 48쪽: "조선은 지금 너무나 절망
　　적이지만, 그럼에도 조선 왕국의 모든 사람은 교육의 중요성을 깨달아야 합니다.
　　(…) 젊은 세대들이 새로운 생각들을 받아들여 기독교 문화 안에서 훈련 받게 된다면,
　　얼마나 많은 축복들이 조선 땅에 축적될 것인지, 그리고 지금같이 활기 없는 나라에
　　사는 사람들이 얼마나 활기찬 열매를 만들어 낼지 아무도 모르는 것입니다."
44　『독립신문』, 1898.5.7.

기독교적 세계관에 대한 거의 근본주의적인 확신을 가졌던 서재필은
1896년 12월에 귀국했다. 그 당시에는 청일전쟁에서 일본이 승리한
뒤에 동도서기 담론이 무너지고 갑오경장이 시도되고 있었다. 이러
한 상황에서 그는 조선 사회를 근본적으로 개혁하고자 하는 마음을
먹고 변법자강의 기치를 들었다. 그는 조선 사회의 적폐를 낱낱이
비판하고 인민의 권리를 보장하여 국가를 부강하게 한다는 노선을
천명했다. 그는 그 누구도 하나님이 인민에게 부여한 권리를 **빼앗기**
거나 침탈당하지 않는 제도를 만들고자 하였다. 오직 그러한 권리
의식을 갖고 있는 인민이 산과 같은 기세로 일어서야 나라를 지키고
부강하게 만들 수 있다는 것이다.[45]

　서재필은 개신교에 입문한 이래로 한평생 동안 종교적 신념을 갖
고서 개인의 권리를 신장시키고 민권을 확립하여 조선을 부강한 나
라로 만들고 싶어 했다. 그것은 한 줌도 안 되는 정치적 엘리트의
힘만 갖고서는 이룰 수 없는 일이었기에 그가 한 일은 민중을 계몽하
는 것이었다. 그는 계몽된 민중의 힘이 없다면 조선을 공화주의적으
로 개혁하는 일이 불가능하다고 생각했다. 이런 점에서 그는 우민관

---

45 제라 블룸퀴스트 외 영어번역 및 편집, 앞의 책, 56쪽: "오늘이라도 인민들이 관인들을
대하여 말하기를 '우리가 이전에는 우리 처지를 모르고 노예 노릇을 하였거니와, 우리
가 노예가 되고 보니 우리 인민만 세계에 천한 인생이 될 뿐 아니라 우리 임금과
우리 정부가 세계에 천대를 받으니 우리가 불가불하여 우리가 날 때에 하나님께
타 가지고 온 권리를 잃지 않겠노라.'하며, '물론 누구든지 이 권리를 무례히 **빼앗으려**
든지 욕되게 하려는 자는 우리가 세상에 지탱치 못하게 하겠노라.'하면 그 때는 관인들
이 옳게 깨달아 그리하여야 나라도 지탱하고 법률 기강도 설 것입니다. 또한 외국에
수치와 욕을 받지 아니할 것을 알며 나라가 진보하면 자기의 신상과 자기 자손의 앞길
에도 큰 이익 있는 것을 알고 가기 맡은 직무를 공평 정직하게 할 터이요, 또 이렇게
지각이 뚫리지 못한 관인들도 옳은 도(道)와 권리에 눌려 감히 법 외의 일을 못할
것입니다."(『독립신문』, 1898.9.17.)

(愚民觀)에 빠져 있는 지식인이 아니었다.[46] 다만, 그는 민중을 계몽하는 데에는 많은 시간이 필요하다고 생각했다. 서재필은 고루한 유교적 세계관과 갖가지 미신에 사로잡힌 조선의 야만과 기독교적 서양의 문명을 거의 이분법적으로 구분하고 있었기에 그가 설정하고 있는 조선과 서양의 간격을 메우려면 상당한 기간을 두고 민중을 계몽해야 한다고 생각했다. 그 이전에 민중이 직접 행동에 나서는 것은 경계되어야 했다.[47] 그는 농민봉기가 외세에 의해 처참하게 진압되고 위로부터의 개혁인 갑오경장이 추진되던 시기에 개인의 자유와 권리를 보장하는 법의 지배를 외치고 입헌군주국을 수립하기 위해 애썼지만, 민중이 그러한 변화를 이끌어내는 실질적인 힘을 갖기까지 시간이 필요하다고 보았다. 그 자신이 1919년의 독립시위를 전해 들으며 회고했듯이, 그는 구한말에 개인의식과 민권의식이라는 '좋은 씨'[48]를 뿌리다가 추방당한 조선계 이방인이었다.

(2) 윤치호

윤치호는 많은 점에서 서재필과 닮았다. 일본 유학, 갑신정변 이후

---

46 김소영은 『독립신문』이 우민관을 피력하며 민중의 참정권을 배척하는 태도를 취한 것은 서재필이 추방된 이후였다고 보고, 서재필이 우민관에 빠져 있지 않았을 것이라고 추측한다. 이에 대해서는 김소영, 「한말 서재필의 '공화주의적' 개혁 시도와 리더십」, 『한국·동양정치사상사학회 학술대회 발표논문집』, 한국동양정치사상사학회, 2015, 104쪽을 참조.

47 그러한 입장은 서재필만이 아니라 독립협회의 지도부를 이루고 있었던 개화파 지식인들이 공유했던 생각이었다. 그들은 민중이 폭력을 행사하여 정권을 전복하는 것을 극도로 경계했다. 이에 대해서는 이신철, 「독립협회와 만민공동회의 '근대성' 논의 검토」, 『사림』 39, 수선사학회, 2011, 46쪽을 참조.

48 제라 블룸퀴스트 외 영어번역 및 편집, 앞의 책, 113쪽.

의 망명과 기독교 개종, 미국 유학, 갑오경장 이후의 귀국,『독립신문』
발간 및 독립협회 활동 등이 그렇다. 그는 1881년 신사유람단의 일원
으로 일본을 방문하였고, 그곳에서 1883년 4월까지 머물며 후쿠자와
유기치를 만나 일본의 근대화 과정을 살폈고, 일어와 영어를 익혔다.
그는 영어를 터득한 덕분에 1883년 조미수호통상조약 체결 뒤에 조선
에 부임한 최초의 미국 공사 푸트(Lucius H. Foote)의 통역으로 일했고,
보빙사의 일원으로 미국을 방문하기도 했다. 갑신정변의 주모자들과
친분이 있었던 그는 갑신정변 실패 뒤에 푸트의 추천서를 들고 1885
년 1월 중국 상하이로 망명하였고, 오랜 방황 끝에 1887년 4월 3일
세례를 받고 기독교 신자가 되었다. 1888년 상하이 주재 미국 남감리
회 선교부의 도움으로 미국으로 건너가 약 5년 동안 머물며 밴더빌트
대학교와 에머리대학교에서 신학, 영문학, 정치학 등을 섭렵하였다.
미국 유학 기간에 그는 사회진화론을 수용하였고, 경제, 사회, 정치,
국제관계 등에서 힘이 곧 정의라는 관점을 취했다. 미국은 그에게
기독교 문명과 민주주의, 그리고 과학문명이 융합된 이상적인 사회였
다. 그는 미국을 모델로 해서 조선을 개혁하여 힘 있는 나라를 만들겠
다고 마음을 먹었다. 중국 상하이를 거쳐 1895년에 귀국한 그는 정부
관료로서 외교 업무를 맡았고 독립협회를 창설하는 데 앞장섰다.
　윤치호의 생애에서 결정적인 사건은 개종이었다. 세례를 받기 직
전인 1887년 3월 23일에 작성한 신앙고백문에서 그는 기독교로 개종
하면서 스스로 의롭다고 생각하던 교만한 태도를 버리고, 자신이 불
의한 자요, "어떠한 인간의 힘으로도 진정한 의미의 죄 없는 생활이란
절대로 불가능하다."는 것을 깨달았다고 고백하고, 하나님이 사랑이
심과 그리스도가 구주이심을 믿는다고 썼다.[49] 그는 개종을 하면서

자신이 태어났던 나라를 이교(異敎)의 나라로 규정했고, 자신이 지난 날에 쌓았던 학문이 이교의 경전에 터 잡고 있음을 고백하였다. 이것은 기독교를 통해 초월적 실재를 만남으로써 그의 '이념적 상징체계'가 근원적인 변형 과정을 거쳤음을 의미하고,[50] 그가 기독교적 관점에서 조선을 지배해 왔던 유교적 사유체계와 가치관을 총체적으로 비판하고, 이를 타파하고자 마음을 먹었음을 뜻한다. 이 신앙고백문에서 윤치호는 자신이 세례를 받고자 하는 것은 "나의 시간과 재능을 다하여 기독교에 대한 지식과 신앙을 증진하여, 하나님의 뜻이라면 내 자신과 내 형제를 위하여 쓸모 있는 생을 살려고 원하고 있기 때문이다."라고 천명했다. 신앙고백문은 이미 윤치호가 신앙적 확신과 윤리적 실천을 통합적으로 사유하고 있음을 보여준다.[51]

미국에서 자유주의와 민주주의에 접한 윤치호는 비록 미국이 인권을 철두철미하게 보장하는 데까지 이르지 못하였으나 개인의 권리를 법적으로 보호하기 위하여 제도를 운영하고 있는 것에 깊은 감명을 받았고, 미국이 강대한 국가로 발전한 원동력이 기독교 사상에 있다고 믿었다. 조국에 돌아온 뒤에 그는 미국과 같은 강대국을 건설하기 위해서는 조선 사회가 세계관적 전환을 이루고 변법자강의 길로 나아가야 한다고 생각했고,[52] 이를 위해서는 무엇보다도 먼저 각 사람이

---

49 좌옹윤치호문화사업회 편, 『윤치호의 생애와 사상』, 을유문화사, 1998, 46~47쪽.

50 이에 관련해서는 박영신, 앞의 논문, 152~153쪽을 참조.

51 신앙과 윤리의 통합은 윤치호를 이끌어가는 가장 핵심적인 사상이었다. 감리교도 윤치호는 나중에 그리스도인의 완전이라는 웨슬리의 가르침에 따라 신앙과 윤리의 일치를 추구하였다. 이에 대해서는 김권정, 「근대전환기 윤치호의 기독교 사회윤리사상」, 『기독교사회윤리』 22, 한국기독교사회윤리학회, 2011, 89쪽을 참조하라.

52 정용화는 윤치호의 변법자강 노선이 그의 기독교 개종과 사회진화론 수용을 이념적

'하늘로부터 받은 사람의 권리'를 인식하고 자신의 권리를 지킬 수 있는 능력을 갖추도록 계몽 활동을 하여야 한다고 확신했다. 서재필이 급진화된 독립협회 일로 인하여 조선 정부의 추방 명령에 따라 미국으로 떠나면서 윤치호에게 『독립신문』을 계속 맡아달라고 했을 때 윤치호가 이를 승낙한 것도 바로 이 때문이다.

모든 사람이 평등하다는 확신과 개인이 천부불가양의 권리의 주체라는 윤치호의 확신은 서재필로부터 『독립신문』을 인수할 때 그가 쓴 글에 아래와 같이 생생하게 기록되어 있다. 윤치호와 서재필은 같은 확신을 갖고서 민중을 계몽하여 인권 의식과 사민평등 사상을 갖게 하려고 했던 것이다.

> 내가 『독립신문』을 인수한 유일한 이유는 모든 가능한 방법을 다하여 오직 그 발행이 계속되어야 한다는 확신 때문이다. (…) 국문판을 통하여 그(=서재필)는 압박받는 한국인들에게 모든 인간이 태어날 때부터 평등하다는 사실 — 그것이 앵글로색슨이나 라틴 민족의 이론이기 때문이 아니라, 그것이 천부(天賦)의 것이며 인류의 보편적인 이론이기 때문에 진리인 사실 — 을 가르쳐 주었다. 그는 한국인들에게, 그들이 국왕과 양반을 위하여 짐을 지는 가축과 같이 부림을 당하는 우마(牛馬)가 아니며, 양보할 수 없는 권리와 번영은 우연히 길에서 줍는 것이 아니라 오랜 노력과 연구와 투쟁을 통하여 획득되는 것이라는 사실을 가르쳐 주었다. 그는 한국인들에게, 그들이 만일 이러한 권리와 번영을 향유하기를 원한다면 그들은 이를 위하여 일해야 하며, 아니 투쟁해야 하며, 아니 싸워야 한다는 사실을 가르쳐 주었다. (…) 서재필 박사는 이제 떠나야 한다. 『독

근거로 하고 있다고 분석한다. 이에 대해서는 정용화, 「문명개화론의 덫: 윤치호일기를 중심으로」, 『국제정치논총』 41:4, 한국국제정치학회, 2001, 306쪽을 참조.

립신문』도 떠나야 할 것인가? 그러나 『독립신문』의 필요성이 여전히 존재하고 우리가 그것을 절실히 느끼는 한, 우리는 『독립신문』을 계속하지 않으면 안 된다.[53]

인용문에서 보듯이, 윤치호는 인간의 자유와 권리가 하늘로부터 받은 것이기에 그 누구에게도 양도할 수 없는 천부불가양의 권리이고 모든 인간이 자유와 권리의 주체로서 평등하다고 믿었다. 그것은 윤치호에게는 종교적 확신이기도 했다. 하나님 앞에 홀로 서는 단독자로서의 인간이 하나님으로부터 자유를 선물로 받았다는 종교적 확신이 윤치호로 하여금 개인의 자유와 권리를 옹호하는 불굴의 의지를 갖게 만들었다.[54]

3) 개신교 회심체험에서 나타난 개인의식의 특징

앞에서 분석한 유길준, 서재필, 윤치호 등의 개인의식이 조선 시대 말에 활동한 개화파 엘리트들에게서 나타나는 개인의 자유와 권리 개념을 보여주는 대표적인 경우라 한다면, 1907년 평양대부흥회에서 벌어진 조선인 개종자들의 회심 간증은 평민들에게서 나타나는 개인의식을 잘 보여주고 있다. 캐나다에서 온 선교사 제임스 게일은 평양대부흥회에 대한 장문의 보고서에서 1907년 1월 14일 저녁 집회가 '성령의 놀라운 임재가 임박한 것 같이' 보이는 분위기였다고 묘사하

---

53 좌옹윤치호문화사업화 편, 앞의 책, 66쪽.
54 류충희, 「윤치호의 계몽사상과 기독교적 자유: 후쿠자와 유키치의 자유관과 종교관의 비교를 통해서」, 『동방학지』 171, 연세대학교 국학연구원, 2015, 65쪽. "개인의 자유라는 개념이 절대적 명제로 인식되는 것은, 기독교적 문맥에서 보자면, 신과 개인이라는 일대일 관계에 기초한 프로테스탄티즘적인 상상력에 의해 가능하다."

고, "연합된 통성기도가 회중을 덮었고, 모인 사람 전체가 열광하였
다. (…) 한 명 한 명 차례로 일어나서 그들의 죄들을 고백했다. 그들
은 깨어졌고 통곡했다. 새벽 두 시까지 집회는 계속되었고, 회개와
통곡, 그리고 기도가 이어졌다."[55]고 기록했다.

성령의 임재를 체험한 사람들이 열광적 분위기[56]를 연출한 평양대
부흥성회의 압권은 하나님 앞에 부름을 받고 서 있는 사람의 모습이
다. 거룩한 분 앞에서 그는 자신의 온 존재를 뒤흔드는 두려움과 떨림
을 체험하고, 그분의 눈초리와 붙잡음으로부터 벗어날 수 없다는 것
을 실감한다. 게일은 부흥성회에 참석한 한 장로의 말을 실명으로
다음과 같이 인용한다.

그곳에는 탈출구가 없었습니다. 하나님께서 부르셨습니다. 이전에는
경험하지 않은 죄에 대한 무시무시한 두려움이 우리 위에 덮쳤습니다.
어떻게 그것을 떨쳐버리고 도망칠 수 있을까가 질문이었습니다. (…) '오,
하나님, 제가 무엇을 해야 합니까? 만약 제가 지옥에 제 침상을 둔다면
당신은 그곳에 계십니다. 만약 제가 새벽 날개를 치며 도망간다면, 심지어
그곳에도 당신은 나를 따라오십니다.'[57]

위의 인용문에서 정익로라는 사람이 간증한 말은 하나님 앞에 부

---

55 제임스 S. 게일, 권혁일 번역, 『한국의 마테오 리치 제임스 게일』, KIAST, 2012, 31~32쪽.
56 이 열광적 분위기의 정체에 대해서는 초자연적인 성령의 임재에 대한 반응이라는 해
    석으로부터 조선인 특유의 기질에서 비롯된 비정상적인 감정의 발로라는 해석에 이르
    기까지 다양한 견해들이 있다. 이에 대해서는 황재범, 「한국 개신교의 1907년 평양대
    부흥운동에 대한 다양한 해석들의 비교연구」, 『종교연구』 45, 한국종교학회, 2006,
    244~248쪽을 참조.
57 제임스 S. 게일, 앞의 책, 32쪽.

름을 받고 서 있는 사람이 하나님의 눈길을 벗어날 수 없고, 그가 은밀하게 생각하고 감추고 있는 모든 일이 하나님 앞에 드러나 있다는 자의식을 생생하게 전한다. 바로 이 자의식은 자신이 하나님과 바른 관계를 맺고 있는가를 되돌아보는 종교적 의식인 동시에 자기 자신이 다른 사람들과 바른 관계를 맺고 있는가를 성찰하는 도덕적 의식이기도 하다. 하나님 앞에 서 있는 사람이 자신의 깊은 내면을 마주 대하고 있는 이 자리는 가장 원초적인 개인의식이 드러나는 자리이다. 그러한 내면성을 확립한 사람은 하나님이 자신의 말과 행동을 지켜보신다는 마음으로 그 자신이 하나님과 다른 사람들에게 저지른 죄를 인정하고 이를 고백하기에 이른다. 평양대부흥회에서 나타난 특이한 점은 이러한 죄책고백이 공개적으로 이루어졌다는 것이다. 아마도 그러한 일은 성령의 임재를 체험한 사람들이 휩쓸려 들어간 열광적 분위기 때문에 가능했을 것이다. 사람들은 차례대로 일어나 공개적으로 죄를 고백하였다. 어떤 사람은 청일전쟁 때 도망을 치기 위해 아이를 버려 죽게 한 죄를 고백했고, 또 어떤 사람들은 강도질한 죄, 빚을 성실하게 변제하지 않은 죄, 기독교인이 된 이후에도 예전에 저질렀던 나쁜 행실을 버리지 못한 죄 등등을 고백하였고, 선교사들과 길선주 목사도 자신들이 저지른 죄를 고백하였다. 회중 앞에서 죄를 고백한 사람들은 죄의 짐으로부터 벗어난 자유와 기쁨을 느꼈다.

게일이 수집한 회개와 죄의 고백에 관한 간증 사례들에서 두드러지는 것은 문제의 죄들이 개인의 내면적인 죄보다는 사람들 사이의 관계를 깨뜨린 인륜적 죄과에 집중되어 있다는 것이다. 이 점은 조금 더 깊이 들여다 볼 필요가 있다. 물론 인륜적 죄의 고백이 두드러진다

고 해서 그것이 곧 내면성의 결여를 뜻하는 것은 아니다. 인륜적 죄과
를 숨기고 있는 동안에 겪었을 양심의 가책과 내면적 고통은 당연히
컸을 것이다. 그러나 게일이 수집한 간증들에는 가장 내면적인 죄에
대한 고백이 나타나지 않는다. 피조물에 불과한 인간이 스스로 하나
님인 양 행세하는 교만에 사로 잡혀 있었다는 취지의 죄책고백이 나
타나지 않는다는 뜻이다. 어쩌면 그것은, '하늘이 두렵지 않느냐!'는
말에서 드러나듯이, 조선인들에게 스스로 하늘을 자처할 엄두를 내지
못하는 경향이 있었기 때문이라고 볼 수도 있다. 어쩌면 하늘이 정한
뜻을 내세워 자신의 행위를 턱없이 정당화하는 일이 얼마나 교만한
일인가를 비판적으로 생각하는 사고방식이 조선인들에게 아직 낯설
었기 때문이라고 볼 수도 있다. 평양대부흥회가 열광적인 분위기에
휩쓸려 들어갔기에 그 분위기에 사로잡힌 사람들 사이에 이참에 죄
를 고백하고 털고 가자는 마음이 자리를 잡아 너도 나도 구체적인
인륜적 죄책을 고백하게 되었다고 볼 수도 있다.

　물론 모든 것을 굽어 살피시는 하나님을 의식하면서 인륜적 관계
를 깨뜨린 죄를 회중 앞에서 고백하고 죄과에 대한 책임을 지겠다고
나서는 것은 의미 있는 사건이었음이 분명하다. 게일은 평양대부흥
회 이후 평양의 교회에서 울리는 종소리를 다음과 같이 묘사했다.
"그 종은 지금 꼭 해야 할 일, 곧 회개하여 하나님과 바른 관계를 맺
고, 스스로를 회복하여 올바르게 사는 일에 사람들이 유의하게 만들
고 있었다."[58] 평양대부흥회에서 하나님과의 관계와 이웃과의 관계가
동시에 회복되는 사건이 벌어졌다는 증언이다. 그러나 개인의 내면

58 위의 책, 282쪽.

에 도사린 교만의 죄가 고백되고 있지 않다는 것에 대해 게일 자신도 전혀 주의를 기울이지 않고 있다.

평양대부흥회에서 신도들이 주로 인륜적 죄과를 고백하였다는 것은 한편으로 사람들 사이의 관계를 중시하는 유교의 영향력이 그 당시 기독교로 개종한 사람들에게 여전히 강력했다는 것을 보여주고, 다른 한편으로 인륜적 죄과를 회중 앞에 고백한 뒤에 해방감과 기쁨을 느꼈다는 전언이 암시하듯이 죄와 용서의 기계장치가 개인을 중심으로 강력하게 작동하기 시작했다는 것을 의미하기도 한다. 죄를 고백하면 그리스도 안에서 용서를 받기에 그것으로 다 되었다는 생각이 심어졌다는 뜻이다. 개인을 중심으로 작동하는 죄와 용서의 기계장치는 쉽사리 사회와 정치의 문제에 대해 무관심한 태도를 갖도록 만드는 효과를 발휘할 수도 있다.[59] 어떤 면으로 보나, 그것은 성숙한 신앙의 자세가 아니다.

평양대부흥회에서 벌어진 죄의 고백에서 인륜적 죄과에 대한 고백이 두드러졌을 뿐 개인의 내면적 죄에 대한 성찰이 나타나지 않는다는 것은 초기 개신교인들의 개인의식이 더 성숙할 여지가 있다는 것을 암시한다. 게일은 조선인들이 예배를 드리면서 "그분은 여러분을 자기로부터, 슬픔으로부터, 죄악으로부터, 그리고 질병과 죽음으로부터 자유롭게 해 주실 것입니다."고 선창하면, '할렐루야'라고 화답한

---

59 게일은 이 점을 꿰뚫어 보고 있었다. J. S. 게일, 신복룡 역주, 『전환기의 조선』, 집문당, 1999, 104쪽. "개종자들은 나라가 파멸하는 데 무관심한 것 같았으며, 따라서 애국을 한다는 것과는 동떨어진 것이었다. 교회는 끝까지 일본이나 일본인을 적대시하지 않는다. 그것은 옳은 일이 아니었다. 그들에 찬동하지도 반대하지도 않는 미온적인 태도는 한국의 살아 있는 영혼들로부터 경멸을 받았다."

다고 전하고 있다.[60] 게일의 전언은 조선인들이 '자기'로부터 자유로
워지기를 바란다고 말하고 있는데, 아마도 이 '자기'는 한 사람의 깊
고 깊은 곳에 도사리고 있는 죄에 묶인 '자기'이기보다는 그 낱말 뒤
에 묘사되어 있는 슬픔과 죄악, 질병과 죽음의 두려움에 사로잡혀 있
는 '자기'일 것이다. 식민지로 전락하기 직전에 조선의 평민들에게 싹
트기 시작한 자기의식의 정체를 게일은 다음과 같이 슬픈 어조로 전
하고 있다.

> 이 사람들에게는 '자치'나 '자기 방어'와 같은 지식이 없다. 그들은 과거
> 여러 세대에 걸쳐 전제군주의 통치 아래서 살아왔고, 자신들을 보호하는
> 이가 누구인지도 몰랐다. 그리고 마침내 그들은 자신들에게는 왕도 없고,
> 보호자도 없다는 생생한 깨달음을 얻게 되었다.[61]

바로 이와 같은 사람들이 평양대부흥회에서 성령의 임재를 체험하
며 '자기'가 다른 사람들에게 지은 죄를 회중 앞에서 고백한 사람들일
것이다.

4. 개인의식의 태동과 한계

조선인들에게 개인의식은 개항 이전에 이미 싹텄다. 만인의 평등
과 자주적 개인을 사유의 중심에 설정한 사상가들이 개항 이전에 이

---

60 제임스 S. 게일(2012), 앞의 책, 52쪽.
61 위의 책, 같은 쪽.

미 나타나기 시작했던 것이다. 천주학과 서양문물의 도전을 받아들인 다산 정약용과 혜강 최한기 같은 유학자들은 성리학적 세계관을 내재적으로 비판하면서 자주적인 개인을 정립하고 수평적인 공동체 윤리를 전개하기 시작하였고, 수운 최제우는 시천주(侍天主) 고아정(顧我情) 사상을 통하여 매우 높은 수준의 개인의식을 확립하고 인간의 존엄성을 존중하는 윤리를 정립했다.

개항 이전에 조선을 지배하던 유교 이데올로기가 서구 사상의 도전을 받으며 해체되기 시작하면서 개인의식이 태동하였다면, 개항 이후에는 서양 문물이 본격적으로 도입되면서 개인의 자유와 권리에 관한 명료한 의식이 자리를 잡기 시작했다. 구당 유길준은 개인의 자유와 평등에 대한 체계적인 사유를 전개하고, 개인의 자유권을 법률로써 보장할 것을 요구하고, 특히 개인의 신체와 생명과 재산을 법률로써 보호하는 것이 국가의 가장 큰 책무라고 주장하였다. 송재 서재필과 좌옹 윤치호 같은 기독교 개종 인사들은 유교적 세계관과 조선의 전통적인 관습과 제도를 버리고 변법자강의 길로 나아가야 한다고 생각했고, 모든 개혁의 출발점은 개인의 자유와 권리를 인정하고 보장하는 것이라고 강력하게 주장했다. 개신교로 개종한 평민들에게서도 하나님 앞에 서 있는 사람의 내면의식이 싹트고 각 사람이 하나님과 이웃과 바른 관계를 맺어야 한다는 생각이 나타났다.

이러한 개인의식이 태동하기는 하였지만, 조선 사회는 개인의 자유와 권리를 법률로써 보장하는 근대적인 법치국가와는 거리가 멀었다. 조선은 일본의 식민지로 전락할 때까지 전제군주체제에서 벗어나지 못했고, 권력과 지위를 갖고 있는 사람들은 개인의 신체와 생명과 재산을 자의적으로 침탈하였다. 식민지 시대에 조선인들은 그들의 자유와 권리를 지킬 수 있는 입법의 길로 나아갈 수 없었다. 그들에게는 참정권이 인정되지 않았던 것이다. 1910년대에 보안법을 도입하여 공안통치의 기틀을 마련한 식민당국은 개인의 자유와 권리를 근대적 법제로 보장하겠다는 의지를 갖지 않았다. 그 당시 식민당국이 도입한 근대적 재산권 법제는 식민지에 진출한 일본인들의 재산권을 보장하고 확대하고 공고화하려는 시책이었고, 조선인들의 전통적인 재산점유권 제도를 무력화시켰고, 대부분의 조선 민중을 반봉건적인 지주-소작 제도의 굴레에 묶는 효과를 발휘했다. 개인의 자유와 권리를 보장하는 기회는 식민지 시대에 대부분의 조선인들에게 부여되지 않았다. 조선인들에게는 개인의식이 이미 태동했지만, 그들의 개인적 자유와 권리를 보장하는 국가가 그들에게는 없었다. 이러한 식민지적 상황이 조선인들을 개인으로 성숙하는 것을 방해했다.

개인이 국가에 의해 보호되지 못하는 상황에서 개인을 보호하는 기구는 가족이었다. 조선인들은 가족의 틀에서 개인의 존립을 보장받을 수밖에 없었기에 그들에게는 개인주의보다 가족적 집단주의가 강하게 발현되었다. 그것은 식민지 시대만이 아니라 한국전쟁 이후에도 아주 오랫동안 지속된 상황이었다. 한국 사회에서 가족적 집단주의로부터 개인의 독립이 촉진되어 개인화가 본격화된 것은 1990년대 말에 IMF의 경제관리를 받은 이후에 가부장적 가족관계가 급속히 해체되고 신자유주의적인 사회적 안전망이 구축되기 시작한 최근의 일이라고 말할 수 있다. 이에 대해서는 별도의 연구가 필요하다.

도(道)에서 진리(truth)로

진리 추구의 궤적을 중심으로

1. 형이상학이 사라진 시대

모든 학문은 진리를 추구한다. 진리(眞理)의 문자적 의미는 참된 이치이다. 그러면 이치가 참인지 거짓인지는 어떻게 판별하는가. 대개 대상에 대한 인식이 그 대상과 일치할 때 참으로 판정한다. 진리는 보편성을 지닌다. 진리의 보편타당성은 인식 과정에서 귀납과 연역, 분석과 종합 등 증명절차를 거쳐 획득된다. 그래도 의문은 남는다. 대상을 인식할 때 객관성은 어떻게 확보되는가. 자신이 속한 사회, 계급, 문화, 역사의 영향을 배제한 객관성과 보편성의 확보는 과연 가능한가. 학문 외에도 여러 종교에서 각기 주장하는 진리가 있다.

학문이 진리를 추구한다고는 하나, 진리의 양태 혹은 진술이 개별 학문마다 같은 것은 아니다. 학문에 따른 진리 탐구의 방법과 과정이 다르다. 인간에 의해 인식된 자연도 있는 그대로의 자연이 아니다.

인간의 인식은 온전함을 추구하지만 그렇지 않을 수 있음을 항상 생각해야 한다. 인식의 불완전성을 메워나가려는 노력을 지속할 때 진리 또한 올바름을 향하게 될 것이다. 인간의 사고는 언어를 수반하고, 언어에 의해 완성된다고 할 수 있다. 언어는 사물들을 지칭하고 의미를 규정하는 역할을 한다. 실제 세계와 인식된 세계의 거리를 좁히는 데에 근대 학문 특히 자연과학의 성취를 간과할 수 없다. 한편으로 인간 사회와 자연에 관한 탐구는 그 방법과 지향이 다르다는 점도 간과할 수 없다. 근대 과학의 방법론을 다소간 응용하더라도 사실에 관한 기술이나 현상을 설명하는 데에서 끝나지 않는다. 사실에 관한 기술이 참인지 거짓인지를 분별하는 것과 어떠한 행위가 선인지 악인지를 판단하는 건 별개 영역이다. 이처럼 자연과학과 인문학이 추구하는 목표가 똑같은 것은 아니다.

그렇다면 학문마다 추구하는 진리가 다른 것일까. 학문의 분화에서 다시금 학문 통합을 모색하는 원인 가운데 하나는 파편화된 지식을 종합·성찰하는 문제와 관련된 것은 아닐까. 오늘날 학문의 추세를 보면 분화된 근대 학문 체계의 통합을 요청하는 목소리가 곳곳에서 나오고 있다. 인문학과 사회과학을 넘어 인문학과 자연과학의 융복합 학문에 대한 요청은 '문송', '문과라 송구합니다.'라는 말이 대변하듯이 인문학 외부의 변화와 인문학 내부의 문제가 중첩되어 있다고 생각한다. 실용과 효용성을 우선시하는 시장의 논리가 외적 변수라면 목표와 방향성 상실은 내적 문제. 개별 학문의 지향과 목표하는 바가 다르더라도 현실을 외면하고 자기만의 진리의 성채를 구축한다면 그것이 아무리 견고한들 도리어 세상과 나를 단절시키는 일이 되고 말 것이다.

서구 근대 학문은 15세기 르네상스와 16세기 종교개혁 그리고 17
세기 과학혁명을 거치면서 형성되었다. 신의 피조물에 하나였던 인
간은 우주 자연의 제 현상을 합리적으로 설명할 수 있는 이성을 내세
우며 자연에 대한 지배력을 강화했다. 이성적 인간은 세계를 객체로
서 인식하고 개념적으로 재현하며, 자율적 의지에 따라 개조한다. 이
야말로 근대의 광휘가 아닌가. 인간과 유기적으로 연결된 자연으로
부터 지배와 정복의 대상인 자연으로 관점과 태도가 바뀌어 갔다.
신과 인간의 분리, 인간과 자연의 분리는 이성을 중심으로 하는 근대
적 세계관의 산물이다.

기술의 실용성과 효용성은 과학의 응용에 따른 지표이지 본래 과학
자체의 목표는 아니다. 과학은 가치에 관한 결정을 내리지 않고 다만
그러한 결정에 도움을 제공한다. 이때 가치는 인간의 필요와 욕구를
만족시키는 일이 가치 있는 일임을 전제로 한다. 실용성과 효용성을
추구하는 과학기술은 절대적인 진리를 추구하던 태도에서 절대 확실
하지는 않더라도 실제 세계와 부합하고 문제를 해결해주는 지식이면
받아들일 수 있다는 생각이 자리 잡게 하였다. 새로운 과학은 그동안
'본질', '원인' 등을 찾던 것에서부터 벗어나 현상을 기술하는 일에 관심
을 기울이게 되었다. '철학으로부터의 과학의 분리'가 일어난 것이다.[1]
본질이나 원인에 관한 탐구는 거의 종교의 영역으로 치부되었고, 윤리
학이나 미학 정도가 철학의 주된 탐구 분야로 남았다.

우리는 세계를 다 알 수 있을까. 근대 문명은 그 불가능함을 가능
함으로 바꾸는 데서 출발했다. 그런 의미에서 과학만능주의는 현시

---

1 김영식, 『과학, 인문학 그리고 대학』, 생각의 나무, 2007, 36~37, 64쪽.

대의 종교다. 우리는 그 세속 종교 역시 역사적 문제의 하나임을 망각한 채, 그것의 확실성을 추구하는 개념틀을 통해 이 현상들을 보려고 해왔다.[2] 김영식은 자연과학에 대한 그릇된 관념을 두 가지로 제시한 바 있다. 하나는 자연과학이 문학, 예술, 사회과학 분야와 비교하면 객관적이긴 하나 과학자의 주관이나 가치관을 완전히 배재한 '절대적 객관'은 아니며, 가치관의 개입 소지가 있다는 점이고, 다른 하나는 자연과학의 방법이 실험적이라는 것인데, 실험 결과는 외부 자연현상이나 자연과학적 사실과는 거리가 먼 단순한 데이터에 불과하며 이것이 의미를 갖기 위해서는 과학자의 해석을 거쳐야 한다는 점이다. 가령 자연과학의 역사적 논쟁들은 대개 똑같은 실험 결과를 어떻게 해석하느냐에 관한 것이었다. 이는 과학자에 따라 실험결과를 얼마든지 다르게 해석할 수 있음을 보여준다.[3] 박승억은 "객관적이고 절대적인 가치체계는 낡은 형이상학이거나 아니면 폭력이 될 뿐"이라고 했다.[4] 이른바 탈형이상학 시대의 도래로 종교도 역사적·문화적

---

2   스테판 다나카, 박영재 역, 『일본 동양학의 구조』, 문학과지성사, 2004, 15~16쪽. "칼 폴라니(Karl Polanyi)는 19세기 문명의 쇠퇴 원인을 추적하면서, "학자들은 인간 세계를 지배하는 법칙들을 명백히 밝혀주는 과학이 발견되었다고 다 같이 선언했다. 가슴에서 연민을 제거하고 최대 다수의 최대 행복이라는 미명으로 인간적 유대를 부정하는 금욕주의적 결단이 세속 종교의 위엄을 획득하게 된 것도 이들 법칙의 요구에 따른 것이었다."고 하였다."

3   김영식, 앞의 책, 24~26쪽.

4   박승억, 「키와 돛-형이상학 없는 시대에서의 과학과 윤리」, 『철학과 현상학 연구』 56, 한국현상학회, 2013, 168~169쪽. "종교적 권위와 낡은 신분 질서로부터 해방된 근대인들은 낡은 권위를 철폐한 대신 이성을 대안으로 삼았다. 그러나 인간 이성은 태생적 한계를 벗어나지 못하는 제한적 능력만을 갖고 있다는 것은 오래지 않아 입증되었다. 그런 의미에서 보편타당한 가치, 혹은 궁극적인 진리는 사실상 공허한 이념에 불과한 것처럼 보였다. 게다가 섣부르게 보편타당성을 주장하는 가치가 얼마나 폭력적으로 작용하는지에 대한 역사적 경험은 일체의 형이상학적 태도에 대해 경계심을

산물로 인식되었고, 종교의 신성성과 권위도 해체되었다. 현상을 기술하고 설명하는 것에 만족하는 한편, 관찰하고 경험할 수 없는 존재의 본질에 관한 물음은 무용한 것으로 도외시하였다. 진리의 절대성과 객관성이 부인되고 실용성과 효용성이 진리가 되었다.

그러나 제국주의의 세계침탈과 두 차례의 세계대전을 거치며 문명과 역사의 진보에 대한 회의가 일었다. 1920년대 전 세계적으로 유행한 문화주의와 개조론은 과학기술만능주의와 배금주의 속에 소외된 인간의 삶에 대한 성찰에서 비롯한 것이다. 진보의 신화가 무너졌다고는 해도 근대로 이끈 이념 체계 자체를 모두 폐기하지는 않았다. 시장과 자본의 그물망은 더 촘촘하게 인간 삶의 전 영역을 포섭하였고, 사회진화론 근저에 경쟁 원리는 여전히 주체와 타자를 나누고, 타자에 대한 배제와 지배 구조를 재생산했다. 호혜와 상생의 사유보다는 이항 대립적 사유가 근대 학문과 세계의 주조였다.

가치와 사실이 분리되고 형이상학이 사라진 시대, 학문의 길과 진리의 추구는 어디서 찾아지고 어떻게 의미 지을 수 있을까. 사실과 가치의 분리는 '사실'과 '가치'라는 개념의 단순한 이항대립으로 볼 수 없고, 그러한 분리가 일어나게 된 내·외의 원인과 동기, 과정, 결과에 대한 분석이 병행될 때 그 의미가 분명해질 수 있다. 근대 학문의 전문화, 제도화, 거대화, 실용화 과정의 문제는 본질적으로 가치의 문제이며, 세계관의 문제와 연결된다. 사실을 설명하고 기술하는 학

높여 놓았다. 이렇게 최종 심급을 유명무실하게 만든 상황에서 의지할 수 있는 수단은 절차의 공정성과 합리성뿐이었다. 논의의 결과가 궁극적으로 옳기 때문이 아니라, 그런 결과에 도달한 과정에 문제가 없기 때문에 따라야만 한다는 것이다."

문과 인간이 걸어가야 할 마땅한 길을 탐구하는 학문의 길항을 멈춰야 한다. 과학기술을 탐구하는 연구자의 윤리와 그 성과물의 운용 방향에 대해 윤리적인 접근이 필요하다. 과학기술로 발생한 문제가 인간의 욕구를 충족시키기는커녕 오히려 불만족스럽고 불행하게 만들 때에서야 윤리적 접근을 시도한다면 그런 실기도 없을 것이다. 서둘러 과학과 철학을 연결하는 교육이 필요한 이유이다.

사실 진리의 추구는 학문에 국한된 게 아니라 살아가면서 매 순간 부딪는 실존의 문제이다. 그것은 우리가 살아가야 할 방도인 동시에 궁극의 도달점이기도 하다. 사람이 살아가는 데 마땅한 길을 찾기 위해 고민한 흔적은 동서고금을 막론하고 쉽게 발견할 수 있다. 유교 문화에 익숙했던 과거 우리는 그것을 도라고 불렀다. 도와 진리는 같으면서 다르고, 다르면서 같다. 이제 유학으로부터 근대 과학기술과 기독교 수용, 그리고 현재에 이르는 진리 추구의 궤적을 일별해 보자.

2. 유학, 진리는 멀지 않으니

도는 일반적으로 도로, 경로, 통로, 노정 등의 의미 외에도 경과, 방향, 방법, 기예(技藝)로부터 우주 만물의 본원 또는 본체,[5] 그리고

---

5 『周易』, 「繫辭傳」, "一陰一陽之謂道." 韓康伯注 : "道者, 何無之稱也, 無不通也, 無不由也, 況之曰道.";『老子』, "有物混成, 先天地生 …… 吾不知其名, 字之曰道, 强爲之名曰大."『韓非子·解老』, "道者, 萬物之所然者, 萬理之所稽也."

사리(事理)와 규율,[6] 정치나 사상,[7] 도덕과 도의(道義),[8] 등의 의미로 사용되었다. 유학은 인간과 자연, 앎과 실천의 합일[天人合一·知行竝進]을 목적으로 했다. 송대 신유학은 '태극(太極)', '이기(理氣)' 개념으로 인간과 사회, 우주와 자연을 통일성을 추구했으며, 인간학과 자연학은 미분화된 상태로 존재했다. 우주 자연의 원리는 인간을 포함한 모든 사물에 내재한 것으로서[各具一太極, 理一分殊], 소학으로부터 대학에 이르기까지 수양과 공부의 방법은 모두 천부의 이치[性卽理]를 자각하고 실천하는 것이었다. 『중용』의 첫 머리는 학문의 체계를 우주 자연으로부터 인간으로 이어지는 이법(理法)으로 체계 지었다. 첫째, 인간을 포함하여 만물은 하늘로부터 저마다의 본성을 부여받았다. 둘째, 그러한 본성을 거스르지 않고 따르는 것이 道다. 도란 일상의 세계에서 마땅히 지켜야 할 도리이다. 셋째, 그러한 도리를 익히는 것이 바로 학문이다.[9]

학문의 목적과 수행체계는 『대학』의 3강령[10]에서 확인할 수 있다. 즉 학문 주체의 내면적 수양과 사회적 실천 그리고, 최고의 덕을 실현하는 것이 학문의 내용이며 목표로 설정된다. 유학이 추구하는 진리는 언제나 인간이 발 딛고 선 그 자리에 있었다. 일면 매우 비근하게 여겨지는 일상적 삶이 학문의 출발점이자 도달점이었으며,[11] 이의 수

---

6 『周易』, 「說卦傳」, "是以立天之道曰陰與陽, 立地之道曰柔與剛, 立人之道曰仁與義."
7 『論語』, 「衛靈公」, "道不同, 不相爲謀."
8 『春秋左傳』, 「桓公六年」, "所謂道, 忠於民而信於神也.";『孟子』, 「公孫丑」 下 : "得道者多助, 失道者寡助."
9 『中庸』, "天命之謂性, 奉性之謂道, 修道之謂敎."
10 『大學』, "大學之道, 在明明德, 在新民, 在止於至善."
11 『論語』, 「學而」, "子曰, 弟子立則孝, 出則弟, 謹而信, 汎愛衆而親仁, 行有餘力, 則以學文."

행방안 역시 '친친·인민·애물(親親仁民愛物)'의 범주를 넘어서지 않았다.[12] 한편 인간 삶을 떠난 형이상적 실체에 대한 물음이나 탐구는 관심 영역에 없었다.[13] 우주 자연의 섭리[天命]를 인식하는 것은 언제나 일상의 삶과 매개됨으로써 그 의의를 지녔다.

따라서 학문의 목적은 천도(天道)를 깨달아 인도(人道)를 실행하는 것, 즉 천도와 인도의 일치[天人合一]라고 할 수 있다. 학문의 수행체계에서 보면 자연의 항상된 운행원리[天道, 所以然之故, 存在]가 인간의 도덕 함양과 실천의 당위규범[人道, 所當然之則, 當爲]으로 연결된다는 점이 중요하다. 이처럼 자연 그 자체보다는 인간에 대한 탐구를 학문의 본령으로 하는 유학의 전통은 다음 구절에서 명백하게 드러난다.

번지가 인(仁)에 대해 묻자, 공자는 사람을 사랑하는 것[愛人]이라고 하였다. 지(知)에 대해 묻자, 공자는 사람을 아는 것[知人]이라고 하였다.[14]

공자의 가르침은 '인(仁)'의 실천이었으며, 지식이란 인간에 대한 앎이었다. 구체적인 학문 방법은 '격물(格物)'과 '치지(致知)',[15] '궁리(窮理)'와 '진성(盡性)'[16]이다. '격물치지'는 객관 사물의 이치를 탐구하여

---

12 『孟子』, 「盡心」 上, "孟子曰, 君子之於物也, 愛之而弗仁, 於民也, 仁之而弗親, 親親而仁民, 仁民而愛物."

13 『論語』, 「述而」, "子不語怪力亂神."; 『論語』, 「先進」, "季路問事鬼神, 子曰, 未能事人, 焉能事鬼. 敢問死, 曰, 未知生, 焉知死."

14 『論語』, 「顏淵」, "樊遲問仁, 子曰, 愛人. 問知, 子曰, 知人."

15 『大學』, "欲誠其意者, 先致其知, 致知在格物."

16 『周易』, 「說卦傳」, "昔者, 聖人之作易也, 幽贊神明而生蓍, 參天兩地而倚數, 觀變於陰陽而立卦, 發揮於剛柔而生爻, 和順於道德而理於義, 窮理盡性, 以至於命."; 『論語』, 「爲政」, "知天命, 窮理盡性也."

앎을 이룬다는 것이다. 주희에게서 격물치지는 사물에 주체가 나아
가 직접 경험하고 탐구함으로써 그 안에 내재한 보편적 원리를 인식
하여 앎을 완성해 가는 것이라고 할 수 있다.[17] 이를 객관적 지식을
강조하는 주지주의적 특징으로 평가하기도 하지만, 정이와 주희가
말하는 사물은 객관 존재 그 자체라기보다는 인간의 실천과 결부된
대상 즉 일[事]이며, 따라서 사물의 리는 존재 그 자체의 법칙이라기
보다 실천과의 관련 속에서 파악된 존재의 원리이며 실천의 원리[事
理, 道理]이다. 이런 의미에서 주자학의 격물치지설은 다분히 도덕주
의적이다.[18]

격치와 궁리의 주요한 방법은 객관세계에 대한 관찰과 실험을 통
한 탐구보다는 경전(經傳)과 사서(史書)에 대한 독서를 통해 그 안에
담겨 있는 '전언왕행(前言往行)'을 체득함으로써 자신의 덕을 함양하
는 것이다. 학문의 방도로 궁리를 가장 우선시하고 궁리의 요체가
독서에 있음을 주희는 강조한다.[19] 정주성리학은 사물에 내재한 이치
탐구를 강조하긴 하지만, 인간 본연의 도덕성을 자각하고 발현하는
실천적 행위, 인간다운 삶의 영위와 사회적 실천을 추구하는 것이다.
자연히 학문의 목적은 자연의 질서를 밝히는 것이 아니라 유교적 윤

---

17 『大學』, "所謂致知在格物者, 言欲致吾之知, 在卽物而窮其理也. 蓋人心之靈莫不有知,
而天下之物莫不有理, 惟於理有未窮, 故其知有不盡也. 是以大學始敎, 必使學者卽凡天
下之物, 莫不因其已知之理而益窮之, 以求至乎其極. 至於用力之久, 而一旦豁然貫通焉,
則衆物之表裏精粗無不到, 而吾心之全體大用無不明矣. 此謂物格, 此謂知之至也."
18 김용헌, 「格物致知, 사물의 이치를 따져 보는 공부」, 『조선유학의 개념들』, 예문서원,
2002 참조.
19 『古文雅正』 권13, "爲學之道, 莫先於窮理, 窮理之要, 必在于讀書.";『朱子語類』 권10,
「讀書法」 上, "讀書以觀聖賢之意, 因聖賢之意, 以觀自然之理.";『朱子語類』 권15, 「經」
下, "窮理格物, 如讀經看史, 應接事物, 理會簡是處, 皆是格物."

리 규범의 절대성을 밝히고 그것을 스스로 체현하는 것이다.[20]

공맹 유학으로부터 송대 성리학에 이르기까지 유학 사상에 나타난 학문의 목적과 개념은 수양 공부를 위해 체계화된 것이라고 해도 과언은 아닐 것이다. 천도와 인도의 일치를 지향하고 인간을 포함한 우주 만물의 보편적 원리와 가치를 찾아 실현하고자 했던 유학은 서구 근대 문명의 도전에 직면하였다. 절대적인 지식체계로 군림하던 유교가 다른 지식체계와 비교되기 시작했으며, 유교는 다른 학문과 동등한 수준 또는 그보다 못한 것으로 취급되었다.

3. 사이언스와 격치학

근대 전환기 신학문은 서구 근대 문명의 원동력으로 새 시대를 견인하는 학문이고, 구학문은 동아시아의 유교를 중심으로 하는 지난 시대의 학문으로 표상됐다. 동서의 충돌과 각축이 본격화되고, 1905년을 전후하여 일제의 식민 침탈이 표면화되자 자강과 주권회복의 요청 속에서 동도서기[21] 논쟁은 신구학논쟁으로 연장되었다. 동양의

---

20 허남진, 「동양 학문에서의 이론과 실천」, 『현대 학문의 성격』, 민음사, 2000, 417쪽 참조.

21 우실하는 가다머의 영향사(Effective-History)를 입론으로 하여, "우리나라를 포함한 대부분의 제3세계는 식민지 지배 과정을 통해서 자신들의 고유한 영향사가 단절되고 그 자리에 왜곡되고 종속된 서구 중심의 오리엔탈리즘이 '이해의 전구조'로서 영향사를 대체해 왔다. 그러한 왜곡된 영향사에 의해서 형성된 인식틀은 '정당한 인식틀', '진정한 이해를 유발시키는 인식틀'이 될 수 없다. 물음과 대답의 변증법에 의해서 형성된 정당한 영향사에서 끌어낸 '정당한 인식틀', '진정한 이해를 유발하는 인식틀'이 동도동기론/서도서기론이다."라고 했다.(우실하, 「오리엔탈리즘의 해체를 위한 인식

학문이 리를 주로 하고 서양의 학문은 기를 주로 하지만 '이기불상리 (理氣不相離)'의 관점에서 볼 때, 리를 통한 기의 관장과 기를 통한 리 의 탐구가 가능하다는 주장은 신구학문절충론에 불과하다. 현실의 강약은 리와 기의 문제가 아니라 어떠한 학문이든지 그 내용과 방법 이 실제에 부합하는가에 달려 있다. 유학이 현실에 부응하지 못한 이유는 실제 일을 탐구하지 않았기 때문이다.[22]

신학과 구학의 조화를 주장하는 사람들은 동서의 구분보다 시세 (時勢)에 따른 학문의 장단점에 주목한다. 이들은 학문의 목표가 근본 적으로 다르지 않다고 보며, 신구학 논쟁도 명목에 치우친 것으로 비 판한다.[23] 학문의 목적이 보세치민(保世治民)이란 점에서는 신구학이 같으며, 시대에 따라 변화하더라도 학문 자체에 근본적인 차이는 없 다는 것이다.[24] 신기선(申箕善)도 학문에는 신구가 따로 없다고 하고, 서양의 각종 학문도 그 요체는 천인사물(天人事物)의 이치와 일용수생 (日用需生)의 방도, 국가인민을 유지 발달하는 방법이란 점에서 다르 지 않은 것으로 인식했다.[25]

근대계몽기의 지식인들은 서구 문명의 발달 원인을 격치와 실학에 서 기인한 것으로 인식하였다. 당시 매체에는 서구의 '격치가(格致家)', '격치학(格致學)'에 대한 소개가 자주 등장하는데, 동양에서 삼대(三代) 이전의 학문은 실학이었지만, 이후로는 공언(空言)을 일삼고 사장(詞

전환으로서의 동도동기론」, 『사회사상과 문화』 1, 동양사회사상학회, 1998, 71쪽).

22 金思說, 「學問體用」, 『대동학회월보』 1, 1908.2.25, 41~42쪽.

23 李琮夏, 「新舊學問이 同乎아 異乎아 續」, 『대동학회월보』 2, 1908.3.25, 16~18쪽.

24 李琮夏, 「新舊學問이 同乎아 異乎아」, 『대동학회월보』 1, 1908.2.25, 28~29쪽.

25 申箕善, 「學無新舊」, 『대동학회월보』 5, 1908.6.25, 8~10쪽.

章)이 주가 되어 서양에 뒤처지게 되었다는 평가가 주조였다. 반면에 신학(新學)은 실학(實學)이므로 장려하고, 신학교를 설립하여 인민의 총명과 지력을 끌어올릴 것을 촉구하고 있다.[26]

조재삼(趙在三)은 구염오속(舊染汚俗)을 모두 유신해야 한다는 논설에서 법이 오래되면 폐해가 생기고 물이 궁해지면 변하는 것은 이치라고 하고, 정치와 국민, 습속의 개혁을 주장하였다. 일종의 진보사관에 입각하여, 앞 성현들이 밝히지 못한 대학의 격치주의가 금일에 발현하였으며, 금일은 실학시대요 실력세계이므로 실학이 없으면 국가가 망하고 실력이 없으면 민족이 망한다고 보았다.[27] 유학의 이념 체계인 구학은 이제 실학이 아니었으며, 서구에서 전파된 신학문이 실학의 위상을 차지하였다. 격치학은 신학문을 대표하는 학문이었으며, '실학'이 수식어처럼 따라붙었다. 여병현(呂炳鉉)은 '격치'란 격물치지를 말하는 것으로 이용후생에 큰 효용이 있으며, 서양이 부강해진 방법도 격물학에서 찾았다. 격물의 과목으로 천문학, 지문학, 화학, 기학, 광학, 성학, 중학, 전학 등을 예시하고, 세계의 모든 종류의 혼합물이 72종 원소로 혼합된 것을 밝힌 것도 격치로 한 것이라고 하였다.[28] '격물(학)'과 '격치(학)'의 용례에서 둘을 가르는 기준이 명확한 것은 아니다. 격물(格物)하여 치지(致知)하는 것이므로 '격치'가 학문의 방법과 그 과정에서 획득된 지식까지를 포함한다고 볼 수 있다. 근대 전환기 여러 대중매체에서 '격물'보다 '격치'의 사용빈도가 훨씬 높은

26 「興新學說」, 『대조선독립협회회보』 14, 1897.6.15.
27 松南, 「舊染汚俗咸與維新」, 『태극학보』 24, 1908.9.24, 3~12쪽.
28 呂炳鉉, 「格致學의 功用」, 『대한협회회보』 5, 1908.8.25, 12~14쪽.

것은, 중국이나 일본을 통해 수입된 서학 관련 서적이 '격치'를 주로
사용한 점이 중요한 요인일 것이다. 한편 신지식을 연마하여 이용후
생에 도움이 되게 하는 것이 격치학의 급무인데, 격치는 수학으로 인
해 발달했고 수학은 격치의 도구로써 격치가는 모두 산학을 근본으
로 삼는다고 하였다. 격치학은 국가의 흥망성쇠와 관련된 것으로 논
의되었다. 희랍과 로마의 부침도 격치학 때문이며, 우리 대한은 비록
명유·석학이 서로 이학(理學)의 설을 높였으나 이론화하고 실천하지
못하여 격치학의 효용을 제대로 알지 못했기 때문에 국망의 위기에
처했다는 것이다.[29]

이제 격치는 인간 내면의 도덕적 본성을 발현하기 위한 것이 아니
라 민생과 부국에 실익을 도모하는 실용 학문으로서만 의미를 지니
게 되었고, 학문의 대상과 목적에도 일대 전환이 일어났다. 주자 성리
학에 토대를 둔 전통 학문의 수양론이자 공부론이었던 '격물치지'는
문명개화와 부국강병의 방편으로 변용되었다. 서구 문명의 충격과
근대 학문의 수용은 사실과 가치를 분리해서 사고하도록 만들었다.
객관적 실제에 관한 과학적 탐구가 학문의 중심에 위치하는 동안 가
치의 문제는 현실의 소용을 넘어서 논의되기 어려웠다. 가치와 사실
을 분리하는 사고는 본래 의도와는 상관없이 학문 체계의 변화를 일
으켰다. 기예가 수용해야 할 서양 학술에서 보편적인 학문으로 격상
되고 도(道)의 지위에까지 이르는 동안 전통적인 학문의 지위는 이에
비례하여 추락할 수밖에 없었다.

전통 학문의 수양론과 공부론의 핵심이었던 '격물'과 '치지', '궁리'

29 呂炳鉉, 「格致學의 功用(續)」, 『대한협회회보』 7, 1908.10.25, 10~13쪽.

와 '진성'은 학문 개념의 변화 속에서 '격치·격물학'과 '궁리학' 등으로 사용되어 학문 분과의 하나를 지칭하는 일반명사로 쓰였다. 이제 천문학, 지리학, 산술·칙산학, 격물학, 화학, 중학, 제조학, 정치학, 법률학, 부국학, 병학, 교섭학 및 기타 동물, 식물, 농상·광공 등 학이 부국의 실학으로 인식되었다.[30] '격치(물)학'은 때로는 철학, 때로는 과학(물리학)에 대응하는 번역어로 쓰였으며, '치지'의 내용은 지리학, 산술학, 회계, 제조학, 법률학 등으로 근대 국가 건설과 국민의 창출이라는 이념 지평에서 '민지(民智)', '학지(學知)'의 강조와 함께 근대 학문으로 자리매김하였다. 서구 지식의 적극적 수용을 통한 문명개화는 학지와 민지의 배양뿐만 아니라 제국주의에 대항하기 위한 생존의 논리로 추구되었다. '궁리'는 1895년 2월 2일에 고종이 조칙으로 발표한 교육에 관한 조서까지만 해도 '오륜행실', '근로역행', '궁리진성'의 3대 강령의 하나로 강조하였으나, 주된 용례는 천체학, 동역학, 기하·물리학 등을 지시했고, 인격을 완성하는 '진성(盡性)'과 짝을 이루지 못했다. 궁리는 이제 인간과 분리된 자연현상과 규칙[物理]에 관한 탐구로 국한되었다. 인간과 분리된 자연은 관찰과 실험의 대상이자 관리·개발되고 인간 삶에 유익하도록 이용되어야 하는 것으로 인식되었다.

　　자기(自己)와 천연(天然)의 관계는 우주 사이에 현상이 비록 많지만 크게 천연과 정신 둘을 넘지 않는다. 고대인은 정신을 천연에 복종함으로써 행복을 더하는 데 힘썼으니, 이른바 천명, 천운, 천도, 기천(祈天), 도천(禱

---

30 「논설」, 『매일신문』, 1898.11.5.

天) 등의 용어는 일을 우리 마음대로 좌우하지 못하고 복종한 것이니 천연을 숭배한 기원이다. 그러나 지식이 점차 열리고 과학이 날로 융성해져 우리의 천연사상(天然思想)이 크게 변했으니 격치, 물리 등 학자가 천연 활동의 법칙을 발명해서 천연이란 임기발현(臨機發現)하거나 사람의 이해에 따라 그렇게 되는 게 아니고 일정한 법칙(규율)에 따라 활동하는 것 즉 풍우전상 등의 천재와 질병흉근 등의 지요를 피할 도리가 모두 있음을 알고 또 그 법칙에 따라 이용함으로써 천연을 우리의 노예처럼 하여 천연에 우리의 힘을 더욱 확장하기가 한량이 없다.[31]

이는 서구 근대의 산물인 과학 기술의 전사(前史)와 맥락에 대한 표피적 이해와 급속한 수용의 한 단면이다. 자연은 이제 숭배의 대상이 아니라 탐구와 이용의 대상으로 인간을 위해 존재하는 것으로 이해되었고, 인간은 격치학을 통해 자연에 대한 지배력을 무한히 확장할 수 있는 존재로 인식되었다. 자연과 분리된 인간, 자연을 관리하고 이용하는 주체는 근대적 인간상의 중요한 소산이다.

이처럼 궁리학·격치학은 서구 학문의 수용에 따라 개념의 내포와 외연이 달라지면서 전통 학문 개념의 전이를 유도하였다. 존양성찰(存養省察[居敬])과 함께 논의되었던 궁리(窮理[道問學, 格致])가 물리학으로 분리·축소되고 거경의 부분은 윤리·도덕·철학의 영역으로 분리되었다. 전통 학문 개념인 '격치'와 '궁리'는 학문의 목적과 대상, 방법과 내용에서 전면적으로 변용되었고, 전통 학문의 자리는 서구 근대 학문으로 대체되었다. 학문의 세속화, 실용화, 분과화를 진행한 근대 학문은 인간과 자연의 유기적 연결망과 덕성을 중시하던 전통

---

31 李海朝, 「倫理學(續)」, 『기호흥학회월보』 9, 1909.4.25, 28~30쪽.

학문을 해체한 자리에 우뚝 섰다.

　이제 전통사회의 운영원리였던 유학의 이념은 현실에 부합하지 못하는 구학문으로 부정과 폐기의 대상으로 논의되었다. 이른바 파괴의 시대가 열린 것이다. "우리는 공자를 선생으로 삼을까. 예수를 선생으로 삼을까. 마호메트를 선생으로 삼을까. 모두 아니다. 오직 진리를 선생으로 삼아야 하리라. … 대저 파괴가 없으면 건설이 없으리니 구학설이 파괴되지 않으면 신학설이 건설되지 못하며 구사상이 파괴되지 않으면 신사상이 건설되지 못하며, 구학설·구제도가 파괴되지 않으면 신습속·신제도가 건설되지 못할 것이다."[32] 한편으로 남궁억은 희랍철학이 우주만상을 보고 조화의 이치를 밝혀 지금까지 수천 년 동안 '격치'를 행하는 데 도움이 되었으나, 물에만 조화의 이치가 있는 게 아니고, 모든 인사에도 이치가 있으니, 한 사회가 실업만 도모하고 종교, 철학 등이 없으면 사회라고 할 수 없다[33]고 하였고, 박은식도 지금은 과학의 실용이 인류의 요구가 되는 시대라 일반 청년이 마땅히 이에 힘써야 할 터인데 인격의 본령을 수양하고자 하면 철학 또한 폐기할 수 없다[34]고 하여 인문적 가치와 과학적 실용을 연결하려는 사고를 보여주었다.

　20세기를 전후하여 유교의 위상은 신학문에 자리를 내줘야 했다. 유교는 온고(溫故)의 위상을 상실하면서 파괴와 폐기의 대상으로 부정되었고, 단지 기예(技藝)로 취급되던 서양 학술은 새로운 학문[新學]

32 劍心,「談叢」,『대한매일신보』, 1910.1.6.
33 南宮檍,「社會調和」,『대한협회회보』3, 1908.6.25, 1~2쪽.
34 「學의 眞理는 疑로 좃차 求하라」,『白巖朴殷植全集』V, 572~573쪽.

과 문명의 전범이 되었다. 서양의 학문은 물론 제도와 사상 그리고 종교까지 새로운 문명의 진보를 위해 필요했다. 의도하진 않았으나 동도서기론이나 신구학문 논쟁은 서양 문명 수용과 전면적인 서구화에 대한 부정적 인식을 완화해주는 효과를 발휘했다. 1920년대 문화주의와 세계 개조론의 확산을 거쳐 1930년대 발흥한 조선학 운동은 민족을 주체로 한 역사와 문화를 소환하면서 주체의 문명적 잠재력을 일깨웠다. 문명 진보의 신화는 세계대전의 참화로 무너졌다. 평화의 신문명을 만들어나갈 주체에게는 경쟁 원리가 아닌 도덕 원리를 기초로 물질문명의 불완전성을 보완할 역사적 소임이 부여됐다.

4. 종교 그리고 유교

성리학(性理學), 주자학(朱子學), 양명학(陽明學), 심학(心學), 리학(理學), 기학(氣學), 도학, 실학 등은 유학의 위상 변화와 함께 일상에서 관념의 영역으로 물러났다. 일제의 강점에 맞서 의병투쟁과 독립운동을 주도한 유림도 있었으나 일제에 부역하며 사리사욕을 챙긴 일부 관료도 역시 유교 지식인이었다. 성리학을 기반으로 한 유림은 국가의 위기를 도덕의 위기로 인식하여 본성의 회복과 의리의 구현을 기저로 하는 도덕실천을 촉구했으나 이들의 인륜과 대의 구호는 제국주의의 침탈 앞에 무력했다. 망국의 원인으로 유교가 지목되는 가운데, 새로운 진리에 대한 모색이 이어졌다.

20세기 전후 기독교 토착화 과정은 기독교 중심의 종교 개념을 강화하는 한편 '종', '교'로 일컬어졌던 재래 지식체계를 '종교'의 의미장에 포괄하거나 배제하면서 진행되었다. 유교적 지식인이었던 최병헌의 개종은 이러한 망국의 위기 앞에 선 지식인의 고뇌에 찬 회심의 결과였다. 기독교 신앙에 이르게 된 원인은 서구 문명의 원천에 종교적 힘이 있었다는 판단에서다. 최병헌의 대표작 『성산명경(聖山明鏡)』(1909), 『만종일련(萬宗一臠)』(1922), 『한철집요(漢哲輯要)』(1922)는 그가 재래 학술사상을 폭넓게 이해하고 있었음을 보여준다. 이처럼 한학에 바탕한 전통적 사유체계 위에 새겨진 복음주의는 3대 종교 관념으로 제시한 유신론, 내세론, 신앙론에서 유신론과 내세론 보다 신앙론에 무게를 두게 한다. 서양의 하늘과 동양의 하늘이 다르지 않다는 주장은 복음의 진리가 편재함을 뜻한다. 대화체의 몽유록 형식을 띤 『성산명경』은 기독교 수용사뿐만 아니라 신소설로도 주목받는다. 한국 비교종교학 연구의 효시라 할 만한 『만종일련』은 마테오 리치의 『천주실의』의 보유론을 넘어 제반 종교를 성취론의 관점에서 포괄한다. 최병헌의 기독교 수용 논리는 다음과 같은 세계인식에서 구체적으로 드러난다.

　　서양의 기계만을 취하고 종교는 높일만한 것이 못 된다고 하는데 이는 (종교를) 이단으로 여겨서 참 진리를 모르기 때문이다. 나라의 형세를 개탄하는 자들이 매양 서양의 기계의 이로움을 말하면서 교도(종교)가 미풍이 아니라고 배척하며, 외국이 강하다고만 하고 부유하고 풍요롭게 된 근원은 살피지 않는 것이 참으로 한탄할 일이다. 대개 대도(大道)는 방국에 국한되지 않고 진리는 중외에 통용 가능한 것이다. 서양의 하늘이 곧 동양의 하늘이고, 천하(세계)로 보면 모두가 일가(一家)이며, 사해가 형제라 할 수 있다. 상제를 공경하고 인민을 아낀 점에 이른다면 어느 누가 마땅한 '윤리'라고 하지 않겠는가.[35]

지력의 발달로 드러난 과학적 사실에 덧붙여 서양이 부강하게 된 근본 동력으로 그들의 '종교'를 꼽고 있으며, 참된 진리는 국가의 울타리를 넘어 세계에 통용되는 것이라는 논리를 펴고 있다. 동양과 서양이 구분되는 게 아니라 동서양의 '천(天)'은 같다. 동서양을 막론하고 상제를 공경하고 백성을 아낀 전통은 오래된 것이며, 세계적 보편성을 지닌 '윤리'라고 주장한다.[36]

『성산명경』(1909)은 『신학월보』에 1907년 총 4회 연재한 「성산유람긔」를 증보하여 단행본으로 출판한 것이다. 유교를 대변하는 진도(眞道), 불교를 대변하는 원각(圓覺), 도교를 대변하는 백운(白雲), 기독교를 대변하는 신천옹(信天翁)이 성산 영대에 모여 사흘간 벌인 토론을 통해 개종에 이르는 과정을 보여준다. 존스 목사는 서문에서 번연의 『천로역정』에 비견할 정도로 의의를 두었다. 최병헌은 후기에서 "유교의 존심양성하는 윤상지리와 석가의 명심견성하는 공공한 법과 선가의 수심연성하는 현현한 술법을 심형으로 저울질"하다가 기독교인이 된 뒤, 신약성경을 읽으면서 "성신의 능력을 얻어 유도와 선도와 불도 중 고명한 선비들에게 전도하여 믿는 무리를 많이 얻을까 생각하다가" 이 책을 집필했다고 밝혔다. 『성산명경』은 당시 개화기 문학으로 유행했던 토론체소설의 양식과 몽유록의 특징을 활용했다. 토

---

35 崔炳憲, 「奇書」, 『황성신문』, 1903.12.22.
36 옥성득은 '서천동천일야론'은 이미 중국 기독교와 한문 전도문서 「天道溯原」, 「德惠入文」, 「自西徂東」 등에서 주장되던 변증론으로서, '동도'인 유교나 불교가 가진 기독교와의 연속성을 '복음에의 준비'로 수용하면서, 기독교로써 '동도'의 부족함을 완성, 성취하려는 포괄적인 문명·종교 논리였다고 한다(옥성득, 「'한일합병' 전후 최병헌 목사의 시대 인식─계축년(1913) 설교를 중심으로」, 『한국기독교와 역사』 13, 한국기독교역사연구소, 2000, 46쪽).

론 양식이 종교간 비교와 변증을 위한 체계와 논리를 갖추기 위한
통로였다면, 몽유록적 형식은 일반적으로 이해하기 어려운 종교 교리
의 형이상학적 내용을 감성적으로 수용하도록 신비적 연출을 하는
데 일조했다.[37]

최병헌이 『성산명경』에서 진행한 종교 변증 가운데 가장 많은 공
을 들인 대상은 바로 유교다. 최병헌 자신이 개종 이전에 유교적 소양
을 갖추고 있었기 때문에 양자의 변증은 불교나 도교에 비해 더 상세
하다. 『성산명경』은 각각의 종교가 지닌 특색을 드러내어 서로 비교
하는 방식을 취했다. 백운은 육체와 영혼의 이원적 구조와 영혼불멸
설을 통해 도교의 불로장생설과 신선불사설의 허망함을 깨닫고 개종
을 결심하고, 원각은 인간의 윤리를 저버리는 점, 윤회와 업보의 논리
가 지닌 문제점, 창조설의 부재, 출가로 인한 반사회성 등의 비판을
듣고 개종한다.

유교와 기독교의 변증은 크게 천지의 생성, 인성론, 윤리론, 내세
론 등으로 진행된다. 진도는 만물의 생성과 변화를 『주역』의 태극,
음양, 오행을 들어 설명했다.[38] 이에 대해 기독교를 대변하는 신천옹
은, '태극', '음양', '오행'으로 만물이 화생한다는 유교의 생성론에 대
해 주희의 『격치서』를 근거로, 태극은 이치일 뿐이고 정의, 계교, 조
작이 없으므로 지혜와 신령도 없는 것이니 어떻게 허령지각을 지닌
사람과 만물을 생성할 수 있느냐고 회의하면서, 건곤이기와 음양오행
은 당초 어디서 생겨난 것이냐고 반문한다. 『성산명경』이 보유론에

---

37 『성산명경』, 104쪽.
38 위의 책, 10쪽.

입각한 적응주의적 선교 논리를 계승하지만, 제반 종교의 긍정적 측면을 수용한다. 기독교 외에 여타 종교는 기독교 나아가는 데 도움을 줄 수 있다고 보았기 때문이다. 신천옹은 기독교의 창조론에 따라 만물은 전지전능한 하느님의 창조로 생성한 것이라고 주장한다.[39] 음양은 만물이 생성된 후에야 겨우 명명할 수 있는 것이므로 스스로 만물을 생성할 수 없다. 만물 생성은 오직 창조주의 몫으로 사물은 일용할 물건이 되고 허령한 지각을 지닌 인간은 사물과 자연을 활용하고 양지양능은 도덕 판단과 실천을 수행한다. 인성에 대한 변증도 주목할 만하다. 신천옹은 요순 같은 성현의 자식들의 불초와 악행을 일삼는 자들이 세상에 많은 이유를 묻는다. 진도는 본성의 선함을 옹호하고 악행은 물욕에 가려진 탓으로 설명했다. 이에 신천옹은 상지와 하우, 성인과 악인이 태어날 때부터 정해진다면 교육도 소용없고, 문명 진보도 불가능하다면서 사람의 천성은 하느님께 받은 것으로 지혜와 어리석음은 기질청탁과 심재유무에 달려 있고 성품 때문이 아니며, 성현과 완악한 자는 천명을 따르는 가로 판가름 난다고 했다.

이처럼 유불도 3교와 기독교의 대화에서 도교, 불교는 기독교에 비해 부족한 점을 인정하는 양태로 서술되지만, 유학자 진도가 "셔국의 문명홈이 실노 예수교 덕화의 밋친 바라 ᄒ고 용단ᄒ 무음으로 예수교 밋기를 작명"하였다고 하여, 유교는 종교적 교리에 의한 설복이 아니라 '일등문명국'의 종교적 기반으로서 기독교가 지닌 가치가 '치국평천하의 도리와 정치학술'상 유교가 지닌 유용성보다 우월함을

---

39 위의 책, 11~12쪽.

인정하면서 개종하게 된다.

그의 신앙체계는 철저하게 현실의 정체와 결부되고, 자신이 배우고 익힌 재래의 철학, 윤리, 문화는 그 뿌리와 줄기를 형성한다. 다만 이때의 전통 지식체계는 성경현전에 근거하면서도 새로운 해석의 가능성을 예비한다. 『성산명경』의 종교간 대화는 기독교 토착화 과정이 전통 지식체계에 대한 재편을 가속화했음을 보여주는 사례다. 서양 중심 문명론의 타자성을 주체성으로 환기하는 데 기독교가 중요한 고리였음이 틀림없다. 최병헌은 기독교 진리의 보편성과 완전성을 신앙하였지만 다른 종교의 존재를 부정하거나 배제하지 않았다. 기독교의 목적론적 역사관 속에서 문명의 다변성과 종교의 다층성을 인식 지평으로 할 수 있었던 까닭은 동서양의 역사와 문화에 대한 나름의 성찰 때문이다.

유교 지식인 최병헌의 개종은 문명론에 충실했기에 가능했다. 기독교 대중화를 위해 제시한 『성산명경』의 종교 간 대화는 서양 문명을 낳은 종교에 주목한 것이고, 유교·불교·도교가 기독교의 종교적 보편성과 가치를 인정하는 모양새를 취했다. 보편 종교로서 기독교의 위상을 증명하는 『만종일련』에서 유교는 세계 여러 종교 가운데 하나였다. 최병헌의 삶은 당대 유교적 지식인의 기독교 경험과 실천을 보여주는 하나의 사례이다. 그는 기독교로 개종했지만 서구주의자의 길을 가지 않았고, 기독교 진리의 절대성을 확신했지만 전통적인 사상의 의의를 부정하지도 않았으며, 친일적 성향의 개신교 선교사들과 함께 목회활동을 했지만 제국주의에 대한 날선 비판도 잊지 않았다.

5. 삶의 길, 진리의 길

전통적 지식체계의 해체와 근대적 지식체계의 구축은 근대 전환과
정의 일부였다. 오랜 역사 문화와 유교적 전통 속에서 나름의 완결된
체제를 수 세기에 걸쳐 지속했던 조선은 서구의 충격으로부터 자유
로울 수 없었다. 근대로의 전환은 전통적 세계관의 인식론적 단절과
지식체계의 탈구축을 가속했다. 그 가운데 서양 문명은 단지 충격이
아니라 그것에 대응하고 수용했던 주체의 관점에서 재음미할 필요가
있다. 인류의 역사에 비추어 보면 '근대'는 비교적 짧은 시간이지만,
지금, 여기에 가장 강한 자장을 형성하는 가까운 과거이다. 한국 근대
전환기 발견되고 창조된 '전통'을 우리 문화의 근원과 본질로 인식해
온 지도 이제 한 세기를 지나고 있다. 우리의 전통을 이해하기 위해서
는 그것이 형성된 배경을 이해하는 일이 우선이다. 조선의 쇠망과
근대 국민국가 건설 좌절에 이은 식민의 질곡은 지금 우리가 생각하
고 있는 전통을 형성하는 데에 지대한 영향을 미쳤기 때문이다. 당대
인들이 그것을 전통으로 인식하게 만든 조건들과 수용의 방식을 살
펴보는 작업이 중요한 이유다.

전통은 과거의 유산으로 구성되지만 지금, 여기 우리의 의식 저변
에 웅크리고 주체의 사회 문화 활동에 개입한다. 현재에 아무런 힘을
갖지 못하는 전통은 차츰 소멸하게 마련이다. 그런 의미에서 전통은
복고적이지 않고 현재적이며, 아직 실현되지 않은 다가올 미래를 정
향한다는 점에서 '지나간 미래'라고도 할 수 있다. 그런데 우리가 생
각하는 전통의 대부분은 근대에 만들어진 것이다. 그것을 구성하는
내용물이 비록 고대에 뿌리를 두고 있다고 하더라도 근대가 요구하

는 이념에 의해 당대로 소환되어 그 역사적 의미를 재해석하고 새로운 가치를 부여했기 때문이다.

'불의는 참아도 불이익은 못 참는다.'는 시대. 자본주의적 합리성이 모든 삶의 기준이자 진리처럼 인식되고 있다. 근대 문명을 이끈 이성도 자본과 권력에 포섭된 지 오래다.[40] 삶의 전 영역에 걸쳐 국민국가의 경계를 넘어선 세계화 시대임에도 불구하고 국가 간의 관계는 여전히 경제적 실리를 추구하고 배타적인 길을 포기하지 않고 있다. 자본의 세계화는 마치 '제국주의'가 문명화·근대화 담론으로 약탈적·침략적 속성을 은폐했던 것과 유사하다. 제국주의는 과거의 유물이 되었지만, 은폐된 형태로 여전히 인류의 연대를 가로막는 장벽이 되고 있다.

사실에 관한 기술과 해석의 오류 이상으로 우리를 더 큰 위험으로 내모는 것은 전도된 가치와 진리와 유리된 삶이다. 유학이 추구했던 진리는 현실에서 아무런 위력을 갖지 못한 체 역사 속으로 묻혔다. 그러나 진리는 멀지 않은 데 있다는 가르침. 끊임없이 변화하는 세계 속에 적응하며 살아가는 게 인간의 삶이라면, 그러한 변화 가운데서도 변함없는 가치를 좇는 것 또한 인간의 삶일 것이다.[41] 과학기술로

---

40 이진경은 근대성의 한 축을 이루는 이성과 합리성 개념에 대해, "'이성'이나 '합리성'이라는 말은 종종 '폭력'이라는 말로 표현되기도 하는 강력한 권력을 행사하는 문법의 환상을 포함하고 있다. 그것이 실제로 담고 있는 이유가 무엇이든 간에 그 단어로 표시되는 순간 그것이 마치 제대로 된 정신이나 어떤 절대적인 진리를 의미하며, 그와 대비되는 것은 '비합리적인 것'이 되어 턱없는 거짓이나 순진한 공상 혹은 제거되어 마땅한 어떤 낭비나 망상을 뜻하게 되는 언어적 환상 말이다."라고 회의한 바 있다(이진경, 「근대사회와 모더니티」, 『현대사회론 강의 모더니티의 지층들』, 그린비, 2007, 14쪽).

41 『周易傳義』序, "易, 變易也, 隨時變易以從道也."

야기된 문제를 과학기술에만 되물을 수는 없다. 과학기술이든 인문학이든 이는 모두 학문하는 주체의 문제이기 때문이다. 독자적인 학적 체계를 구축함으로써 분과학문으로써 위상을 정립해 온 것은 과학기술을 포함한 근대 학문 체계의 일반적인 경향이지만, 우리의 학문은 이제 가치의 문제, 세계관의 문제와 연결되어야 하며, 과학과 철학을 연결하는 학문이 절실하다.[42] 근대 이후 진행된 학문의 전문화, 실용화, 제도화의 성과 이면에서 경화되어 가는 주체의 소외와 학문과 삶의 괴리를 학문의 당면 과제로 진지하게 성찰해야 할 때이다.

---

[42] 김영식은 참다운 인문학은 전통적인 인문학의 대상, 주제들만이 아니라 현재의 인간의 삶의 현실과 문제를 대상으로 해야 하며, 특히 현재 인간의 삶과 문제에서 중요한 위치를 차지하는 과학, 기술, 정보, 경영 등이 당연히 인문적 추구의 중요 대상이 되어야 한다고 강조했다(김영식, 앞의 책, 123쪽).

혁명(革命)에서 개벽(開闢)으로

동학에서의 도덕의 전환을 중심으로

조성환

"땅은 거름을 먹어야 오곡이 남아돌고,
사람은 도덕을 닦아야 만사가 얽히지 않는다."[1]
－해월 최시형

1. 개벽으로 한국근대사 읽기

19세기 후반에서 20세기 전반에 이르는 동아시아 100년은 가히 '혁명'의 시대라고 해도 과언이 아니다. 서세동점의 충격과 여파로 일어난 1868년의 메이지혁명(일본)과 1911년의 신해혁명(중국)은 하나같이 구체제를 무너뜨리고 새로운 체제를 수립했다는 점에서 서양정치사에 등장하는 revolution이나 유학에서 말하는 革命(왕조교체)에 버금

---

1 "地納糞土, 五穀之有餘; 人修道德, 百用之不紆"(『해월신사법설』, 「유고음(流高吟)」).

가는 사건이다. 그렇다면 비슷한 시기에 한국에서는 어떠한 혁명이 일어났을까? 아니 일본이나 중국에서와 같은 혁명이 일어나기나 한 것일까?

마침 지난 2019년은 삼일독립운동 100주년이었다. 이러한 분위기도 작용하여 한국사회에서는 한국 근대를 종래와는 다른 관점으로 보려는 움직임이 일어났다. 삼일운동을 '삼일혁명'으로 정명(正名)해야 한다는 주장이나,[2] 개벽사상을 한국적 근대의 동력으로 재평가하고자 하는 연구들이 그러한 예이다.[3] 이 글은 이러한 인식의 변화에 힘입어 '혁명'이 아닌 '개벽(開闢)'을 키워드로 한국근대사를 다시 읽고자 하는 시도이다. 여기에서 말하는 '개벽'이란 1860년에 창시된 동학에서 새로운 인문운동을 나타내는 말로 사용된 개념으로, 이후에 강증산(1871~1909)과 박중빈(1891~1943)의 '신동학' 또는 '개벽종교'로 이어졌고, 1920년에는 천도교에서 『개벽』이라는 종합지를 창간함으로써 그 이름이 역사의 전면에 부각되었다. 또한 1919년에 천도교에서 주도한 삼일독립운동 역시 이러한 개벽운동의 일환으로 기획되었고, 그것이 100여년 뒤에 꽃을 피운 것이 2017년의 촛불혁명이었다.

이하에서는 이러한 흐름들을 이해하기 위한 기초 작업으로, 먼저 조선왕조실록, 그 중에서도 특히 『영조실록』에 나오는 '개벽' 개념을 고찰하는 것으로 논의를 시작하고자 한다. 그 이유는 동학적인 개벽

---

2 윤호창, 「3·1혁명 100년, 이젠 복지국가 혁명이다」, 『프레시안』, 2019.02.19.

3 도서출판 모시는사람들에서 펴낸 다음과 같은 연구서들이 대표적인 예이다. 조성환, 『한국 근대의 탄생』, 2018; 조성환·이병한, 『개벽파선언』, 2019; 원불교사상연구원의 '종교와 공공성' 총서, 『한국근대 개벽종교를 공공하다』, 2018, 『근대한국 개벽사상을 실천하다』, 2019, 『근대한국 개벽운동을 다시 읽다』, 2020.

개념의 단초가 이미 『영조실록』에 나타나고 있기 때문이다. 이어서
동학을 창시한 수운 최제우(1824~1864)에 의해 개벽의 의미에 어떤 변
화가 생기는지를 살펴보고, 그 뒤를 이은 해월 최시형(1827~1898)에
이르러 개벽 개념이 어떻게 분화되고 확장되는지를 확인한다. 마지
막으로 이러한 개벽 개념이 함축하고 있는 사상사적 의미와 오늘날
진행되고 있는 다시개벽 운동을 소개하는 것으로 이 글을 마치고자
한다.

2. 자각과 수양을 바탕으로 한 인문개벽

오늘날 한국인들은 '개벽'이라는 말을 들으면 대부분 신비주의적
인 우주론이나 기독교적인 종말론을 떠올리기 마련이다. 최근에 나
온 한승훈의 「開闢(개벽)과 改闢(개벽): 조선후기 묵시종말적 개벽 개
념의 18세기적 기원」[4] 또한 예외는 아니다. 이 논문은 동학 이전의
한국사상사에 나타난 '개벽'(改闢·開闢) 개념에 대해 상세한 고찰을 시
도하고 있다는 점에서 획기적인 연구라고 평가할 수 있지만, 정작 동
학의 개벽에 대해서는 기독교적인 '종말론'의 틀로 접근하고 있다는
점에서 아쉬움이 남는다.[5] '개벽'의 개념사에 대해 새로운 접근방식을

---

4 『종교와 문화』 34, 2018.
5 "동학계 종교들, 특히 천도교에서는 최제우의 포덕을 후천개벽의 기점으로 보아 이에
   대한 더욱 정교한 교의화를 시도하였다. 이 단계에서 개벽 개념은 기존의 우주창생적
   '선천개벽'과 동학에 의해 주도되는 묵시종말적 '후천개벽'으로 분리된다." 위의 논문,
   208쪽.

취하고 있는 것에 비해서, 정작 본론에 해당하는 동학의 개벽에 대해서는 종래의 종교학적 관점을 크게 벗어나지 않고 있기 때문이다.

이에 반해 이 글의 기본적인 관점은 개벽의 특징과 의의를, 천도교 이론가인 이돈화의 개념을 빌려서, '인문개벽'(『신인철학』, 1931)으로 파악하는 데에서 출발한다. 그것은 우주 운행의 변화에 기대어 구세주나 유토피아가 출현하기를 기다리는 소극적인 메시아사상이 아니라, 인민 한 사람 한 사람이 세상을 변혁시키는 메시아 자신이라는 자각과 수양을 바탕으로 "하늘과 땅과 사람을 새롭게 한다"는 일종의 '자각적 혁명론' 또는 '수양적 벽혁론'이다. 다시 말하면 민중 한 사람 한 사람이 변해야 세상이 변한다는 개벽론인 것이다. 이것을 동학을 창시한 최제우는 "한 몸이 꽃이면 한 집이 봄이다"[6]라고 하였고, 그 뒤를 이은 최시형은 "나무 한 그루에 꽃이 피면 온 세상이 봄이다"[7]라고 하였다.

바로 이 점이 동학을 『정감록』과 같은 예언사상과 구분 짓는 결정적인 차이이다. 동학이 이러한 류의 민간신앙과 달랐던 것은 동아시아적인 '학(學)'의 체계를 갖추고 있었기 때문이다. 즉 전통시대 동아시아의 인문학적 전통을 계승하고 있는 것이다. 그 학문전통의 핵심은 수양론과 응물론이다. 수양론은 자신을 도덕적으로 변화시키는 방식에 대한 논의이고, 응물론은 타자를 대하는 태도에 대한 논의이

---

6 "一身皆是花, 一家都是春"(『동경대전』, 「시문(詩文)」). 이 글에서 인용하는 『동경대전』
    과 『용담유사』의 원문과 번역은 김용휘, 『최제우의 철학』, 이화여자대학교출판문화원,
    2012를 참고하였다.
7 "一樹花發萬世春"(『해월신사법설』, 「우음(偶吟)」). 이 글에서 인용하는 『해월신사법설』
    의 원문과 번역은 이규성, 『최시형의 철학』, 이화여자대학교출판문화원, 2011을 참고하
    였다.

다.[8] 이 두 방식에 대한 독자적인 관점을 가지고 있었다는 점에서 동학은 '학'의 반열에 들어갈 수 있고, 그 방식이 기존의 것들과 근본적으로 달랐다는 점에서 개벽적이었다. 그 개벽적 성격을 단적으로 보여주는 개념이, '인내천'으로 잘 알려진 '하늘'이다.

그럼 먼저 조선왕조실록에 나오는 '개벽' 용례부터 검토하기로 하자.

1) 조선왕조실록의 '개벽' 용례

(1) 혁명과 개벽

조선왕조실록을 검색해 보면 '개벽(開闢)'이라는 말이 모두 92차례나 나오고 있다. 이들 대부분은 "개벽이래(開闢以來)"나 "개벽지초(開闢之初)" 또는 "천지개벽(天地開闢)"과 같은 전통적인 용례이고, 그 의미도 우리에게 익숙한 "천지가 처음 시작되다"는 뜻이다. 이 중에서 '혁명'과 대비되어 쓰이는 용례도 있는데, 참고로 소개하면 다음과 같다.

일본의 황제는 천지가 개벽된 이래로 한 번도 혁명된 적이 없었다. (日本皇帝, 自天地開闢以來, 未有革命之時)[9]

---

8 '응물(應物)' 개념은 『장자』의 「지북유」에 처음 나오는데, 이후에 중국철학 전반에 걸쳐 폭넓게 사용되게 된다. 이에 대해서는 조성환, 「정제두의 심학적 응물론－『정성서해(定性書解)』를 중심으로」, 『유교문화연구』19, 성균관대학교 동아시아학술원, 2011과 정종모, 「송명유학의 도통론에서 안회의 지위와 의미－정명도의 도통론과 그 굴절을 중심으로」, 『양명학』 54, 한국양명학회, 2019.09의 "Ⅳ. 응물론의 각도에서 본 안회학의 철학적 의미"를 참고하기 바란다. 이 외로도 예술분야에서 '응물' 개념에 주목한 선구적인 논문으로 안원태, 「회화창작에 있어서 응물연구」, 『조형예술학연구』 12, 한국조형예술학회, 2007이 있다.
9 『세종실록』 20년, 1438.6.10. 첫 번째 기사.

여기에서 개벽은 '우주의 시작'을 가리키는데 반해 혁명은 '왕조의 교체'를 의미한다. 흔히 유학에서 말하는 역성혁명(易姓革命)과 같은 의미의 혁명이다. 참고로 혁명(革命)의 용례는 조선왕조실록에 총 46차례가 나오고 있어 '개벽'의 꼭 절반에 해당한다. 그리고 그 의미도 우리에게 익숙한 '역성혁명'이라는 뜻이다.

한편 조선왕조실록에서 개벽의 용례에 변화가 보이기 시작하는 것은 영조 시대이다. 『영조실록』은 역대 왕들 중에서 '개벽'이라는 말이 가장 많이 나오는 시기로(19차례), 그 중에서도 특히 영조 13년과 14년에 집중적으로 보이고 있다(총 14차례). 흥미로운 것은 이전과는 다른 의미로 개벽이 사용되고 있다는 점이다. 예를 들면 다음과 같다.

> 임금이 말하였다: "지난번에 개벽하라고 하교 하였는데, 신하들의 마음은 과연 개벽되었는가?"
> (上曰: "頃以開闢下敎, 而諸臣之心, 果能開闢乎?")[10]

여기에서 개벽은 '우주의 시작'이 아니라 '마음의 근본적인 변화'라는 의미로 사용되고 있다. 구체적으로는 당파에 치우친 편협한 마음에서 벗어난 '열린' 상태를 '개벽'이라고 표현하고 있다. 그리고 품사도 자동사가 아닌 타동사로 전환되면서, 주어가 천지에서 인간으로 바뀌고, 그 대상은 '마음'으로 설정되고 있다. 즉 "마음을 개벽하다"는 의미로 사용되고 있는 것이다. 그런 점에서 여기에서의 개벽은 '우주론적 개벽' 개념이 아니라 '수양론적 개벽' 개념이라고 할 수 있다.

---

10 『영조실록』 13년, 1737.9.1. 첫 번째 기사.

이와 같은 개벽 개념은 훗날 동학을 체계화한 최시형이 '인심개벽' (人心開闢)[11]이라고 한 말을 연상시킨다. '인심개벽'은 개벽과 혁명의 차이를 이해하는데 있어서 중요한 단서를 제공한다. '혁명'이 정치적 리더나 사회 시스템의 교체를 의미한다면, '개벽'은 도덕적 수양에 의한 인간과 사회의 근본적인 변화를 가리키기 때문이다. 개벽에 담긴 이러한 함축은 이후의 천도교(1905~)나 원불교(1916~)에서 말하는 '정신개벽'으로 계승된다.

(2) 새 하늘 새 땅

앞에서 소개한 한승훈의 연구에 의하면, '개벽'이 '혁명'과 같이 정치적 맥락으로 사용된 경우도 있다. 17세기 초에 인조반정에 의한 정권교체를 두고 정두경(1597~1673)이 "하늘(乾)과 땅(坤)이 다시 개벽되었다"(乾坤再開闢)고 찬양하고 있는 것이 그것이다.[12] 또한 1731년에 역모에 가담한 혐의로 체포된 김중휘는 해남의 유배객 이윤중에게 다음과 같이 말하였다고 한다: "새로운 하늘과 땅이 나온 후에는(新天地出後) 마땅히 좋은 일이 있을 것입니다."[13] 여기에서 건곤개벽(乾坤開闢)이나 신천지(新天地)는 모두 정치적 리더의 교체와 그것으로 인해 도래하는 새로운 세상을 의미한다.

특히 정두경이 말한 '재개벽(再開闢)'은 최제우의 『용담유사』에 나오는 '다시개벽'의 한자식 표현이기 때문에 주목할 만하다.[14] 뿐만 아

---

11 「기타」, 『해월신사법설』.
12 「五言律詩」, 『東溟集』 권5, 延平府院君挽. 한승훈, 앞의 논문, 223쪽 각주 39)에서 재인용.
13 『罪人成琢推案』, 1731(辛亥).4.17., 罪人成琢年四十七. 한승훈, 앞의 논문, 231쪽 참조.

니라 김중휘가 말한 '신천지(新天地)'와 유사한 표현은 19세기말의 동
학사상과 20세기 초의 삼일독립운동에도 나오고 있다. 해월 최시형
의 『해월신사법설』과 1919년의 「기미독립선언문」이 그것이다.

> 이 세상의 운수는 천지개벽 초기의 대운이 회복(回復)되고 있다. (…)
> 하늘이 새롭고(新乎天) 땅이 새롭고(新乎地) 사람과 만물 또한 새롭도다![15]
> (『해월신사법설』「개벽운수」)

> 아아, 新天地(신천지)가 안전(眼前)에 전개되도다. 위력의 시대가 去
> (거)하고 도의의 시대가 來(래)하도다. (…) 天地(천지)의 復運(복운)에 際
> (제)하고 세계의 變潮(변조)를 乘(승)한 우리는 아무런 주저할 것이 없으
> 며, 아무런 기탄할 것이 없도다.   (「기미독립선언문」)

여기에서 최시형은 우주의 운수가 근본적으로 '다시 바뀜'에 따라
하늘과 땅과 사람도 '새로워진다'고 말하고 있는데, 이러한 표현은 위
에서 소개한 "하늘과 땅이 다시 개벽되었다"(정두경)나 "새로운 하늘
과 땅이 나온다"(김중휘)와 크게 다르지 않다. 다만 최시형의 경우에는
정치적 변혁에 의한 세상의 변화, 즉 '정치개벽'을 의미한다기보다는,
우주의 변화에 따른 천지인(天地人)의 거듭남이라는 의미에서의 '우주
개벽'과 '인간개벽'을 동시에 말하고 있다는 점에서 다르다.
마찬가지로 「기미독립선언문」에 나오는 '신천지'나 '천지의 복운'
도, 이 문서가 최남선이나 손병희와 같은 개벽파에 의해 작성된 점을

---

14 "십이제국 괴질운수 다시개벽 아닐런가"(『용담유사』, 「안심가」).
15 "斯世之運, 天地開闢初之大運回復也. (…) 新乎天, 新乎地, 人與物亦新乎矣."

감안하면, 최시형에서와 같은 우주개벽을 염두에 둔 표현이라고 볼 수 있다.[16] 그리고 새로운 시대가 도의(道義), 즉 도덕의 시대로 설정되고 있다는 점에서 우주개벽이 도덕개벽 내지는 인심개벽과 맞물려 있음을 시사하고 있다.

이후에 출현하는 동학의 '개벽' 개념에는 이상의 모든 의미들이 다 담겨 있다. 즉 우주개벽, 인심개벽, 정치개벽의 세 가지 의미가 중첩되어 있는 것이다. 여기에서 우주개벽은 천지개벽의 우주생성론에 소강절의 선후천 교체론이 가미된 이른바 후천개벽을 말하고, 인심개벽은 『영조실록』에 나오는 마음수양과 같은 차원을 가리키며, 정치개벽은 동학농민혁명에서와 같은 정치적 혁명을 지칭한다. 거칠게 말하면, 최제우의 개벽 개념은 전통적인 '우주개벽'에서 출발하고 있고("개벽이후"), 최시형에서는 '물질개벽'에 대한 '인심개벽'이 강조되고 있으며, 동학농민혁명은 이러한 개벽사상이 '정치개벽'의 차원으로 드러난 사건이라고 할 수 있다.

2) 최제우의 다시개벽

(1) 개벽을 말하는 하늘님

'개벽'이라는 말이 동아시아에서 하나의 '사상용어'로 사용되기 시작한 것은, 일찍이 류병덕이 지적하였듯이,[17] 동학에서부터이다. 동학을 창시한 최제우와 그 뒤를 이은 최시형에 의해서 '개벽'이 하나의

---

16 조성환, 「개벽」으로 다시 읽는 한국 근대－「삼일독립선언서」에 나타난 개벽사상을 중심으로」, 『종교교육학연구』 59, 한국종교교육학회, 2019.
17 류병덕, 『원불교와 한국사회』(개정증보판), 시인사, 1986, 30쪽.

인문운동을 나타내는 용어로 정착되기 시작한 것이다. 1920년에 천도교에서 창간한 잡지의 이름이 『개벽』인 것도 이러한 점을 반영하고 있고, 1916년에 창도된 원불교의 슬로건이 "물질이 개벽되니 정신을 개벽하자!"인 것도 이 점과 무관하지 않다.

그런데 흥미롭게도 동학에서 '개벽'이라는 말을 처음 사용한 주인공은 최제우 자신이 아니라 최제우와 대화한 하늘님이었다. 최제우의 『용담유사』에는 '개벽'이라는 말이 총 다섯 번에 걸쳐 나오고 있는데, 그 용례는 화자(話者)에 따라 크게 두 가지로 나눌 수 있다. 하나는 하늘님이 말하는 '개벽'이고, 다른 하나는 최제우가 말하는 '다시개벽'이다.

① 하늘님 하신 말씀 "개벽 후 오만 년에 네가 또한 첨이로다.
나도 또한 개벽 이후 노이무공(勞而無功) 하다가서 너를 만나 성공하니
나도 성공 너도 득의 너희 집안 운수로다." (「용담가」)

② 십이제국(十二諸國) 괴질운수(怪疾運數) 다시개벽 아닐런가.
태평성세(太平聖世) 다시와서 국태민안(國泰民安) 할것이니. (「안심가」)

이에 의하면 최제우는 하늘님의 계시[天語]를 통해 '다시개벽'이라는 시대인식을 갖게 된 것으로 추측된다. 그 계시에 의하면, 천지가 개벽된 지 5만 년이 지난 1860년에 하늘님과 최제우의 만남으로 인해 공이 이루어지는(成功) 새로운 차원이 전개되는데(①「용담가」), 그것을 최제우가 '다시개벽'이라고 표현하고 있는 것이다(②「안심가」). 그

리고 이 다시개벽의 시대에는 "세상이 태평하고(國泰) 백성이 편안해
진다(民安)"고 한다.

그러나 다른 곳에서는 정반대의 반응도 보이고 있다. 최제우는 당
시의 내우외환(內憂外患)의 상황을 '상해의 운수'(傷害之數)나 '순망의
한탄'(脣亡之歎)이라고 하면서, 이 절대 절명의 위기에 대처하기 위한
보국안민(輔國安民)의 계책이 필요하다고 걱정하고 있다.[18] 따라서 ②
「안심가」에 나오는 '다시개벽'은 이미 도래한 태평성세를 가리킨다기
보다는 장차 이루어 나가야 할 이상세계를 말하고 있다고 보는 편이
옳을 것이다. 그 이상세계를 실현하기 위한 '도(道)'는, 최제우에 의하
면, 마음을 지키고 기운을 바르게 하는 수심정기(守心正氣)이다.

(2) 천도에 의한 개벽

『동경대전』에는 '개벽'이라는 용례는 나오고 있지 않지만, 최제우
가 하늘님과의 대화를 통해 천도(天道)를 받았다고 서술되고 있다. 아
울러 천도의 핵심은 수심정기(守心正氣), 즉 "마음을 지키고 기운을
바르게 하는 것"이라고 하면서, 바로 이 점이 서양의 천도(西學)와의
차이라고 말하고 있다.

신유년(1861)에 이르러 사방에서 똑똑한 선비들이 나에게 와서 물었다.

---

[18] "我國惡疾滿世, 民無四時之安, 是亦傷害之數也. 西洋戰勝功取, 無事不成, 而天下盡滅,
亦不無脣亡之歎. 輔國安民, 計將安出! 우리나라는 악한 질병이 세상에 가득 차서 백성
들이 편안할 때가 없으니 이 또한 상해의 운수이고, 서양은 싸우면 이기고 공격하면
빼앗는 등 이루지 못하는 일이 없으니, 천하가 멸망하면 순망지탄 또한 없지 않을
것이다. 보국안민의 계책이 장차 어디에서 나올 것인가!"(『동경대전』, 「포덕문」).

"지금 천령이 선생님께 강림하였다고 하는데 어찌된 일입니까?"

"가고 돌아오지 아니함이 없는 이치를 받은 것이다."

"그러면 무슨 도라고 부릅니까?"

"천도(天道)이다."

"양도(洋道)와 차이가 없습니까?"

"양학(洋學)은 우리 도와 같은 듯하나 차이가 있고, 기원하는 것 같지만 실지가 없다. 그러나 운은 하나이고 도는 같으며 이치는 다르다."

"어째서 그렇게 됩니까?"

"우리 도는 무위하면서 변화된다. 마음을 지키고 기운을 바로잡고(守其心, 正其氣), 본성을 따르고 가르침을 받으면, 변화가 자연스런 가운데 생긴다. 서양인들은 말에 순서가 없고 글에 시비가 없으니, 도무지 하늘님을 위하는 단서가 없고, 단지 자기를 위하는 것만 빌고 있다. 몸에는 기화의 신령이 없고 학문에는 하늘님의 가르침이 없다. (…) 도는 허무(의 학설)에 가깝고 학문은 하늘님(을 위하지) 않으니, 어찌 차이가 없다고 할 수 있겠는가!"[19]

여기에서 최제우는 하늘님으로부터 천도를 받았는데, 그 핵심내용은 "마음을 지키고 기운을 바로잡는" 수심정기라고 밝히고 있다. 따라서 앞에서 최제우가 말한 다시개벽의 방법과 보국안민의 계책이란 다름 아닌 수심정기를 핵심으로 하는 천도를 가리킴을 알 수 있다. 그러나 최제우는 '수심정기'를 구체적으로 어떻게 실현하는지에 대해

---

19 "轉至辛酉, 四方賢士, 進我而問曰: "今天靈降臨先生, 何爲其然也?" 曰: "受其無往不復之理." 曰: "然則何道以名之?" 曰: "天道也." 曰: "與洋道無異者乎?" 曰: "洋學如斯而有異, 如呪而無實. 然而運則一也, 道則同也, 理則非也." 曰: "何爲其然也?" 曰: "吾道無爲而化矣. 守其心, 正其氣, 率其性, 受其教, 化出於自然之中也. 西人, 言無次第, 書無皂白, 而頓無爲天主之端, 只祝自爲身之謀. 身無氣化之神, 學無天主之教. 有形無迹, 如思無呪. 道近虛無, 學非天主. 豈可謂無異者乎!"(『동경대전』, 「논학문」).

서는 이렇다 할 설명이 없다. 다만『동경대전』의 다른 곳에서 '시천주
(侍天主)'라는 주문수련을 말하고 있을 뿐이다. 여기에서 우리는 시천
주 주문이 수심정기의 하나의 방법임을 추측할 수 있다. 즉 주문(만트
라)을 외움으로써 심기를 변화시키는 것이다.

지금까지 살펴본『용담유사』의 '다시개벽'과『동경대전』의 '수심정
기'에 대한 언급으로부터 알 수 있는 사실은, 최제우의 개벽 개념은
'천지개벽'이라는 우주개벽적 의미를 유지하면서(개벽이후),『영조실
록』에 보였던 인심개벽적 의미가 가미되고 있다는 것이다(수심정기).
그리고 '다시개벽'은 양자의 의미가 모두 들어있는 개념에 해당한다.
즉 인심개벽을 통한 천지개벽이 바로 다시개벽인 것이다. 아울러 동
학 이전의 개벽 개념이 유학이라는 틀 안에서의 개벽이었다고 한다
면, 최제우의 개벽은 더 이상 유학이라는 틀을 고집하지 않는, 오히려
서학(천주교)과의 사상적 친화성을 지닌 이단적 개벽이었다.

3) 최시형의 인심개벽[20]

최제우의 '다시개벽'이 개벽 개념의 인문적 전환을 알렸다면, 최시
형의 '인심개벽'은 그것이 보다 구체화된 개념이라고 할 수 있다. 더
나아가서 오늘날 증산교의 대명사로 알려진 '후천개벽'이나 원불교를
대변하는 '정신개벽'이 기본적으로는 최시형의『해월신사법설』에서
유래하는 개념이라는 점을 감안한다면, 최시형의 개벽론의 영향은 아
무리 강조해도 지나치지 않을 것이다.

---

20 이 장은『개벽신문』81, 2019년 1월호에 실린 필자의「최시형의 도덕개벽론」을 수정
·보완한 것이다.

(1) 개벽의 분화

흔히 '최제우' 하면 동학을 떠올리고, '동학' 하면 후천개벽을 연상시킨다. 그러나 정작 최제우 자신은 '후천개벽'이라는 말을 쓴 적이 없다. 후천개벽은 최시형에게서 처음 등장하는 말이다. 그것도 『해월신사법설』의 맨 뒷부분에 딱 한 번 나오고 있다. 최제우에게서는 보이지 않았던 소강절 식의 선천(先天)과 후천(後天) 분류도 최시형에서 처음으로 보이고 있다. 이 말들이 나오는 대목이 국한문 혼용체인 점을 감안하면, 아마도 후반기의 설법이 아닌가 추측된다. 그럼 먼저 이 개념들이 나오는 대목을 살펴보자.

> 대신사 항상 말씀하시기를 이 세상은 요순공맹의 덕이라고 해도 말하기에 부족다고(不足言) 하셨으니, 지금 시대가 후천개벽임을 이름이라. 선천은 물질개벽이요 후천은 인심개벽이니, 장래 물질발명이 극에 달하고 만사가 공전의 발달을 이룰지니, 이때에 도심은 더욱 쇠퇴하고 인심은 더욱 위태로울 것이고, 더구나 인심을 인도하는 선천도덕이 시대에 순응치 못할 것이다. 이러한 이유로 천(天)의 신화(神化) 중에 일대(一大) 개벽의 운이 회복되었기 때문에 우리 도의 포덕천하와 광제창생은 하늘이 명하신 바이다. (『해월신사법설』「기타」)

여기에 보이는 최시형의 개벽론의 가장 큰 특징은 '후천개벽', '물질개벽', '인심개벽'과 같이 '개벽' 개념이 분화되고 있다는 점이다.[21]

---

21 「기타」의 다른 곳에서는 '선천개벽' 개념도 보이고 있다: "天皇氏는 元來 天人合一의 名辭라, 故로 天皇氏는 先天開闢 一 有人의 始神의 機能으로 人의 原理를 包含한 義가 有하니, 萬物이 皆 天皇氏의 一氣라. 今日 大神師 天皇氏로써 自處하심은 大神師 亦是 神이신 人이시니 後天五萬年에 此理를 傳케 함이니라."

즉 최제우의 개벽론이 5만 년이라는 시기를 기준으로 논해지고 있다
면, 최시형에 이르면 '물질'이나 '도덕'과 같은 새로운 기준이 추가되
고 있고, 그것을 기준으로 선천과 후천을 나누고 있다. 그래서 최시형
의 개벽론은 두 가지 측면으로 설명할 수 있다. 하나는 물질개벽에서
인심개벽으로의 전환이고, 다른 하나는 선천도덕에서 후천도덕으로
의 전환이다(최시형은 '후천도덕'이라는 말 자체는 쓰지 않았다).

　물론 최제우가 『동경대전』에서 말한 "인의예지는 성인이 가르친
바요 수심정기는 내가 새로 정한 것이다"[22]에서 인의예지를 선천도덕
으로, 수심정기를 후천도덕으로 생각하면, 최제우에게서 이미 선천도
덕에서 후천도덕으로의 패러다임 전환이 일어나고 있고, 그것을 최시
형이 '선천도덕'이라고 명명했다고 볼 수 있다. 그런데 문제는 이 '도
덕'의 내용이 최시형에 이르면 사뭇 달라지고 있다는 점이다. 예를
들면 다음과 같다.

　　천지를 부모처럼 섬기지 않고 … 음사(淫祀)에 대한 마음을 놓지 못하면
　　… 이것은 천지부모를 배척하는 것이다. 그래서 천지부모가 크게 노하여
　　자손이 영락하나니, 이 이치를 정확히 안 연후에야 도문(道門)에 입문했
　　다고 할 수 있으리라. 이것이 '개벽 후 오만년 동안 노이무공(勞而無功)하
　　다가 우녀성공'(遇汝成功)했다고 하늘님이 (최제우에게 하신 말씀의) 의
　　미이다.　　　　　　　　　　　　　(『해월신사법설』「심령지령」)

여기에 등장하는 '천지부모'라는 말은 최제우에게서는 보이지 않
는 표현이다. 그런데 최시형은 이 말을 가지고 하늘님이 최제우에게

말한 "노이무공(勞而無功), 우여성공(遇汝成功)", 즉 "노력만 하고 공은
없다가 너를 만나 공을 이루었다"(『용담유사』「용담가」)의 의미를 해석
하고 있다. 최시형에 의하면, 하늘님이 "최제우 너를 만나서 공을 이
루었다"고 말한 이유는 "최제우야말로 천지부모의 이치를 깨달은 사
람"이라고 생각했기 때문이라는 것이다. 그리고 바로 이러한 이유에
서 이제 '다시개벽'의 시대로 접어들었다는 것이다. 이 해석에 의하면
최제우가 말한 '다시개벽'의 기점은 천지부모(=천지를 부모로 모신다)라
는 새로운 도덕의 출현이라고 할 수 있는데, 문제는 이 도덕이 최제우
에게서 처음 등장한 것이 아니라 최시형에게서 새롭게 출현했다는
점이다.

(2) 도덕의 확장

최제우의 사상은 만물의 궁극적 존재를 우주적 생명력으로 보고
그것을 '하늘님'으로 인격화하는 데에서 출발한다. 이 점은 그의 언설
속에 나오는 일기(一氣)나 원기(元氣), 지기(至氣), 또는 천주(天主)나
천령(天靈), 상제(上帝)와 같은 개념으로부터 확인할 수 있다. 여기에
는 당시의 유학과 서학의 영향이나 자극이 어느 정도 반영되어 있을
것이다. 적어도 용어상으로만 보면, '기(氣)'나 '천주'는 성리학과 천주
교에서 사용하던 용어이기 때문이다.

이에 반해 최시형은 최제우의 사상을 이어받으면서도 거기에 '천
지'라는 구체성과 '부모'라는 인격성을 가미시킨다. 그래서 나온 개념
이 '천지부모'이다. 최제우가 우주의 궁극적 존재를 '기'나 '령'과 같은
추상적 개념으로 설정하고 있다면, 최시형은 그 생명력들이 작동하는

세계 전체로서의 천지(天地)에 주목하면서, 그것이야말로 만물의 부모에 다름 아니라고 설파한다. 그래서 '효'의 대상도 자기를 낳아준 생물학적 부모에서 만물을 낳아준 우주론적 부모로 '확장'되게 되고, 만물 또한 천지라는 하나의 부모에서 나온 동포로 자리매김 된다. 최시형의 만물시천주(만물이 하늘님을 모시고 있다) 사상과, 그것에 바탕을 둔 경물(敬物) 사상도 이 천지부모사상에 기초하고 있다. 부모의 영역이 확장됨에 따라 공경(敬)의 대상도 인간에서 만물로 확장되게 된 것이다.[23]

한편 최시형의 천지부모사상은 이후에 원불교에 이르면 천지은(天地恩) 사상으로 이어지게 된다. 천지은은 "나를 있게 해준 것은 천지라는 사실을 깨닫고 그 은혜를 삶속에서 실천하라(보은)"는 사상이라는 점에서 최시형의 천지부모사상과 상통한다. 천지은은 사은(四恩)의 맨 처음에 오는 항목으로, 사은은 일원(一圓)과 더불어 원불교의 가장 중요한 교리를 이루고 있다. 천지은 사상은 천지의 은혜에 보답하는 것이 원불교의 정신개벽과 도덕개벽의 중요한 요소임을 시사하고 있다.

천도교의 경우에는 개벽의 범위가 사회문화적 차원으로 확장되어, 민회운동을 통한 '사회개벽'에 힘을 기울이게 된다(1904년 갑진혁신운동). 물론 이러한 단초는 동학농민혁명의 「폐정개혁안」 등에서도 이미 찾아볼 수 있지만, 천도교에 이르면 서양의 개화사상의 자극과 영향을 받아 개벽의 범위 안에 서학―이 경우에는 서양사상과 학문―까

---

23 최시형의 천지부모사상에 대해서는 조성환, 「원주 동학을 계승한 장일순의 생명사상」, 『강원도 원주 동학농민혁명』, 모시는사람들, 2019를 참조.

지 들어오게 된다. 이것은 달리 말하면 도덕의 범위가 동학을 넘어서 서학의 영역으로까지 확장되었다고 할 수 있다. 그렇다면 최제우에서 손병희에 이르는 개벽의 여정은 "새로운 도덕의 발명과 그것의 확장 과정"이라고 해도 과언이 아닐 것이다. 유학과는 다른 도덕을 발명하고, 그것을 천지만물의 영역으로 확장시키며, 급기야는 서학까지도 대상에 포함시킨 것이다.

4) 개벽의 사상사적 의미

(1) 생명평화운동의 기원

유학의 혁명이 기본적으로 왕조교체를 의미한다면 동학의 개벽은 문명전환을 지향한다. 그런 점에서 개벽은 더 근본적이고 본질적인 혁명이라고 할 수 있다. 예를 들어 고려에서 조선으로 왕조가 교체되었다고 해서, 즉 '혁명'이 일어났다고 해서 신분질서가 사라진 것은 아니다. 반면에 동학의 개벽은 인간과 인간의 관계는 물론이고, 인간과 만물의 관계, 더 나아가서는 인간과 하늘의 관계까지도 전면적으로 다시 설정하였다. 제도나 체제를 넘어서 '관계' 그 자체의 혁명인 것이다.[24]

전통시대 동아시아에서 모든 관계는 유교적 '성인'에 의해서 규정

---

24 이 점은 김용우의 다음과 같은 해석으로부터 계발을 받았다: "동학이 말하는 개벽은 사람의 자기개벽(侍天主·養天主·向我設位)을 바탕으로 사람관계의 개벽(人是天·事人如天)을 실천하고, 자연과 인간의 관계를 포함한 문명개벽(天地萬物莫非侍天主也·敬天敬人敬物)을 하는 것으로 정리할 수 있다." 김용우, 「여운형의 좌우합작론과 자주적 근대」, 원광대학교 원불교사상연구원 제2차 시민강좌 발표문, 2019.5.29, 익산 동산수도원.

되었다. 예악질서를 창시한 중국의 성인을 정점에 두고, 그 성인의 말씀을 체현한 정도에 따라서 피라미드처럼 위계가 매겨지는 것이다.[25] 이른바 문명과 야만의 구도도 여기에서 비롯되고, 지배와 피지배의 논리도 이것으로 정당화된다. 동학은 이 '성인'의 자리를 '하늘'로 대치하고, 만물에서 '신성'을 발견함으로써,[26] 전통적인 문명과 야만의 구도, 지배와 피지배의 질서를 평등적이고 호혜적인 관계로 재편하였다.

　동학농민군의 봉기는 이러한 관계 재편의 가장 적극적인 표현이었다. 조선왕조의 신분질서와 관리의 폭력적 지배(1차 봉기), 그리고 일본의 서구적 화이관과 무력 침략에 대한 저항이(2차 봉기) 전쟁의 형태로 드러났기 때문이다. 그럼에도 불구하고 동학농민군이 '불살생'을 첫 번째 규율로 삼은 것은[27] 그들의 윤리가 동학의 '도덕개벽'에 기초하고 있음을 말해준다. 그런 의미에서 '동학농민혁명'이라는 명칭은 '동학농민개벽'으로 수정되어야 할 것이다.[28] 그들은 혁명을 도모한 것이 아니라 개벽을 꿈꾸었기 때문이다. '혁명군'이 아니라 '개벽군'이었던 것이다.

　동학의 '관계개벽'은 해방 이후가 되면 한살림의 생명운동으로 부활되게 된다. 산업화로 인해 인간과 자연의 관계가 지배와 피지배라

25　이 점에 대해서는 오구라 기조, 조성환 옮김, 『한국은 하나의 철학이다』, 모시는사람들, 2018에서 계발을 받았다.

26　동학이 만물에서 신성을 발견했다는 해석은 『다시개벽』의 홍승진 편집장으로부터 계발을 받았다.

27　박맹수, 「녹두장군 전봉준과 다나카 쇼조의 공공적 삶」, 『생명의 눈으로 보는 동학』, 모시는사람들, 2014 참조.

28　조성환(2018), 앞의 책.

는 부도덕한 관계로 전락됨에 따라 다시 한 번 도덕개벽운동이 일어
난 것이다. 1980년대에 한살림운동을 주도한 장일순이 최시형의 사
상, 그 중에서도 특히 천지부모사상에 주목한 이유는 여기에 있다.[29]
장일순은 최시형의 사상을 한 걸음 더 발전시켜, "나락 한 알 속에
우주가 있다"는 한알사상과 "내가 곧 너이다"는 불이(不二)사상을 전
개하였고, 이러한 우주론과 존재론을 바탕으로 '보듬는 혁명론'을 주
창하였다. 설령 정치적 입장이 다른 상대라고 하더라도 폭력을 써서
는 안 된다는 것이다.[30] 이것은 생명사상을 바탕으로 한 평화사상이
라고 할 수 있다.

한편 2000년대에 들어오면 한국의 종교계와 시민계 전반에서 생명
운동과 평화운동이 가미된 '생명평화' 운동이 전개되게 된다. '지리산
살리기운동'에서 시작된 이 운동은 한반도의 전쟁위협이 고조되어 어
느 새인가 전국적으로 확산되었고, 지금은 생명평화라는 한국산 신조
어도 거의 생활용어가 되다시피 하였다. 이 생명평화운동이 정치의
영역에서 표출된 것이 2017년의 촛불혁명이었다. 촛불시민혁명은 대
다수의 군중이 광장에 모여서 비폭력적인 형태로 정치적 주장을 했
다는 점에서 1919년의 삼일독립운동과 닮아 있다. 더 나아가서는 "불
살생"을 군율로 삼은 1894년의 동학농민혁명과도 상통하고 있다.

이렇게 보면 1860년에서 2017년에 이르는 한국의 근현대사는 생명
평화를 실현하기 위한 '도덕개벽의 대장정'이었다고 할 수 있다. 동학

---

29 장일순은 원주의 최시형 피체지에 비석을 세우면서 "천지가 부모이다"는 해월의 말을
새겼다. 이에 대해서는 조성환(2019), 앞의 책 참조.

30 위의 책 참조.

은 "삼강오륜의 도덕에서 생명평화로의 도덕으로" 도덕의 대전환을 시도하였고, 그것이 동학농민혁명(1894)을 거쳐 삼일독립운동(1919), 한살림운동(1985), 생명평화운동(2000), 그리고 촛불시민혁명(2017)으로 이어진 것이다. 오구라 기조는 『한국은 하나의 철학이다』(모시는사람들)에서 한국인의 특징을 '도덕지향적'이라고 하였다. 이 말을 빌리면 동학에서 촛불에 이르는 한국 근현대의 개벽운동을 추동시킨 원동력은 한국인의 도덕지향성이었다고 할 수 있다. 다만 이때의 도덕은 유학에서 말하는 충효윤리나 사회질서로서의 도덕이 아니라, 동학에서 추구한 경인경물(敬人敬物)과 만물동포의 도덕, 지금으로 말하면 생명평화와 지구윤리의 도덕이었다.

(2) '나'의 발견

동학의 개벽사상이 지니는 또 다른 의미는 '나'의 발견이다. 최시형의 "내가 하늘이다"(我卽天)[31]와 향아설위(向我設位)는 '나'라는 존엄한 존재의 발견에 다름 아니다.[32] 문제는 이 '나'에 농민이나 천민 또는 부녀자나 어린이와 같은 당시의 사회적 약자까지 들어간다는 점이다. 특히 '향아설위'는 밖으로 향해 있던 관심을 '나'에게로 돌렸다는 점에서 주목할 만하다. 이러한 지향은 이후에 손병희의 자천자각(自天自覺. 『무체법경』 「진심불염」)이나 오상준의 '공개인'(公個人. 『초등교서』)[33]

---

31 "我의 一氣 天地宇宙의 元氣와 一脈相通이며, 我의 一心이 造化鬼神의 所使와 一家活用이니, 故로 天卽我이며 我卽天이라. 故로 氣를 暴함은 天을 暴함이요, 心을 亂함은 天을 亂케 함이니라. 吾師 天地宇宙의 絕對元氣와 絕對性靈을 體應하여 萬事萬理의 根本을 刪明하시니, 是乃天道며 天道는 儒佛仙의 本原이니라"(『해월신사법설』, 「기타」).
32 '삶의 예술학교'의 대표 박유진은 동학을 '존엄의 혁명'이라고 하였다.

개념 등으로 이어진다.

주지하다시피 전통시대 동아시아의 인간관은 "인간은 누구나 성인
이 될 수 있는 본성(仁性·佛性·道性)을 지니고 있다"는 보편적 인간에
대한 관심에서 출발한다. 이에 대해 동학과 천도교는, 보편적인 '하늘
사람'의 발견에 더해서(최시형의 天人, 오상준의 公人), 개별적인 인간 한
사람 한 사람에 대한 관심도 더해지고 있는데(손병희의 自天, 오상준의
個人), 그것이 '나'라는 표현으로 나타나고 있는 것이다. 이것은 철학
적으로는 주체의 탄생이라고 할 수 있고, 정치적으로는 민주의 시작
에 해당한다. 다만 오상준의 공개인이나 정계완의 천인공화(天人共
和)[34] 개념으로부터 알 수 있듯이, 서구의 계몽주의적인 주체나 인간
중심적인 민주가 아니라, 인간과 자연이 어우러지는 천인상생적인 주
체이자 민주이다. 거기에는 개인의 권리와 존엄이라는 민주주의적
가치와 천지와의 조화라는 공화주의적 가치가 융합되어 있는 '천인조
화적 민주공화'의 이념이 반영되어 있다.[35]

3. 개벽학으로 보는 한국학

최근 들어 한국학계의 일각에서 개벽에 대한 관심이 높아지고 있

---

33 '공개인' 개념에 대해서는 오문환, 「천도교(동학)의 민주공화주의 사상과 운동」, 『정신
문화연구』 30:1, 한국학중앙연구원, 2007년 봄호를 참고하였고, 『초등교서』, 1907의
번역은 정혜정, 『동학 문명론의 주체적 근대성 – 오상준의 초등교서 다시읽기』, 모시
는사람들, 2019를 참고하였다.
34 정계완, 「삼신설(三新說)」, 『천도교회월보』 9, 1911.
35 이 점에 대해서는 오문환의 위의 논문에서 계발을 받았다.

다. 그 원동력은 개벽파와 개벽학 개념의 탄생이다. 개벽파는 2014년에 역사학자 이병한이 처음 제시한 개념으로, 동학을 개화파와 대비되는 '개벽파'라고 명명한 것이 그 시작이었다. 한편 2019년에 강성원이 동학에서 원불교에 이르는 개벽종교를 '개벽학'이라고 명명하고, 그것을 바탕으로 이 시대에 필요한 새로운 개벽학을 모색할 것을 제창하였다.

개벽파와 개벽학 개념은 그동안 '개화'를 중심으로 이해해 왔던 한국 근대사상사를 '개벽'을 중심으로 다시 볼 것을 제안하고 있다. 예를 들면 "실학에서 개벽학으로의 전환"이나, "자생적 근대화 운동의 주역으로서의 개벽파"와 같은 사상사 인식이 그것이다.[36] 뿐만 아니라 최근에 국문학계에서도 한국 근대의 자생사상에 주목하는 연구가 등장하기 시작하였다. 김소월과 이상화의 시에 나타난 동학사상을 분석한 소장학자들의 논문이 그것이다.[37] 이에 더해 신동엽문학관의 김형수 관장은 "신동엽은 이성적 근대가 아닌 영성적 근대를 추구하였다"고 주장하였다.[38] 이들은 '개벽문학'이라는 새로운 장르를 개척하고 있다.

이러한 흐름들은 '개벽'이라는 프리즘으로 한국 근대를 총체적으로 다시 볼 것을 촉구하고 있다. 동시에 동학혁명이나 시민혁명과

---

36 조성환(2018), 앞의 책 참조.

37 유신지·여상임, 「이상화 문학에 나타난 시적 상상력의 근원 연구」, 『어문논총』 74, 한국문학언어학회, 2017; 홍승진, 「김소월과 인내천: 『개벽』지 발표작에 관한 일고찰」, 『문학과 종교』 22, 한국문학과종교학회, 2017.

38 (유튜브 동영상) 김형수, 「신동엽의 고독한 길, 영성적 근대(6장)」, 2019.05.28. (https://www.youtube.com/watch?v=uxzWrrSawPs)

같이 서구적 '혁명'이라는 틀로 해석되어 온 한국의 근현대사에 사실
은 '개벽'이라는 저류가 흐르고 있었음을 일깨워주고 있다. 앞으로 이
분야의 연구가 활성화 된다면, 개벽종교나 개벽문학을 넘어서 개벽철
학, 개벽미학, 개벽신학, 개벽정치, 개벽경제와 같이, 모든 분야에서
개벽을 연구하는 '개벽학'이 시작되리라 예상한다. 이것을 '1세기 개
벽학'이라고 한다면, 이 1세기 개벽학을 바탕으로 21세기의 지구문명
을 모색하는 '2세기 개벽학'이 시도되어야 할 것이다. 그리고 '2세기
개벽학'은 인간이나 국가뿐만이 아니라 천지와 만물까지도 주체로 간
주하는 '지구학'의 형태가 되어야 한다.[39] 이것이야말로 앞으로 한국
학이 나아가야 할 방향이라고 생각한다.

---

[39] '지구학' 개념에 대해서는 조성환·이병한, 앞의 책과 조성환·허남진, 「지구인문학적
관점에서 본 한국종교—홍대용의 『의산문답』과 개벽종교를 중심으로」, 『신종교연구』
43, 한국신종교학회, 2020을 참고하기 바란다.

아니마(anima)에서 영성(靈性)으로

동아시아에서 영성 개념 형성을 중심으로

심의용

1. 종교와 과학에서의 영성

동아시아에서 기(氣)라는 개념은 세계관의 핵심을 차지할 정도로 중요한 개념이다. 현대에서는 기(氣)에 대해 두 가지 차원에서 논의하고 있다. 한편은 한의학과 관련된 과학의 담론이고 다른 한편은 영성(靈性)과 관련된 종교 담론이다. 기는 이 두 영역에 걸쳐 핵심 개념으로 논의되고 있는 것이다. 이것이 어떻게 가능할까.

현대 종교학에서는 영성(spirituality)에 주목한다. 종교의 근본적인 본질을 영성이라고 주장하기도 한다. 영적인 인간은 초월적 실재를 지향한다. 감성이나 이성과는 다른 차원을 영성이라고 한다. 영어의 spirituality가 초월적 실재를 지향하는 인간의 영적 본성을 말하지만 번역어인 영성(靈性)은 유교와 관련되는 언어이다.

마테오 리치가 아니마(anima)를 중국에 소개할 때 택한 한자가 영혼(靈魂)이다. 이후로 아니마는 다양한 언어로 번역되었고 영성도 그 가운데 하나이다. 이러한 번역 과정에서 유교와 사상적 논의의 과정을 거쳤는데 그 논쟁 속에 기(氣)는 논란거리였다. 영성과 유교의 기에 대한 논의가 현대 종교학에서 논의되는 이유가 여기에 있다.

또한 과학의 영역에서 기(氣)는 물질인지 아니면 에너지인지 혹은 단순한 개념에 불과한지에 대해 논의한다. 과학의 영역에서 기의 담론에 관심을 가진 대표적인 사람은 조지프 니덤(Joseph Needham)이다. 그의 『중국의 과학과 문명』이란 저작은 서양에서 중국의 과학에 대해 관심을 촉발시킨 위대한 저작이다.

본 논문은 유교에서 말하는 기(氣)가 논의되는 두 가지 시각을 다룰 것이다. 종교학에서 말하는 초월적 실재 혹은 성스러움이 논의되는 맥락과 과학에서 논란이 되는 논의 맥락을 간단하게 서술하고 영성(靈性)이라는 말이 어떻게 번역되었는지를 논의할 것이다. 이런 맥락 속에서 현대 사회에서 영성이 어떤 의미를 가질 수 있는 것인지를 살펴보려 한다.

2. 기론(氣論)과 성스러움

현대는 종교다원주의의 시대라고 말하고 있다. 세계적 종교 학자 한스 큉은 셈계의 예언종교와 인도계의 신비종교에 덧붙여 종교의 세 번째의 커다란 흐름으로 중국의 유교(儒敎)에 주목하고 있다.[1] 근

---

1 한스 큉·줄리아 칭, 이낙선 역, 『중국 종교와 그리스도교』, 분도출판사, 1994, 11~20쪽.

래 종교학자들은 유교를 세계 종교의 하나로 위치시키고 있다.

사실 유교가 종교냐 아니냐하는 질문은 먼저 '종교'를 어떻게 규정
하느냐하는 문제가 해결되어야만 대답될 수 있다.[2] '종교(宗敎)'로 번
역된 religion은 religio라는 라틴어 어원에서 나온 것이다. 엄숙한 의
례의 준수라는 의미이다. 교부 시대에 이르러 religio 개념은 의례와
종교적 행위를 가리키는 말로 사용하게 되었다.[3]

이 '종교(religion)'라는 개념은 로마 시대의 유산이며 이러한 개념은
종교 개혁 시대 이전까지는 일반적으로 사용되지 않았다. 종교와 비
종교를 구분하려는 시도들이 생겨나게 되어 등장했던 것이다. 결국
계몽주의시기를 거치면서 유대-기독교적 유일신론 전통과 계몽주의
적 보편원리가 결합하여 종교에 대한 보편적 정의가 생겨난 것이다.[4]

메이지 시대 일본에서 최초로 religion을 '종교'라는 한자어로 번역
했다. 이런 번역과정에서 서구적 종교 개념으로 정착되었다. 김선희
는 이를 '부적하게 개념화'된 것이라고 하여 일신론적 체계를 기준
으로 종교를 기독교, 유대교, 이슬람교 그리고 다른 '이교(異敎)'라는
범주로만 이해했다고 한다.[5]

이런 배경 하에서 최근의 연구 경향은 종교가 하나의 본질을 갖는
다는 인식에서 벗어나 다양하게 연구되고 있다. 이런 연구가 '종교학'

2 유교가 종교인가에 대한 물음의 부적절성과 세계 종교로 정착되는 과정은 이연승,
「서구의 유교종교론—유교의 초월성에 대한 담론을 중심으로」, 『동서철학연구』 81,
한국동서철학회, 2016, 9~12쪽 참조.
3 윌프레드 캔트웰 스미스, 길희성 역, 『종교의 의미와 목적』, 분도출판사, 1991, 44~52쪽.
4 김선희, 「중세 기독교 세계관의 유교적 변용에 관한 연구」, 이화여자대학교 박사논문,
2008, 17~18쪽.
5 위의 논문, 21쪽.

이다. 종교학적 관점에서 종교의 개념은 다양하게 연구된다. 그 중심
은 '종교성'이다. 여기서 우선 현대의 종교학에서 논의가 집중되고 있
는 '종교성' 자체에 대한 정의로부터 시작하고자 한다. 대체로 종교를
정의하는 데에는 3가지 관점이 있다.

첫째는 경험적인 자연의 존재 질서와 초경험적인 또는 초자연적인
존재 질서 간의 차이점을 구별했다는 점이다. 두 번째는 성(聖)과 속
(俗)을 구별하는 것이다. 여기서는 성과 속을 구별하는 근거로서 외경
과 경이의 감정을 특징으로 하는 종교체험을 주장한다. 즉 그것은
성스러운 것의 체험을 말한다. 세 번째는 인간에게서 궁극적인 권위
와 가치를 갖는다고 인정되는 것과 그렇지 못하고 부수적이고 이차
적인 중요성만 갖는다고 보이는 것을 구별하는 것이다.[6] 그것은 곧
'궁극적 관심(Ultimate concern)'에 사로잡힌 상태[7]이다.

이러한 종교에 대한 정의는 '성스러움'(the sacred)에 대한 관심으로
종합될 수 있다. 인간은 성스러움이라는 궁극적인에 것에 대해 외경
과 경이의 감정을 갖는다는 점에서 종교적이다. 이를 종교성이라고
말할 수 있다.

현대 종교학자들은 종교의 중요한 기준을 인간이 도덕적 변화와
구원을 어떻게 성취하는가의 여부로 보기도 한다. 이런 맥락에서 종
교는 마음의 문제와 관련된다. 종교적 인간은 초월을 체험한 인간이
그 초월을 향해 자신의 전 인격과 존재를 헌신한다. 이 과정에서 '성
스러움'에 대한 체험을 통해서 인격적 변화가 일어나고 구원을 가능

---

6 리처드 콤스톡, 윤원철 역, 『종교학』, 전망사, 1986, 33~49쪽.
7 이것은 폴 틸리히(Paul Tillich)의 표현이다.

하게 한다.[8]

윌림 페이든은 '성스러움에의 참여'라는 관점에서 '종교(religion)'보다는 '종교적인 것(religiousness)'을 연구 대상으로 삼는다.[9] 그럴 때 성스러움은 유일신 종교의 전유물은 아니다. 종교성을 '성스러움에의 참여'로 파악한다면 유교를 바라보는 시각도 다를 수 있다. 그럴 때 유교의 핵심 개념인 기(氣)와 리(理)를 다른 각도에서 바라볼 수 있을 것이다.

성리학의 기본 모토는 '천리를 보존하고 인욕을 제거한다'(存天理去人欲)는 말로 압축할 수 있다. 여기서 천리(天理)는 하늘의 이치이며 궁극적인 것이다. 또한 성즉리(性卽理)라는 말로 표현되듯이 천리는 인간의 본성에 내재해 있다. 성즉리(性卽理)를 바라보는 데에는 3가지 관점이 있다.[10]

먼저 종적인 수직구도에서 바라보는 것이다. 우주론적인 측면에서 리(理)는 전체 우주과정에 관통되어 있는 개념이지만 성(性)은 형기(形氣)를 가지는 사물에 내재된 것을 말한다. 종교적인 측면에서 말하자면 성(聖)과 속(俗), 신과 인간, 혹은 절대자와 개별자와의 관계로 바라볼 수도 있다.

두 번째는 횡적인 수평구조에서 바라보는 것이다. 다양한 형기(形氣)를 지닌 개별자들의 차이에 주목하는 것이다. 인성(人性)과 물리(物理)의 대비이다. 다른 존재와는 구별되는 차이로서 인간만의 독특성을

---

8 김선희, 앞의 논문, 22쪽.

9 윌리엄 페이든, 이진구 역, 『비교의 시선으로 바라본 종교의 세계』, 청년사, 2004, 17쪽.(김선희, 앞의 논문, 22~23쪽을 참조.)

10 祝平次, 『朱子學與明初理學的發展』, 臺灣學生, 民國 83, 1994, 63쪽.

말하는 것이다. 세 번째는 인간이 사회 속에서 살면서 부딪치게 되는
여러 가지 상황 속에서 마땅히 해야만 하는 당위로서의 인성이다.

첫 번째는 종교학적인 논의, 형이상학적인 논의, 존재론적인 논의
가 될 수 있다. 두 번째는 생물학적 혹은 과학적인 논의이다. 세 번째
는 인간과 인간과의 관계에서 드러나는 도덕과 윤리에 대한 문제이다.

이렇게 리(理)는 우주론적, 형이상학적, 종교적, 과학적, 윤리적 문
제에 걸쳐 있는 복합 개념이다. 또한 리(理)는 항상 기(氣)와 연관해서
논의된다. 리는 기와 결코 떨어질 수 없는 것(不相離)이지만 또 섞일
수도 없는 것(不相雜)이다. 종교학적으로 절대자로서 리(理)와 개별자
로서의 기(氣)는 어떻게 관계할 수 있을까. 이와 관련하여 주희는 이
렇게 말한다.

> "태초의 근원에서 논하자면 리(理)는 같고 기(氣)는 다르다. 그러나 만
> 물이 태어난 다른 몸에서 보면 기(氣)는 서로 유사하지만 리(理)는 절대로
> 다르다. ...(중략)... 이것으로부터 추론해보자면 대본(大本)과 대원(大原)
> 의 측면에서 본다면 우주의 거대한 유행이 만물에게 부여한 것에 어찌
> 인간과 만물의 구분이 있겠는가? 이것이 리(理)의 동일성이다. 그러나 인
> 간은 기(氣)의 올바름과 통함을 만물은 기의 편벽됨과 막힘을 얻었다.
> 이것이 기의 차이이다."[11]

이 말들에서 주목할 것은 근원과 만물의 차이를 구별하고 인간과

---

11 주희, 「고자상(告子上)」, 『맹자집주(孟子集注)』, 3장 세주(細注). "論萬物之一原, 則理
同而氣異, 觀萬物之異體, 則氣有相近而理絕不同, …… 嘗因是而推之, 蓋自大本大原上
說, 大化流行賦予萬物, 何嘗分人與物, 此理之同也. 但人得其氣之正且通者, 物得氣之
偏且塞者, 此氣之異也."

만물의 차이를 논하는 대목이다. 인간은 모든 만물 가운데 올바름과 통함을 얻은 완전한 존재라는 시각이다. 인간은 다른 존재와는 달리 우주의 이치, 즉 천리(天理)를 부여받은 존재이다. 인간만이 기(氣)의 올바름(正)과 통함(通)을 얻었기 때문에 천리(天理)를 실현할 수 있는 가능성이 있다.

때문에 인간에게는 이 천리를 실현하는 문제가 중요시된다. 줄리아 칭은 천리를 궁극적인 것 혹은 절대자라고 표현하고 생성으로서의 절대자와 마음으로서의 절대자라고 구별한다.[12] 천리는 마음에서 드러나기 때문이다. 줄리아 칭이 바라보는 유교의 종교성은 주목할 만하다.

줄리아 칭은 종교를 예언자적 종교와 신비주의로 구별한다. 전자는 절대적 신과의 관계 속에서 인간의 사회와 역사에 관심을 많이 갖는다. 후자는 역사에 대한 관심보다는 자아와 우주의 하나됨 즉 범신론적인 경향을 갖는 신비주의로 구별한다. 전자는 주로 유대교와 기독교를 말하고 후자는 인도의 불교를 말한다.

이런 분류에서 유교는 초기에는(원시유가) 유신론적 믿음(상제에 대한 믿음)이 있었는데 후기에는 절대자에 대한 해석, 즉 궁극적인 것인 천리로 점진적으로 발전했다. 줄리아 칭에 따른다면 원시유가는 인격적 신에 대한 믿음과 사회 역사에 대한 강한 책임의식(제사와 정치)이 강했고 후대에 송대 성리학은 궁극적 절대자에 대한 믿음과 명상적 요소의 신비주의적 특성을 가지게 되었다.[13]

---

12 줄리아 칭, 임찬순·최효선 공역, 『유교와 기독교』, 분도출판사, 1993, 147~183쪽.
13 위의 책, 188~222쪽.

이런 측면에서 보면 유교는 천리(天理)에 대한 깨달음을 통하여 천인합일(天人合一)의 경지에 이르는 종교적 특성을 가지고 있지만 그 천리를 인간의 사회와 역사에 실현시키려는 강한 책임의식과 의지를 가지고 있다. 이것이 유교의 종교성이다.

이것이 수기치인(修己治人)의 의미이다. 수기(修己)는 자아와 우주의 합일이라는 요소이며 치인(治人)은 천(天)과의 합일을 인간의 사회와 역사에 실현시키려는 의지와 책임을 상징한다. 이것은 서양의 초월성(transcendence)과는 다른 내재성(immanence)의 철학이다. 내재적 초월성이라는 말로 표현하기도 한다.[14]

이런 내재적 초월성은 풍우란의 '즉세간이출세간'(卽世間而出世間)이라는 말로 단적으로 표현될 수 있다. 즉 '세속 속에서 세속을 초월한다.'라는 말로 번역될 수 있는 말은 세속 속에서 궁극적인 것에 도달한다는 종교성의 표현이다.[15]

이러한 측면에서 유교는 '초월에의 지향성'을 가지고 있다는 점에서 종교적이다. 그 종교성은 궁극적 관심으로서의 천리에 대한 깨달음과 합일을 추구하지만 그것이 인간의 본성에 내재되어 있고 구체적인 현실과 일상생활에서 이루어진다는 점에서 서양의 초월성과는 다른 측면을 가진다. 성스러움은 세속을 초월해 있는 것이 아니라 세속을 사는 인간에게 내재해 있다.

현대 유교에서는 이런 초월성으로서의 종교적 심성은 사라졌다.

---

14 내재적 초월성에 대한 논의는 이연승, 앞의 논문, 16~26쪽 참조. 이연승은 '초월에의 지향성'이라는 개념으로 서구에서 논의하는 유교의 종교성을 설명하고 현대신유학자들과 영미권 학자들이 논의하는 내재적 초월성을 설명하고 있다.
15 풍우란, 곽신환 역, 『중국 철학의 정신』, 서광사, 1993, 11~22쪽.

또한 이러한 종교학적 접근은 유교의 정체성을 종교로 귀속시키려는 강박 관념에서 나온 것일 줄도 모른다. 왜냐하면 이기론은 단지 종교성만으로 설명되지 않을 수도 있기 때문이다. 이기론은 근대 이래로 과학적 측면에서 연구되는 경향도 있다.

3. 기론과 근대 과학

과연 '중국에는 인생에 대한 지혜는 많지만 중국의 전통적 자연관은 발달하지 못했다'라는 주장은 옳은가? 중국이 명대 이전까지는 세계를 주도할 만큼 과학기술이 발달했다면 왜 근대의 과학을 제대로 수용하지 못했으며 근대 이후로 과학은 서양에 비하여 낙후하게 되었는가라는 문제는 중국의 과학 문제에서 항상 제기되는 문제이다.

이러한 문제는 명대 이전에는 세계를 주도했던 과학적 수준을 자랑하던 중국이 왜 근대 이후에는 서양의 과학을 수용하여 발전하지 못했는가라는 문제로서 '니덤의 난제'[16]라고 불린다. 니덤의 『중국의 과학과 문명(Science and Civilisation in China)』 총 12권은 중국 과학 문명에 대한 의식을 뒤바꾼 세계적인 명작이다. 이는 니덤 혼자만의 개인적 저작이 아니라 많은 학자들과 함께 이룬 성과이다.

---

16 '니덤의 난제'는 간단히 말하자면 명대 이전까지 과학기술이 발전되어온 중국은 왜 근대과학을 만들지 못했는가이다. 이에 대한 자세한 논의는 김영식, 「중국 전통과학 연구의 문제들」, 『중국천통문화와 과학』, 창작과비평사, 1986을 참조. 김영식은 이 질문 자체가 서양 과학 발전에 중요했던 요인들만을 고찰하고 중국의 배경은 소홀히 한다고 주장한다.

이에 대한 니덤의 답변은 사회 경제적 성격에 대한 문제이다. 유럽에서 자본주의가 성립하는 과정 속에서 근대 과학이 출현했는데, 중국에서는 그런 사회경제적 변화가 일어나지 않았기 때문이다.[17] 중국학자인 이지림(李志林)도 이와 유사하게 중국 사상에서 기론(氣論)에 대한 가치를 인정하면서 과학적인 체계로서 발전하지 못한 원인을 사회 정치적 요소에서 구하려한다.[18]

이지림은 이런 점을 지적하면서 중국의 전통적 기론의 지식적 의의와 지혜적 의미를 구분하여 설명한다. 즉 지식적 측면은 시대와 사회적 조건에 따라 다른 양식으로 변화되었지만 기론의 근본적인 지혜는 영원히 시대에 뒤떨어지지 않는다는 점이다. 지식과 지혜를 구별하려는 의도는 중국의 기론이 근대 과학적 지식으로 발전하지 못했지만 기론의 지혜는 미래를 전망하는 가운데 과학과 문명의 발전에 도움이 된다는 말이다.

문제는 이지림이 두 가지를 모두 쥐려고 하는 점이다. 즉 중국에서 발전되어온 기론과 현대과학적 세계관이다. 이지림은 기론적 세계관과 현대 과학적 성과들이 결합할 수 있으며 현재 결합하는 과정을 거치고 있다는 낙관을 가지고 있다. 하지만 그것이 중국에서는 기론적인 지혜를 주고 서양에서는 실증적인 과학적 근거를 마련해준다는 말이라면 지나치게 단순한 결합이 된다.

그렇다면 중국의 기론적 지혜는 서양의 현대과학적 세계관에게 어

---

17 이문규, 「동아시아 전통 과학의 발견과 그 영향: 조지프 니덤의 『중국의 과학과 문명』」, 『인간·환경·미래』 19, 인제대학교 인간환경미래연구원, 2017, 99~100쪽.
18 李志林, 『氣論與傳統思惟方式』, 學林出版社, 1990, 1~17쪽, 前言 참조.

떤 영향력을 미칠 수 있고 또 현대 과학적 세계관은 기론적 지혜에 어떤 영향을 미칠 수 있는가? 문제는 기론적 지혜가 어떻게 과학적 정당성과 실증성을 획득하는가하는 문제이다.

그러나 역으로 기론적 지혜의 실체가 어떤 것인지를 물을 수도 있다. 이에 대하여 김용옥은 '니덤의 난제'에 대하여 그의 한계를 지적한다. 즉 니덤은 근대 과학이 서양에서는 나왔는데 중국에서는 발전하지 않았는가라는 부정적 질문에 대해서 대답을 주고 있지만 정작 서구적 과학이 아닌 중국적 과학은 어떻게 해서 발생되었는가라는 긍정적 질문에는 대답을 하지 못한다는 것이다. "어떤 사상이 과연 중국적 과학을 잉태시켰는가라는 긍정적 질문에 대한 대답에 있어서는 크게 성공하고 있지 못하다는 것이다."[19]

결국 문제는 기론의 실체란 무엇인가라는 질문에 대답할 수밖에 없다. 과연 기란 무엇인가? 이지림은 기의 의미에 대하여 미신의 요소를 벗겨버린 후에 다섯 가지로 나누어서 설명하고 있다. 1) 자연상식적인 기 2) 인생에서의 성명(性命)의 기 3) 정신 상태와 도덕 경계로서의 기 4) 객관존재의 물질적 기(matter, material force) 5) 능동적 실체의 기(vitality).[20]

기는 '충만 내재적 활동력과 생명력'을 말하며 '스스로 운동과 동력을 가지고 있는 실체물질'이다. 기의 특징은 ① 최초의 순수한 동질적인 질료이며 무규정적인 모습으로 점차 분화(分化)되고 이화(異化)된다. ② 그것의 발전과 변화의 동력은 그 자체의 고유한 모순에 있는

---

19 김용옥, 「기철학이란 무엇인가」, 『도올논문집』, 통나무, 1991, 47쪽.
20 李志林, 앞의 책, 13~15쪽.

것이지 외부로부터 온 힘에 있는 것은 아니다. ③그것은 창조성(creativity, 創生性)을 가지고 있어서 분화와 이화를 만들어 낸다.

기는 물론 서양의 유물론에서 말하듯이 만물을 구성하고 타성과 관성을 가지고 있으면서 내재적 동력을 가지고 있지 못하여 외재적인 동력에 의지하여 운동하는 물질 원소나 기초적 물질과는 전혀 다르다. 근대적 의미의 물리학이 전제하는 원자와는 다르다.

그러나 이지림은 기와 원자의 유사성에도 주목한다. 가장 기초적인 물질이고 객관적인 존재라는 점이다. 또한 세계의 통일성은 바로 이 기초 물질에 있고 객관적인 규칙이 있다는 점이다. 이지림에 따르면 기는 존재론적으로 기초적인 물질이며 객관적인 존재이다. 그리고 그것은 객관적인 법칙을 가지고 있다.

이와 같은 사고는 기를 원자와 같은 제1 실체 혹은 기초적 실재로 가정하고 그것이 전 우주의 근원적 물질로 환원될 수 있는 어떤 것이며 우주는 그것으로 구성되어 있으며 그것을 통하여 세계의 법칙을 알 수 있다고 가정하고 있는 것이다.

그레이엄은 우주의 근원적 요소로서의 실체이지만 원자일 수는 없다고 본다. 즉 시공간을 차지하는 하나의 덩어리(mass)라는 의미에서의 원자적 의미는 아니라고 본다.[21] 슈워츠에 따르면 서양의 물질이라는 것과 가장 비슷하게 생각될 수 있지만 "모든 사물의 원인이 되는 원초적인 질료가 된다고 생각할 수 없다." 또한 "희랍철학이 사물의 질료가 되는 원초적 물질이라는 관념과 함께 시작되었다고 한다면 중국철학은 다원적 구성요소들과의 관계들의 근본을 전제하면서 어

---

21 A.C.그레이엄, 이현선 역, 『정명도와 정이천 철학』, 심산, 2011, 3장 氣(ether) 참조.

면 '원료'에서 찾는 환원주의를 필요로 하지 않는, 전포괄적인 근원적 질서라는 관념에 대한 반성에서부터 시작되었다."

그래서 그는 기가 갖고 있는 역동적인 성질 때문에 물질보다는 에 너지라고 부를 것을 고집한다. 그러면서도 에너지의 의미가 물질적 질량의 측면에서 기술된 실체와 관계하는 힘이라고 볼 때, 기가 영혼, 감정, 정신 혹은 신비적인 것을 설명하는 속성도 가지고 있으므로 에 너지 또한 오해의 소지가 있음을 경고하고 있다.[22] 즉 "최소한의 물질 적 속성들로 환원될 수 있는 물질적 개념보다는 무한하고 비규정적 실재에 더욱 가까운 것"[23]이라고 한다.

물론 기가 어떤 실체(substance) 혹은 실상(reality)이냐 하는 문제는 실체나 실상을 어떻게 규정하느냐에 따라서 달라질 수 있는 물음일 수도 있다. 김용옥은 기가 실체일 수도 있고 개념일 수도 있다고 전제 하고 기(氣)라는 용어가 과거 문헌에서 어떻게 사용되느냐하는 문제 는 지식 고고학적인 차원에서 어떤 실체를 나타내는 다양한 용어일 수 있지만 그것이 하나의 개념으로 사용되면서 우주론을 구성하는 사상적 집단이 있었음을 가정하고 있다.

기는 분명 인간이 자연에 가하는 해석 체계이다. 그런 점에서 개 념이다. 그러나 그것은 "감각적 실상을 뛰어넘는 원질 즉 실상에 대 한 탐구, 다시 말해서 복잡다단한 감각적 현상을 보다 원초적이고 실상적인 개념으로 묶어 설명하려는 노력 없이는 발생할 수 없는 개 념이다."[24]

---

22 벤자민 슈워츠, 나성 역, 『중국 고대 사상의 세계』, 살림, 1996, 259~267쪽.
23 위의 책, 265쪽.

이런 전제하에 김용옥은 기를 가지고 우주와 세계를 설명하려는 집단적인 노력이 있었다고 주장한다. 그것은 전국 말기부터 전한(前漢) 시기에 이루어진 황노학(黃老學)이다. 이 황노학의 과학적 성격이 한의학이라는 거대한 조류를 형성했다. 그것을 '현상일원론의 틀에서 태동한 뉴사이언스'라고 규정한다.

기에 대한 이러한 논의의 배경에는 현대 과학적 시각이 개입되어 있다. 즉 기에 대한 논의가 우주의 어떤 법칙 혹은 자연 세계의 법칙을 탐구하려는 관점에서 시작되는 것이다. 그것을 과학적 관심이라고 본다면 이지임이나 김용옥이 말하고 있듯이 자연관이라는 관점에서부터 기에 대한 논의를 전개하고 있는 것이다.

그러나 그레이엄은 기는 "물질과 힘(force), 영적인 것과 비영적인 것(animate, inanimate), 육체와 정신의 구별이 없는 것"이라고 말한다. 슈워츠는 영혼이나 혹은 귀신과 같은 존재가 혼합된 신비적 측면이 담겨 있다고 주장한다. 그렇다면 기는 과학적 측면 이면에 종교적인 세계관이 바탕을 이루고 있다. 김용옥도 황노학을 도교(道敎)라는 종교집단과 관련하여 설명하면서 종교와 과학의 관련성을 말하고 있다.

"황노지학은 분명 도교라는 종교현상과의 관련에서 규명되어야 하며 또 황노지학이 제시하고자 하는 뉴사이언스의 패러다임은 바로 도교라는 종교현상과의 역동적 긴장감 속에서 이해되지 않으면 안 된다. 과학과 종교는 인류역사에서 불가분의 관계에 있으며 과학적 세계관은 종교적 세계관이 제시하고 지향하는 어떤 형상을 구현하는 역동적 관계에서 형

---

24 김용옥, 앞의 책, 23쪽.

성되는 경우가 허다하다."[25]

황노학은 당시의 과학이며 철학인 동시에 중국의 토착적 종교 즉 신앙체계와의 역동적 관계 속에서 형성된 것이다. 중국인의 신앙체계의 자연 법칙적 구현이 곧 황노학인 것이다. 주목해야 할 점은 신앙체계의 자연 법칙적 구현이라는 기(氣)의 성격이다. 법칙(law)이라는 것도 신과 인간 사이에 존재하는 긴장에 의해서 성립된 개념일 수 있다.

그럴 때 기(氣)는 '물질과 힘, 영적인 것과 비영적인 것'이 혼합되어 있는 것이고 '영혼이나 귀신과 같은 존재가 혼합된 신비적 측면이 담긴' 무엇이다. 도식적으로 말해서 영(靈)과 육(肉)이 혼합된 실제이다. 자연과학적 시각에서 기를 바라볼 때에는 물질과 육체적인 측면으로 기울 수 있다.

고대 중국에서 기는 종교와 과학을 아우르는 폭넓은 개념이었다. 즉 기는 종교적 차원과 과학적 차원에서 모두 논의되었던 것이다. 그렇다면 극단적으로 말해서 기를 자연과학적 시각에서 바라보았을 때에 그것을 통하여 자연의 법칙을 탐구하고 인체의 신비를 해결할 수 있다. 즉 자연의-인간도 포함된-건강과 조화를 목적으로 삼는 것이다.

그러나 중국에서의 기에 대한 논의가 인간의 생물학적 건강을 위한 것이었다고는 보기 힘들다. 그것 이면에는 다른 배경이 있다는 것이다. 그것이 종교적 차원 혹은 인간학적 차원으로서 기의 영적인 차원이 된다. 즉 인간의 본질에 대한 물음과 인간성 그 차제의 신비에

---

25 위의 책, 25쪽.

관한 물음이다.

그러한 물음은 단순히 과학적 연구에 의해서 해결될 수 없다는 것이 서양철학에서 철학적 인간학의 결론들이었다. 그럴 때 중요 관건으로 등장하는 것이 기의 영(靈)적인 차원이다. 흔히 인간의 영성(靈性)이라고 말하는 것이다. 기에는 분명 영적인 차원이 있다. 여기서 말하는 영은 인간의 영혼(靈魂)을 말할 수도 있고 어떤 성스러운 것의 영을 말할 수도 있으며 우주에 편만한 영적인 힘을 말할 수도 있다.

그것을 전체적으로 영성(靈性)이라고 부를 수 있다. 기의 이런 측면을 강조하려는 현대 신학자들이 있다. 특히 진보적인 기독교 학자들 즉 생태신학자들은 이런 측면을 강조한다. 즉 탈형이상학적 신학과 생태학적 성령론에서는 하나님이라는 의인화된 인격성으로서의 존재를 거부하고 하나님 영을 말하고 있다.

즉 생명 중심주의적 관점 속에서 영은 모든 것들이 상호의존 속에서만 존재할 수 있는 생명형식을 부여하게 된다. 또한 "유교적 자연관과 생태학적 신학 즉 유교와 기독교간의 만남의 새 지평으로서 기(氣)와 영(靈), 두 개념이 해석학적 근본원리로 부상함이 지당하다."[26]

그래서 내적 연결성으로서의 연속성, 상호의존성으로서의 전체성, 무한한 잠재력으로서의 역동성 혹은 창조성을 특징으로 하는 "氣를 토대로 한 이러한 새로운 패러다임은 하나님 영 즉 성령을 근간으로 하는 탈형이상학적 신학, 생태학적 성령론과 더불어 공시적인 논의를 가능케 한다."[27] 생태신학에서 성령과 관련하여 기에 관심을 가지고

---

26 이정배, 「유교적 자연관과 생태학적 신학」, 『신학과 세계』 36, 감리교신학대학교, 1998, 239쪽.

있다. 이런 점은 기의 종교학적 의미가 이어져 온 것이라고 볼 수
있다.

기에는 두 가지 측면이 있다. 종교학적 측면과 과학적 측면이다.
이것이 사실과 가치의 문제라고 볼 수 있다. 야마다 케이지는 두 가지
측면의 모순을 주장한다. 주희(朱熹)의 이기론은 자연과학적 입장에서
정밀하고 통합적인 이론이었지만 이것이 인간학 또는 윤리학 즉 가치
론적 입장에서 자체 모순을 가질 수밖에 없는 이론이었다는 것이다.

그러나 야마다 케이지는 귀신(鬼神)론과 기질(氣質)론 등 기론이 자
연학과 인간학을 이어주기 위한 개념이었다고 본다. 즉 인간학을 자
연학에 의해서 기초지우기 위한 관건이었다는 것이다. 인간학을 자
연학에 기초 지운다는 것은 인간의 활동을 과학적으로 설명하려는
의도를 담고 있다고 볼 수 있다. 인간은 기이며 기는 연속적인 물질-
에너지라는 점에서 중요한 사회윤리의 성립근거가 된다.

그러나 그것을 완전하게 설명할 수 없었기 때문에 사회 윤리를 자
연주의적으로 기초 지우는 것에는 실패했다고 평가하지만 기(氣) 그
자체의 리(理)를 발견하기 위한 인식론적 기초를 마련했다는 점에서
주희는 승리했다. 여기에서 아마도 주희의 이중적 혼선도 여기서 빚
어진 것이라고 야마다 케이지는 평가한다.[28]

문제는 그렇게 간단하지는 않다. 야마다 케이지가 말했듯이 이는
단순한 모순이 아니다. 기와 관련해서 영적인 차원을 설명하는 것은
중국 사상사에서 이어져온 논의이다. 특히 마테오 리치에 의해 서양

---

27 위의 글, 240쪽.
28 야마다 케이지, 김석근 역, 『주자의 자연학』, 통나무, 1991, 343~387쪽.

천주교가 들어온 이후에는 이른 측면이 더욱 부각되는 것이다. 그것
이 바로 기의 영성에 대한 논의이다.

4. 기론과 영혼(靈魂)론

영성(靈性)이나 영혼(靈魂)이라는 말은 현재 일상 언어에서 자연스
럽게 쓰고 있지만 동아시아 전통에서는 족보가 없는 말이다. 영성이
란 개념은 천주교가 중국에 전래되는 과정에서 예수회 선교사들에
의해서 만들어진 말이다. 선교사들이 역어로 선택한 이후에 조선에
도 영향을 미쳐서 지금까지 사용되고 있는 것이다.

이 개념은 서양의 아니마(anima)에 해당하는 것이다. 아니마는 아
리스토텔레스의 아니마론과 관련이 있지만 당시 선교사들이 영혼으
로 한역한 개념은 아퀴나스의 anima humana이었다. 아니마는 중세
스콜라 철학의 핵심 개념이다.

아리스토텔레스의 아니마를 기독교적으로 재해석한 것이 아퀴나스
의 anima humana인 것이다. 아퀴나스에게서 아니마는 제일 질료
(materia prima)에 형태를 부여한 자립적이고 비질료적 성격을 지닌 실체
적 형상(forma substantialis)이다. 질료와 관계없는 순수 형상인 것이다.[29]

이점은 강조되어야 한다. 왜냐하면 중국인에게 이 개념은 낯선 개
념이었고 이 개념이 번역된 영혼은 기와 분리할 수 없는 본질적 연관

---

29 최정연, 「혼령(魂靈)에서 영체(靈體)로-anima humana의 역어를 둘러싼 조선 지식계
의 반응」, 『中國文學』 95, 한국중국어문학회, 2018, 74쪽.

을 맺고 있었기 때문이다. 그래서 예수회원들이 아니마(anima)를 중국에 번역할 때 신유학적 기(氣) 개념과 충돌하지 않을 수 없었다. 마테오 리치가 생각하는 초월적이고 사후에도 불멸하는 영혼(anima)은 중국인들에게 존재하지 않았다.

고대 그리스에서 영혼에 해당하는 말은 프쉬케(psyche)이다. 이는 숨, 공기라는 의미에서 나왔다. 희랍인들에게 숨 쉬는 것 자체가 생명의 본질이므로 프쉬케 곧 생명이었다. 고대 희랍 시대에 프쉬케는 육체와 구별되지 않았다.

이는 히브리 문명에서도 유사하다. 히브리어에서 영혼에 해당하는 말은 네페쉬(nephesh)이다. 네페쉬는 호흡 기관이란 뜻에서 시작했고 먹고 마시며 호흡하는 생명활동이라는 일반적 의미가 되었다. 네페쉬는 '호흡하다', '숨을 내쉬다'등의 의미이다. 따라서 성서 속의 네페쉬는 육체와 분리된 가운데 독립적으로 존재하는 영혼이 아니다.

육체와 영혼이 분리된 것은 피타고라스학파 이후이다. 피타고라스학파는 육체에 의해 더럽혀진 영혼이 죽음을 통해 구원받는다고 생각했다. 이들의 이론은 플라톤을 거치며 발전한다. 아리스토텔레스에게서 모든 사물은 질료와 형상으로 이루어졌다. 이는 육체와 영혼의 문제이기도 하다. 영혼은 형상이고 육체는 질료이다. 영혼은 '실체(ousia, substantia)'이고 영혼과 육체는 분리된 것이 아니라 형상과 질료로서 통일체이다.

아리스토텔레스는 영혼을 3가지로 구분했다. '식물적 영혼(anima vegetabilis)', '동물혼(anima animalis)', '이성적 영혼(anima rationalis)'이다. 아리스토텔레스는 이성적 영혼 가운데 지성이 그에 상응하는 신체기관을 갖지 않기 때문에 영혼이 신체를 벗어나 독자적으로 존재할 수

있다는 것을 인정했다. 아리스토텔레스는 토마스 아퀴나스에 의해
스콜라철학 안에서 다시 조명되었다.[30]

이렇게 육체와 영혼을 구분하는 이분법적 사고는 중국의 사고에는
없었다. 중국의 사고에서는 인간의 혼을 혼(魂)과 백(魄)으로 구분한
다. 혼과 백은 음과 양의 운동이고 기능이다. 인간은 물질적으로 정
(精)과 기(氣)로 이루어졌다. 이를 다음과 같이 도식화 할 수 있다.

精(陰) － 體 － 毛骨肉血 － 鬼(往, 屈) － 魄(陰의 神)
氣(陽) － 氣 － 呼吸冷熱 － 神(來, 伸) － 魂(陽의 神)[31]

혼과 백은 정(精)과 기(氣)로 이루어진 몸에서 일어나고 신(神)의
기능이며 활동이다. 음의 신인 백은 귀와 눈이 보고 듣는 경험적 인식
을 하고 양의 신인 혼은 마음이 사려하는 사유작용을 한다.[32] 주희(朱
熹)는 이러한 혼과 백을 영(靈)으로 부른다.

백(魄)은 형(形)의 신(神)이고 혼(魂)은 기(氣)의 신(神)이다 혼백은 신
기의 정수이므로 이를 일러 영(靈)이라고 한다.(魄者, 形之神. 魂者, 氣之
神. 魂魄是神氣之精英, 謂之靈.)[33]

육체와 영혼이 이원론으로 구분되는 것과는 달리 혼과 백은 정과

30 김선희, 앞의 논문, 169~173쪽.
31 심의용, 「易傳의 神 개념에 대한 해석 연구」, 숭실대학교 석사논문, 1994, 46쪽.
32 위의 논문, 47쪽.
33 주희, 『주자어류(朱子語類)』 권7, 161항.

기의 활동이고 이는 모두 기(氣)에 수렴되어 기의 활동이 된다. 그러
므로 혼백과 기는 분리될 수 없는 것이다. 혼과 백은 기의 두 가지
양태인 음과 양, 즉 체(體)와 기(氣)가 활동하는 기능이다.

생명의 제2원리로서 이성적 활동의 주체인 영혼(靈魂)이나 영성(靈
性)이라는 개념은 선교사들이 소개하기 이전에는 중국인들에게 없었
다. 선교사들의 스콜라 철학은 중국의 심성(心性)의 문제와 연결될 수
밖에 없었다. 예수회의 영혼 관련저작들에서는 이러한 성격이 복합
적으로 나타난다.

'아니마'의 번역 과정에서 채택된 언어들은 다양하다. 마테오 리치
가 선택한 언어가 영혼(靈魂)이었다. 아리스토텔레스의 영혼의 3가지
구분은 생장 능력을 의미하는 '생혼(生魂)'과 지각능력을 의미하는 '각
혼(覺魂)'에 이어 사람만이 가지고 있는 이성적 영혼을 '영혼(靈魂)'으
로 번역된다.[34]

여기서 전통 중국 사유에서 기와 혼백은 분리되지 않았지만 마테
오 리치는 중국의 오행을 그리스적 사원소로 바꾸어 단순한 질료적
원리로 제한함으로써 영혼을 '기'와 분리하려고 시도했다. 마테오 리
치가 제일 먼저 도전해야 하는 것은 영혼개념과 기(氣)의 관계였다.

오행을 질료적 요소로 제한한다는 것은 생명력의 운동성을 제거하
는 일이다. 중국적 기는 본래의 생명성과 운동성을 모두 상실한 개별
적 '원소'로 약화되어버린다. 따라서 더 이상 '기는 만물을 살아있게
하는 생명력의 근본이 아니다(氣非生活之本也)'.[35] 이제 영혼은 기 혹은

---

34 마테오 리치의 영혼에 대한 번역과 설명은 김선희, 앞의 논문, 4장을 참조.
35 위의 논문, 198쪽.

육체와 분리된 인간의 본질적 기능이 되고 기는 생명력을 상실한다.

이렇듯 아니마는 선교사들에 의해 중국에 소개된 이후 여러 가지 개념을 번역된다. anima humana를 최초로 번역한 언어는 혼령(魂靈)이다. 이는 루지에리(Michele Ruggieri)가 1584년에 저술한『신편서축국천주실록』에 나온다. 마테오 리치는 1603년『천주실의』에서 영혼(靈魂)으로 번역하였다.

1615년에 출간된 바뇨니(Alfonso Vagnoni)의『천주교요해략』에는 혼령과 영혼이 유사한 빈도로 나온다. 1624년에 출간된 삼비아시(Francesco Sambiasi)의『영언여작』에서는 '亞尼瑪'로 음역했다. 알레니(Julio Aleni)는 1646년『성학추술』에서 영혼이라는 말보다 영성(靈性)이라는 말을 자주 사용한다. 그가 영성을 택한 이유는 성리학 전통에서 성(性)에는 혼(魂)으로부터 연상되는 기의 특징이 없었기 때문이었다.[36]

이렇게 아니마를 번역하는 과정에서 중국 성리학의 개념들과 충돌하며 다양한 번역어가 채택되었다. 그 가운데 영혼과 영성이라는 말이 발생했던 것이다. 이러한 용어는 17세기 이후에도 줄곧 뒤섞여 서학서가 유통되는 과정에서 조선에 유입되었다. 조선 지식인들은 이 개념을 수용하며 다양한 태도를 지니게 된다.

조선조 지식인들은 마테오 리치의『천주실의』를 접하면서 영혼과 영혼의 불멸성에 대해 비판하거나 수용하는 입장으로 나뉜다. 비판하는 입장의 대표적인 인물은 18세기 신후담(慎後聃), 안정복(安鼎福), 황덕일(黃德壹)과 19세기 김치진(金致振), 유중교(柳重敎) 등이다. 이들

36 최정연, 앞의 논문, 79~85쪽 참조.

은 모두 영혼을 심(心)의 기능이고 기(氣)의 활동이라고 하면서 영혼불멸설을 부정했다. 이에 반해 이벽(李檗), 정약종(丁若鍾), 정하상(丁夏祥) 등은 천주교를 신앙으로 수용한 지식인으로 영혼 개념을 그리스도교적 맥락에서 수용하였다.[37]

이런 맥락에서 정약용의 영혼에 대한 이해는 주목할 만하다. 정약용(丁若鏞)은 영혼을 그리스도교적 맥락에서 그대로 수용하지는 않았다. 기존의 영혼이나 영성 대신에 정약용은 영명지체(靈明之體)를 사용한다. 주목할 점은 영명지체는 기와 무관한 비물질적 정신이라는 점이다.

정약용의 영명지체는 서학의 영혼론의 영향을 받았다. 그러나 그 영향관계에 대한 논의는 두 가지다. 최정연은 정약용의 영명지체가 예수회 선교사 롱고바르디(Nicholas Longobardi, 1559~1654)의 『영혼도체설(靈魂道體說)』의 영향을 받았다고 주장한다.[38] 김선희는 줄리오 알레니(Giulio Aleni, 1582~1649)의 『성학추술(性學觕述)』의 영향을 받았다고 주장한다.[39] 이 두 가지 문헌이 조선조 지식인들에게 전파되었다는 확실한 증거는 없다.

최정연은 영명치제를 "기의 질료성과 무관한 정신본체"이고 이는 "영명지체를 기의 연속선상에서 바라보는 해석을 거부한 것"[40]이라고

---

37 조선 지식인들의 영혼 수용 과정에 대해서는 최정연, 위의 논문, 85~93쪽 참조.

38 최정연, 「다산 정약용의 '靈明之體' 개념에 대한 논의－정약용의 『심경밀험』과 롱고바르디의 『영혼도체설』을 중심으로」, 『한문학논집(漢文學論集)』 55, 근역한문학회, 2020 참조.

39 김선희, 「영명으로서의 인간－성학추술을 통해 본 정약용의 인간론」, 『동양철학연구』 60, 동양철학연구, 2009 참조.

40 최정연(2020), 앞의 논문, 134쪽.

주장한다. 김선희는 정약용은 자주지권(自主之權)이라는 자유의지를 주장하지만 단지 서학의 이론을 따르는 것이 아니라 전통 유학의 능동적 실천을 강조하는 방향으로 전개했다고 주장한다.[41]

모두 정약용의 영명지체를 기와 관련이 있는 마음의 활동이지만 기와 무관한 어떤 정신 활동으로서 이성적 판단 능력과 자유의지와 유사하다는 것이다. 이제 마테오 리치의 영향을 받은 중국 사상에서 영혼론은 정약용에 이르러 기와 무관한 정신 활동으로서 영성의 의미를 확보한다.

이는 단지 도덕적 차원의 실천만이 아니라 어떤 절대자와의 만남이기도 하다. 정약용은 전통 성리학에서 태극(太極) 또는 천리가 내재적인 궁극자라는 것을 비판하고 초월적인 상제였다. 정약용은 이렇게 말한다.

> 戒愼恐懼하여 上帝를 섬기면 仁을 실천할 수 있지만 헛되이 太極을 높여 理를 天으로 여기면 仁이 될 수 없다.(恐懼戒愼, 昭事上帝, 則可以爲仁, 虛尊太極, 以理爲天, 則不可以爲仁.)[42]

영혼, 영성, 영명 등과 같은 개념은 전통 성리학에서 쓰이는 말이 아니라 서양의 anima가 번역되는 과정에서 형성된 말이다. 주목할 점은 영혼과 영성이라는 개념이 기(氣)의 개념과 마찰을 일으키며 논의가 되었다는 것이다. 이러한 영성의 개념은 현대에서도 지속적으

---

41 김선희(2009), 앞의 논문, 104쪽.

42 정약용, 「자찬묘지명(自撰墓誌銘)」, 『여유당전서(與猶堂全書)』(김근숙, 「茶山上帝觀 유교적 靈性 연구」, 성균관대학교 유학대학원 석사논문, 2019, 46쪽 재인용).

로 사용되고 있다.

5. 성스러움과 치유

영성이라는 개념은 선교사들이 동아시아의 성리학적 개념인 이기론(理氣論)과 대응하면서 자신의 아니마 개념을 번역하는 과정에서 나온 번역어이다. 여기에서 논쟁의 중심점에는 영혼불멸과 관련된 문제가 있었고 그것은 기(氣)와 관련된 논의였다.

전통 성리학에서 기(氣)는 종교적 측면과 과학적 측면을 모두 담고 있는 복합적 개념이었다. 그렇기 때문에 현대에서 기에 대한 논의는 종교와 과학에서 모두 논란거리가 될 수밖에 없는 것이다.

기는 단지 물질적 개념도 아니고 그렇다고 물질과 분리된 정신적 개념도 아니었다. 이러한 개념은 서양 근대 과학에서는 매우 낯선 개념이었다. 하지만 현대 과학에서는 물질 개념이 단지 matter의 차원을 넘어 에너지나 엔트로피(entropy)를 넘어 정보(information)의 영역으로까지 확장하여 논의되고 있다.

또한 물질적 차원인 기(氣)는 의미의 차원인 리(理)와 밀접하게 관련된 개념이다. 의미의 차원은 궁극적 관심인 성스러움의 차원과 연결된다. 이것을 전통 유학자들은 천리(天理)라고 불렀다. 이런 맥락이 영혼(靈魂)과 영성(靈性)이라는 개념이 번역될 수 있었던 이유이다.

서양은 18세기 이후로 이성을 중시하는 계몽주의 영향으로 종교의 전통적 가치관은 무너져 왔다. 마찬가지로 동아시아도 19세기 이후 서양의 근대 문명의 충격 이후로 전통적 가치관인 유교적 세계관은

무너졌다. 현재 한국은 초월적인 신의 은총을 강조하는 신앙과 기복
신앙을 고집한다. 대형교회들은 교세 확장에 열을 올리면서 세력화
되어 이익집단으로 변질되었다.

이러한 문제에 대해 종교의 본질적 기능인 영적 가치와 영성 회복
을 주장하는 학자들이 있다. 영성의 회복은 "하나님이 예수를 통해
인간에게 나타난 것(肉化)처럼 인간도 그를 보고 하나님이 되어야 한
다(神化)는 메시지가 담겨 있다."[43]

현대 많은 종교학자들은 영성을 강조한다. 이는 교세 확장에 열을
올리며 이익집단으로 변질된 교회에 대한 불신으로부터 비롯되어 초
월적 신앙과 은총을 넘어 개인적 깨달음과 사회적 실천을 강조하기
때문이다.

그러나 영성이라는 말이 비물질적 실재나 신비주의적인 초월을 의
미하는 것으로 이해된다면 아직까지 마테오 리치 이후 중국과 조선
의 논의에서 벗어나지 못한 것이다. 이러한 논의는 점차 심화되어
물질적 영역과 정신적 영역이 어떻게 연결될 수 있는지를 밝히는 논
의로 확대할 수 있을 것이다.

즉 종교적 영역과 과학의 영역의 연결점에 대한 논의다. 동아시아
에서는 이러한 연결점이 기(氣)라는 개념이었다. 사실 종교와 과학은
분리될 수 없는 것이다. 특히 의학과 종교는 분리될 수 없었던 것이
서양과 동양의 공통점이었다. 이는 세계종교전통에서 유사하게 드러
난다. 의학 전문가인 로이포터(Roy Porter)는 다음과 같이 말하고 있다.

---

43 『한국일보』 2019.12.24. 길희성 교수의 인터뷰 기사 "교회나 목사 말 듣지 말라. 당신
안의 예수를 찾으라."

'종교와 의학은 전체를 이루려는 동일한 목적을 지닌다. 성스러움 (holiness)과 치유(healing)가 전체성(wholeness)이라는 개념에 뿌리를 둔 같은 어원을 지닌 것은 우연이 아니다. 고도로 융합되거나 정교하게 통합된 신앙체계는 전체의 양태들 사이에 차별을 만들지 않는다.'[44]

또한 신학자인 폴 틸리히(Paul Tillich)는 이와 유사하게 이렇게 말한다.

'만약 구원이 치유의 뜻으로 이해된다면 거기에는 종교적인 것과 의학적인 것 사이의 갈등이 없을 뿐 아니라 오히려 가장 긴밀한 관계만 있을 것이다. 이 관계를 모르고 구원이 개인을 하늘나라로 들어 올리는 것이라고 보는 신학만이 의학과 갈등을 일으키게 될 것이다. 그리고 삶의 비생물학적인 측면들이 생물학적 차원의 삶을 위해서 중요하다는 것을 부인하는 의학만이 갈등을 일으킬 것이다. ...(중략)... 구원은 우주적 질병, 즉 우주적 죄의 극복이며, 화해와 전체(whole)의 재현이다.'[45]

이런 맥락에서 영성의 문제도 단지 종교의 문제가 아니라 과학적 차원에서 함께 논의되어야 할 것이다. 근대 이후 동아시아에서 기의 종교적 차원과 과학적 차원이 어떤 방식으로 논의되었는지는 차후 연구과제로 남길 수밖에 없다.

---

[44] 김희정, 「고대 중국의 치유관념에 대한 종교학적 고찰」, 『동북아 문화연구』 10, 동북아시아문화학회, 2006, 45쪽에서 재인용.

[45] 위의 논문, 같은 쪽에서 재인용.

제2부

근대 사상과 메타모포시스

- 근대전환기 평양 숭실 철학교육의
  메타모포시스적 특징
- 교육철학과 윤리사상의 메타모포시스
- 종교 개념의 메타모포시스
- 문화의 메타모포시스

근대전환기 평양 숭실 철학교육의 메타모포시스적 특징

오지석

1. 서양철학 수용기의 철학 교육의 모습

한국에서 철학 교육은 근대전환기의 서양학문 수용의 한 모습이다. 그래서 철학교육이 어떻게 시작되었는지를 묻는 것은 한 문화에서 다른 문화와 철학사상이 전래되면 어떤 일이 발생하는가를 묻는 것으로 이어진다. 기존의 연구들이 필로소피의 동아시아 번역과정과 번역어 철학의 수용, 개념연구와 분과학문으로서의 철학 교육의 시작, 일본과의 연관성 등의 주제로 진행되어왔다. 이 글은 근대전환기 평양숭실대학의 철학 교육모습을 숭실대학교 한국기독교박물관 소장 미공개자료에서 찾아봄으로써 근대전환기의 '외래사상의 유입, 무시, 배척, 전적수용'이라는 교육과정과는 다른 '서양인에 의한 직접이식, 한국인의 수용과 변용'이라는 패러다임도 있었음을 소개하고자 하는 데 목적이 있다.

이 글의 문제의식은 서양철학의 수용과 서양 철학 교육이 언제, 어디서, 누가, 무엇을, 어떻게 누구에게 실시했는가라는 지극히 평범한 물음에서 시작되었다. 좀 더 구체적으로 표현한다면 한국에 철학사상이 전래되었을 때 전통적 학문에서 철학으로 전이가 발생하면서 철학 교육과 과정의 변화에 대한 관심을 드러낸 것이다.

새로운 문화로 전래된 철학사상은 단순히 일방적으로 수용되거나 거부되거나 하는 것이 아니라, 여러 과정과 변화를 겪는다. '번역(translation)'−'수용(acceptance)'·'차용(adoption)'·'전유(專有, appropriation)'·'적응(adaptation)'·'편입(incorporation)'·'편입(incorporation)'·'토착화(naturalization)'·'메타모포시스(變容, 변통, metamorphosis) 등으로 부를 수 있는 일들이 일어나기도 하고, '무시(ignoring)'·'고립(isolation)'−'저항(resistance)'·'거부(rejection)'−'충돌(conflict)' 등이 진행되기도 한다. 우리 근대전환공간에서 이 같은 일들은 모두 또는 몇 가지가 동시에 또는 시간차로 일어나기도 하였다(김영식, 2013).

교육사에 있어서 일대 전환이 일어나게 된 계기는 1895년 2월 2일 고종이 조칙(詔勅)으로 발표한 「교육조서(敎育詔書)」이다. 고종은 이를 통해 국가의 보존과 중흥에 신교육이 필요함을 역설하였다. 최초의 국어교과서이며 개화입문서 성격이 강한 『국민소학독본』은 1895년 8월에 발간되었다. 이는 국가주도의 교육이 시작되었음을 뜻하며 이때로부터 지식체계의 전환이 전통적 지식체계에서 서구적 근대 지식체계로의 매우 빠르게 진행되었음을 알리는 것이다.

특히 1905년 러일전쟁 이후 신학(新學)과 구학(舊學)의 충돌·변용은 일본에서 유입되는 다양한 신지식의 범람으로 인한 발생하였으며, '지식 혁명'으로 일컬어질 정도였다(이행훈, 2009).

또한 1910년 한국병합 때까지도 계몽운동에 참여한 지식인들 가운데 여전히 구학과 신학의 조화를 주장하는 이들도 많았다. 하지만 이제 더 이상 구학으로 세상을 이해할 수 없고 신학이야말로 세상을 이해하는 길이라 떨쳐 이야기할 수 있는 계기는 1908년 8월 대한제국의 몰락과 식민지화였다.

근대전환기 한국지식체계의 전환은 매우 빠르게 전통적 지식체계에서 서양 근대지식체계로 진행되었다. 일상과 정치영역에서 유학(儒學)의 절대적 영향력을 부인하는 흐름들이 있었는데 철학사상도 예외가 아니었다. 구학인 경학(經學)자체가 철학적 의미가 크다는 점을 고려할 때, 신학(新學) 가운데 하나인 철학의 범주와 내용을 탐색하던 사람들에게 유학은 일본의 식민지로 전락한 나라의 이념으로서 개혁해야 할 직접적 대상이었기 때문이다. 반면에 서양철학은 서구화된 일본을 상대해야 할 시대적 요청과 맞물려 새롭게 수용해야 할 사상으로 간주되었다. 1910년대 중반 경에 나온 강석우(康錫佑)의 「서양철학사서론(西洋哲學史序論)」(『학지광(學之光)』7, 1915.5)과 최두선(崔斗善)의 「철학(哲學)이란 하(何)오」(『청춘(靑春)』11, 1917.11)의 글에서 철학이란 무엇인가라고 묻고 답하는 것은 철학, 곧 '서양철학'이었다.

우리는 이광수의 글(『매일신문(每日新聞)』,「신생활론(新生活論)」1919. 9.6.~10.11)에서 이런 입장을 살펴볼 수 있다. 그는 조선 몰락의 원인으로 유학사상이라 지적하면서 유학사상을 구현하고 있던 세력, 양반을 제1의 공공의 적으로 여겼다. 여기서도 알 수 있듯이 전통적인 유학사상은 서구화된 일본의 식민지에서 살아가는 조선의 삶을 더 이상 이끌어 나갈 수도 없었다. 그래서 철학이란 분과학문영역에서 서양에서 온 학문 철학, 곧 서양철학이 주목받을 수밖에 없었다(신주

백, 2014).

여기서 우리가 주목하는 것은 "한국 근대전환기의 사상체계의 전환은 번역어 '철학'이라는 말이 알려지고 익숙해지는 과정이고 서양 학문 철학의 그 체계가 우리 현실 속에 자리 잡는 과정"이라는 것이다. 이와 같은 이해를 가지고 근대전환공간에서 (서양)철학이 제도권 교육에 정착되는 과정의 모습을 메타모포시스로 드러내고자 한다.

우선 근대전환공간에서 필로소피아가 철학으로 제도권 교육에서 자리 잡아가는 과정을 이행훈, 양일모, 김혜경 등의 연구에서 도움 얻고, 한국인의 철학 수용과 변용 그리고 확산의 모습을 '철학을 배우고, 가르치고, 이어가기'라고 표현한다. 여기서는 소위 말하는 한국철학 1세대들의 형성과정과 활동을 김재현, 허지향, 이태우, 진교훈, 유대칠, 박종린 등의 연구에서 그 흔적을 추적하고자 한다.

마지막으로 한국근대전환기 철학교육의 메타모포시스의 현장으로 외국인 교수(선교사 베어드, 스미스, 번하이젤), 일본 유학생 교수(채필근), 경성제대 철학과 출신의 교수(박치우)로 이어지는 평양 숭실에서 실시된 철학교육과정을 현재 수집할 수 있는 자료에 주목한다. 이는 기존의 연구가 경성제대 철학과 중심으로 진행되고 있어서 서양철학 수용기의 철학교육의 모습을 다 드러내지 못한 한계를 넘어서 다른 측면에서 접근해야 한다고 제안하는 것이다.

2. 필로소피아, 학문영역으로서의 철학

문사철(文史哲)이라고 불리는 인문학의 기본영역은 언제부터 시작되었을까? 최소한 문학과 사학은 근대 이전부터 있었던 것 같은 데, 철학도 그럴까? 이런 물음을 던지면 선행 연구자들의 입에서는 '아니다!'라는 답을 내놓고 있다. 개념사로 접근하는 이행훈은 근대 이전 우리의 지식체계에 '철학'이라는 단어나 뜻, 개념은 존재하지 않았다고 한다(이행훈, 2012). 여기서 우리는 용어의 부재가 그 용어가 담고 있는 학문의 성격의 부재였는가 묻는다. 우리는 이 물음에 답하는 것을 철학 공부하는 자세 또는 과정이라고 할 수 있다.

'필로소피아'를 어떻게 이해하고 소개할 것인가? 16세기말부터 중국에서 활동한 예수회 선교사 알폰소 바뇨니(P.A. Vagnoni, 高一志)가 『동유교육』(1620)에서 철학(필로소피아)을 비라소비아(費羅所非亞)라 음역하고 동아시아 지식인들에게 소개할 때 사물의 이치를 연구하는 학문(격물궁리학)이라고 뜻을 새겼고(알폰소 바뇨니, 2015), 그 뒤를 이어 알레니가 서양의 학문, 학제에 대해 언급해서 신후담 등 조선의 지식인들에게도 알려진 알레니(Julio Aleni, 艾儒略)는 당대 예수회의 입장을 정리해 『서학범』(1623)에서 필로소피아(philosophica)의 번역어로 비록소비아(斐錄所費亞)사용했고, 그것을 당대 유학자들이 이해하기 쉽게 이학(理學)이라 하였고, 그 뜻을 이치의 큰 학문이라고 새겼다(J. Aleni, 2001). 이렇듯 필로소피아가 철학이라고 옮기기 전 최소한 '격치(格致)'·'궁리(窮理)'·'성학(性學)'·'이학(理學)' 등으로 혼용하였음을 알 수 있다. 최소한 동아시아에서 만난 필로소피아가 '서양철학'인지, '철학'인지 고민해야 필로소피아가 어떤 학문으로 이해되었는지 살 필수 있고, 근대전환기의 철학교육과정의 특징을 이해할 수 있다.

일본인 니시 아마네는 '필로소피'를 번역어 '철학'를 제시했다. 동아시아 지식인들에게 공통점은 유불선(儒佛仙)의 지적 전통이다. 니시 아마네 조차 이 영향에서 완전히 자유로울 수 없었다. 그렇다면 그는 왜 굳이 필로소피(philosophy) 즉, '지혜를 사랑하고' '이치를 통달하고자 하는 학문을 신조어 '철학'이라고 했을까? 그가 보기에 서양의 필로소피는 동양의 지적 전통의 이학과는 다르다고? 일본에서도 물론 필로소피를 동아시아 지적 전통에 입각한 용어인 '이학'이나 '궁리학'등으로 사용했다. 하지만 근대전환공간에서 일본 지식인들은 동양에 익숙한 '이학'과 낯선 서양의 '철학' 사이에 미묘하며 어찌 보면 건널 수 없는 차이를 인식했다. 이들에게 서양은 16세기 동아시아로 찾아온 중세의 전통이 남아있는 서양이 아니라 '근대'의 서양이다. 그것도 19세기에서 20세기로 가는 서양의 근대였다.

여기서 주목해야 하는 단어는 근대이다. 서양인들은 근대를 'modern' 또는 'modernity'이라 표현한다. 이 말은 라틴어 'modérnas'에서 왔다. 그 뜻은 '새로움'이다. 모던이 일본을 통해 번역되어 들어오면서 '새로움'이라는 본래 의미를 담지 못하고 '근대(近代)' 혹은 '현대(現代)'라고 옮겨지면서 애매함이 남았다. 모던이라는 말이 담고 있는 것은 낡은 것, 지나간 것, 옛것을 비판하며 새로운 전통, 근본, 토대를 모색하는 태도이다(이병태, 2015). 니시 아마네를 비롯한 일본 지식인들은 이런 흐름을 따라 필로소피를 실험과 관찰을 중시하며, 감각에 기초한 경험을 무시하지 않고 논리적이고, 실증적이며 인간과 세계를 명상·관조하는 철학적 전통과 단절해야 하는 것으로 이해하였다. 그래서 더 이상 '격물치지의 학'이나 '궁리지학'은 필로소피를 설명할 수 있는 것이 아니어서 새로운 이름이 등장하게 되었다. 1874년 출간된 니시 아마네의 『백일신론』과 1881년 이노우에 데쓰지로의 『철학자휘』 출판 이후에 philosophy[1]의 번역어로 '哲學'이 대표 번역어로 자리 잡는다. 여기서 그는 동양의 이학과 서양의 철학을 분명하게 구분한다. 이것은 질적으로 다른 특징을 지닌 지적 전통이라고 표현한 것이다.

3. 철학을 배우고, 가르치고, 이어가기

동아시아의 근대전환기에 'philosophy'의 번역어 '철학'이 일본을 넘어 한국과 중국에서도 널리 사용되면서 philosophia의 차음어였던 費羅所非亞·斐錄所費亞·費祿蘇非亞는 사어(死語)가 되고 만다.

국내에서 학문용어 '철학'이 처음 등장한 것은 1881년 4월 10일부터 7월 27일까지 조사시찰단(朝士視察團, 속칭 신사유람단)의 일원으로 참석한 조준영의 조사 보고서 가운데 『문부성 소할 목록』[2]이다. 대중매체 가운데, '철학'용어가 최초로 사용된 사례는 1896년 12월 15일자 『대조선독립협회회보』 제2호의 「법률적요총화」다. 법학이란 무엇인지에 대한 개괄을 담고 있는 계몽적인 글로 '스토아학파 철학'과 '철학의 원칙' 등으로 표기되었다. 1900년대 초반 철학 서적의 판매와 유통은 신문지상의 신간서적 소개나 서적 판매 광고를 통해서 확인할 수 있다.[3]

---

1 철학 'philosophy'의 어원은 philos(사랑)와 sophia(지혜)를 한자로 옮긴 것이다. philos를 '愛' 혹은 '希'로 번역하고 sophia를 '哲'로 번역해, '애철학', '희철학' 등으로 부르다 나중에 '철학'으로 정착된다.

2 『문부성소할목록(文部省所轄目錄)』은 두 차례 번역이 되었다. 신창호는 『문부성소할 목록』을 2017년 번역하여 '우물이 있는 집'에서 출판하였고, 두 번째 번역은 김경남과 허재영이 공동으로 『지식생산의 기반과 메커니즘』(경진출판사, 2019)에서 부록으로 번역하였다.

우리가 알다시피 동아시아는 근대 서구근대문명과 만나기 전에는 중화주의로 세계관을 구축하였지만 차츰 유럽과 만나면서 유럽 중심의 세계사 속에 편입되어갔다. 강영안의 지적처럼 '철학'이라는 서양 학문은 동아시아의 지적 전통에서는 매우 낯설다(강영안, 2003). 한국 최초의 '철학' 연구자로 평가되는 이정직(1841~1910)은 「배근학설」과 「강씨철학대략」에서 유학의 관점에서 서양철학을 분석하고자 했다. 전병훈은 1920년에 『정신철학통편』을, 이인재(1870~1929)는 1928년에 『고대희랍철학고변』을 저술했다. 뿐만 아니라 불교계에서 서양철학을 시도한 적이 있다. 양건식은 『불교진흥회월보』에 7회에 걸쳐 『서철강덕격치학설』을 연재하며 유식불교로 칸트철학을 분석했다.

너무 자명한 진리였던 전통 지식은 '철학'이라는 학문의 유입되면서 근대 보편 학문으로서의 효용성을 입증해야 하는 상황으로 내몰렸다. '철학'을 둘러싸고 벌어진 전통 학문과 번역용어의 경쟁은 이후 서구의 대리자를 자처한 일본 식민주의의 고착과 함께 전통 학문을 해체한 자리에 근대적 학제를 구축하는 것으로 이어졌다. 철학이 교육제도 속에 들어간 것은 근대적 학제 및 교육과정을 통해서 확인할 수 있다. 교육기관에서의 철학교육은 1855년 가톨릭 신학교에서 시작된다. 소신학교 6년 과정 이후 대신학교 6년 과정이 이어지는데 이 가운데 처음 2년 과정을 철학과라고 했다(진교훈, 1987). 대학 교양

---

3 「본관에셔 발수하는 각종교화서는 일자각신문에 광포하야」, 『황성신문』, 1906.6.8.에 나타나는 철학으로 분류되는 서적은 총 18종인데 철학이라는 이름이 들어간 것을 살펴보면 다음과 같다.

『철학령요』, 『철학신전』, 『철학요괴박담』, 『속철학요괴백담』, 『삼대철학가학설』, 『철학논강』.

수준에서 철학교육은 1906년 평양 숭실대학에서 미국인 선교사에 의해 시작되었다(조요한, 2004; 곽신환, 2017). 이후 보성 및 연희 전문학교에서 교양 교과 수준의 강의가 개설되었다. 1926년 경성제국대학 법문학부의 철학 전공 개설은 이 땅에서 보다 전문적인 철학교육이 시작되었음을 알렸다.(김재현, 2015; 이병태, 2015; 허지향, 2018). 철학과의 기본 과목은 철학, 철학사, 윤리학, 심리학, 종교학, 종교사, 미학, 미술사, 교육학, 교육사, 지나철학, 사회학 등으로 1945년까지 이러한 체제가 유지되었다(이기상, 2002).

경성제대의 철학전공 개설은 일종의 지성사적 전환을 의미한다. 이전과는 사뭇 다른 학문 및 지식체계가 자리 잡게 된 것이다. 유학 기반의 학문세계, 유학적 정치, 유교적 도덕과 관습이 일제히 몰락하거나 주변부로 밀려나며 인간과 사회, 자연과 우주에 대한 통찰에 일종의 표준이 되는 방법과 내용은 이제 근대 대학과 대학의 철학과가 규정하게 된다. 이제 대학에서만 공인된 철학수업이 가능하게 되고, 대학 밖에서는 철학을 가르칠 자격과 학문적 권위 역시 획득 불가능하게 되었다. 그래서 철학은 근대교육 및 학문체제 내에서만 온전히 연구되고 전승된다. 대학이 철학의 유일한 장소가 된다.

옛 전통을 전격 대체한 철학과 그 체계는 확고해져서 기본적으로 서구적인 내용과 방법론을 가지고 전개한다. 이관용, 안호상, 채필근, 한치진 등 1920년에 이미 유럽과 일본, 미국 등지에서 철학을 공부하고 돌아온 이들도 있지만, 대개는 '일본'의 스펙트럼을 통과한 철학이 새로운 전통이 된다. 신남철, 박치우, 박종홍 등 해방 이후 한국철학계에 큰 영향을 미친 인물들도 모두 경성제국대학 철학과에서 일본인 교수의 지도를 받는다. 철학은 일본이라는 창으로 보고 받아들여

교재, 커리큘럼 등 모든 영역에서 아직까지도 그 영향에서 자유롭지
못하다. 우리에게 전해지고 알려진 철학서들은 상당수가 일본인 번
역본을 중역한 것이거나 국내 철학자연구자의 저서로 알려진 책도
일본인 저자의 편역서인 경우도 적지 않다.

일본이라는 창으로 수용된 '철학'은 독일을 비롯한 특정 지역 편중
현상이 두드러졌는데, 이런 편향은 해방 이후 상당한 기간 지속된다.
이때의 철학을 데칸쇼 철학이라 부르기도 했다.

강영안의 지적처럼 근대전환기와 일제강점기에 걸쳐 배우고, 가르
치고 이어간 '철학'은 한마디로 서양 철학이다. 문제의식과 문제제기
방식, 그것을 표현하는 언어와 사고, 글쓰기 방식이 서양철학의 모범
을 따른다. 대학에서 철학을 전공으로 공부한 사람들은 비록 어릴
때 한학을 했다 하더라도 다루는 문제나 서술 방식은 완전히 '철학'을
그대로 따르는 것이다. 한국 철학의 1세대로 불리는 일제강점기의 철
학전공자들은 물리학, 수학이 서양에서 도입된 새로운 학문이듯이 철
학도 완전히 새로운 학문이었다(강영안, 2003).

4. 한국근대전환기 철학교육의 메타모포시스 현장

서양철학의 한국수용과정에 대한 연구는 1960년대 박종홍, 조희영,
박영식 1970년대 조요한의 연구부터 현재 양일모 등의 연구까지에
이른다. 그 가운데 이기상, 허남진, 허지향의 연구는 경성제대를 주
연구대상으로 삼은 것들이다(이기상, 1995; 허남진, 1998; 허지향, 2018).
기독교는 근대전환공간에서 교육 특히 고등교육에 앞장섰다. 대한제

국기와 일제강점기의 평양 숭실, 이화, 연희, 세브란스의 역할을 무시할 수 없다. 평양 숭실은 1906년부터 대학교육을 시작하였고 인문중심의 자유교양교육을 실시하였으며, 교과영역을 자연과학부, 수학부, 성경 및 윤리학과, 역사학부, 물리·화학부로 나눠 진행하였다. 조요한은 미국인 선교사 번하이젤의 철학 강의에 대해 소개하고 있다(조요한, 2005). 이것은 많은 연구에 있어 구체적 자료를 인용하지 않은 채 본격적인 철학교육보다 일찍 시작된 것으로 기술하고 있다. 1910년 숭실대학 요람의 1909~1910년 교과과정표를 보면 '인문과학(Moral And Mental Science)'에 대한 교육을 단지 1학년과정에 그치는 것이 아니라 4학년까지 이뤄지고 있다는 것을 알 수 있다. 1학년은 윤리학 또는 도덕철학 3학점, 2학년은 정치·경제 또는 교육학 3학점, 3학년은 논리학 2학점, 4학년은 심리학 3학점을 이수해야했다. 또 1913년 숭실대학 편람에는 철학과목담당교수로 번하이젤(C. F. Bernheisel, 편하설)을 소개하고 있고, 구체적으로 담당한 과목은 철학, 논리학, 기독교사회학 근대사이다. 그에 앞서 스미스(W. E. Smith, 심익순)은 심리학과 윤리학을 가르쳤다. 교과과정이 조정되어 '인문과학' 과목으로 1학년은 기초 심리학과 교육학 3학점, 2학년은 윤리학 2학점, 3학년은 논리학 3학점, 종교철학과 기독교사회학 3학점, 논어 2학점, 4학년은 심리학 3학점, 철학 3학점을 수강해야 했다. 번하이젤은 1919년 평양사립숭실대학일람표 직원일람에는 철학 역사 성경을 담당하고 있다. 1919년 교과과정 수정으로 문학과, 이학과, 실업과로 나뉜다. 문학과의 철학 과목은 1학년 논리, 2학년 심리, 3학년 도덕학, 4학년 철학사이고, 이학과와 실업과에서는 2학년 때 심리학을 배웠다. 과정번호표 철학관련 부분은 철학과 교육학을 묶어서 설명하고 있다. 과정번호표는 과정 번호, 과정, 학년, 학기, 매주시수, 시수합계, 비고 등으로 구성되어 있다. 논리학(601)은 1학년 1(3학점), 2학기(2학점) 총 5학점을 이수해야 하고 교육 내용은 귀납법과 연역법이다. 심리학(605)은 2학년 1(3학점), 2(3학점), 3학기(3학점) 총 9학점을 공부한다. 도덕학(610)은 3학년 1학 기(2학점), 2학기(2학점), 3학기(2학점) 총 6학점을 수강한다. 그 내용은 도덕의 원리와 실용을 공부하고 선결문제는 605호과목이다. 철학역 사(610)는 4학년 1학기(2학점), 2학기(2학점), 3학기(2학점) 총 6학점을 이수하게 되어있으며 논리학과 심리학을 선수해야 한다고 소개하고 있다. 이 자료들에 근거하면 최소한 평양 숭실의 철학교육은 논리학, 심리학, 도덕학, 철학사로 진행되었고 총 26학점을 이수했음을 알 수 있다. 또한 1934년의 교과과정에 의하면 논리, 심리학, 윤리학, 동양 철학, 철학사 등의 교과목이 등장한다. 이것으로 미루어 평양 숭실에 서의 철학교육의 수준이 단순히 교양수준에 머물렀다기보다 본격적 인 철학교육이 이루어졌다는 점에 주목할 필요가 있다.

　　근대전환기 평양 숭실 철학교육의 모습은 숭실 교수와 학생들의 학술활동에서 발견할 수 있다. 미국선교사 번하이젤은 10여 년간 논 리학과 철학을 가르치면서 정리해서 『論理略解(논리략해)』(1920)[4]를

4　번하이젤(Rev. C.F. Bernheisel, A.B. A.M)은 숭실대학(Union Christian College)의 철 학과 논리학 교수로 봉직하면서 Hyslop의 *Elements of Logic* 을 참고하여 10여 년을 논리학을 가르치면서 정리하고 다른 자료를 참고하여 *The Elements of Logic* 『논리략 해』를 1920년 일본 요코하마 복음인쇄하자회사에서 인쇄, 출간하였다. 김태완이 이 책을 현대어와 해제를 하여 2017년 숭실대학교 한국기독교문화연구원에서 펴냈다. 여기서 역해자 김태완은 이 책을 "서양의 과학적 학문이 동아시아 세계에 이식되어 정착해 가는 과정에서, 서학서적의 비체계적, 개별적 소개를 넘어서 본격적인 도입의 시작을 나타내는 중요한 저작이다."라고 소개하고 있다(김태완, 2017, vi).

평양숭실대학의 교재로 출판하였다. 번하이젤에 이어 철학교수로 활
동한 이는 채필근인데 그는 일본 동경대에서 철학공부 한 뒤에 자신
의 모교인 평양숭실대학에서 철학교수로 활발한 활동을 하였다. 그
는 1926년『숭실활천(崇實活泉)』에「東西洋民族의 特性比較」을 기고
하고, 또 1933년『崇實(숭실)』「사상계의 팟쇼적 경향」등을 게재하기
도 했다. 또한 학생의 글로 추측되는 1917년『숭실학보』고봉생(高峰
生)의「철학개론」[5]은 숭실에서 철학교육이 외래 사상의 단순히 이식
에만 그치지 않고, 수용과 변용의 모습을 모인다고 할 수 있다.

평양 숭실의 철학교육의 흐름은 근대전환공간의 인문학의 메타모
포시스를 잘 드러내준다고 할 수 있다. 이러한 모습은 교수들의 면면
을 살펴보면 잘 드러난다.

숭실에서 철학교육의 첫 번째 특징은 미국인 선교사들이 외래사상
을 직접 이식하고 있다는 것이다. 첫 철학교육은 1910년 윤리학을
가르쳤던 윌리엄 마틴 베어드와 그를 이어 윤리학을 강의했던 프린
스턴대학 석사 출신의 스미스, 1910년대와 1929년까지 철학 주임 교
수를 하였던 번하이젤[6]로 이어졌다.

두 번째 특징은 이들은 영어나 한자로 강의한 것이 아니라 베어드
의 교육정책 때문에 한국어로 강의했다는 데 있다.

숭실의 철학교육의 세 번째 특징이자 중요한 점은 그 속에 메타모

---

5 고봉생의「哲學槪論」에서는 1. 철학개론과 그 임무 2. 철학의 심리적 기원을 다루고
  있다.
6 번하이젤에 대한 연구서와 자료는 곽신환,『편하설-복음과 구원의 글로벌화』, 숭실
  대학교 한국기독교문화연구원, 2017; 편하설, 김태완 역해,『논리략해』, 숭실대학교
  한국기독교문화연구원, 2017; 편하설, 김인수 옮김,『편하설 목사의 선교일기』, 쿰란출
  판사, 2004 등이 있다.

포시스적 요소가 있다. 그것은 미국인 선교사들에게 철학교육을 받고 일본 동경대에서 철학을 공부한 채필근의 철학강의와 일본인 교수들로 구성된 경성제대 철학과 출신인 박치우의 철학 강의이다. 채필근은 이 일본 동경대에서 철학을 전공한 후 돌아와 철학교수로 1926년부터 1938년까지 봉직하며 철학시간에 현상학 당시 유행하였던 유럽철학 등을 강의한 것으로 알려져 있다. 이것은 일종의 서양철학의 이식과 일본 유학을 통한 변이가 발생한 것이라고 할 수 있다. 그리고 한국철학의 1세대라고 불리는 박치우가 1933년 경성대학 철학과를 졸업하고 1934년부터 1938년까지 철학을 담당하였다. 황성수는 "경성제대 출신의 수재인 박치우 교수 아래서 철학을 배웠다. 특히 숭전 1학년 하기방학 동안에는 하이데거의 존재학과 씨름을 하였고 그 후 키에르케고르의 실존철학에 도취하여 왔다(황성수, 2017)"고 회고하고 있어 당시의 철학교육의 한 단면을 살펴 볼 수 있다.

숭실의 철학교육 현장의 특징은 외국인 교수로부터 시작된 서양철학교육이 그들에게 교육받고 일본으로 유학을 다녀온 제자가 다시 교수로 활동하면서 한국에서 시작된 분과학문으로서의 철학 전공자를 철학교수로 임용하여 나타나는 서양철학 수용의 모습은 근대전환공간의 인문학의 메타모포시스적 양태를 잘 드러낸다고 할 수 있다.

5. 근대전환기 철학교육의 메타모포시스

서양어 'Philosophy'가 번역어 '철학'으로 수용되는 과정과 평양 숭실대학에서 실시된 철학교육과정에서 외래사상의 수용이 이식, 수용

변용의 모습을 띤다는 것에 주목하였다. 특히 외국인 선교사, 일본 유학생, 경성제대 출신 교수로 이어지는 모습은 근대전환기 메타모포 시스의 한 유형으로 나타난다. 이 글은 서양학문 즉 철학 수용과 교육 의 특성을 고려하여 번역어로서의 철학의 수용기의 특성을 설정하고 한국에서 철학교육의 시작과 그 양태를 분석하여 고착되어 있는 한 국에서의 서양철학의 수용과 교육과정을 보다 다양한 연구할 수 있 도록 미 공개된 기초 자료를 소개하였다. 하지만 소개된 자료만으로 는 근대전환공간에서의 이질적 문화의 수용과 변용 과정의 새로운 패러다임을 제시하는 데 한계가 있으며, 번하이젤, 채필근, 박치우로 이어지는 평양 숭실의 철학교육과정 또는 그들의 학술활동에 대한 심화된 연구로 이어지기가 어렵다. 그렇기 때문에 이들에 대한 구체 적인 자료 발굴과 아울러 번하이젤과 『논리략해』, 채필근의 철학관 련 각종자료 분석을 통한 철학교육, 박치우의 평양 숭실 교수 재직 시의 글을 구체적으로 분석한다면 근대전환기 철학교육의 메타모포 시스 양상을 보다 선명하게 그려낼 수 있을 것이다. 향후 서양철학 전래와 교육에 있어 경성제대 중심이 아닌 다양한 교육기관에서 진 행된 철학교육과정과 교육자료들에 대한 연구가 이어져야 할 것이다.

교육철학과 윤리사상의 메타모포시스

숭실대 초기 선교사 교장들을 중심으로

박삼열

1. 초기 선교사들의 교육철학과 기독교 윤리

1876년 조약 체결 이후 문호를 개방하게 된 조선은 국제 질서의 흐름을 무시할 수 없음을 깨닫고 서구 열강들과 통상 조약을 체결해 나갔다. 하지만 조선 정부는 문호 개방의 결과 서양 종교가 유입되는 것을 원하지 않았다. 그 이유는 서양 종교의 윤리사상이 종래 민족 정서의 분열과 혼란을 초래할 것을 염려했기 때문이다. 그렇기 때문에 선교사들은 복음을 전하는 직접적인 포교가 아닌 우회적인 방식을 택하게 되었다. 조선이 원하는 시대적 요청을 구현하기 위해 교육과 의료사업을 제공하며 복음 전도를 꾀하게 되었다. 즉 조선의 시대적 요청과 선교사들의 의도가 모두 반영된 것이 근대화로 나타나게 되었다.

선교사들의 교육을 통해 전파된 기독교 윤리사상은 일제 식민통치기를 거치며 조선인의 계몽의 원리가 되었다. 당시 조선의 사회 윤리는 유교적 봉건 윤리이다. 태어날 때부터 부모로부터 물려받은 신분은 사회적 질서를 공고히 해 주었다. 사농공상의 철저한 신분제도가 유지되었던 사회를 향해 기독교는 평등을 제시하며 새로운 사회윤리의 패러다임을 제시했다. 명령과 복종이라는 계급 윤리를 기독교적 사랑의 윤리로 전환시킬 수 있었던 것도 초기 기독교 선교사들의 윤리사상이라 할 수 있다. 여권신장, 남녀평등, 사랑의 윤리는 대중적인 호소력을 높이며 기독교 사회윤리의 전파에 기폭제가 되었다. 특히 여성 운동을 일으키며 평등을 강조하게 된 것도 근대화의 큰 산물로 볼 수 있다. 아울러 선교병원이나 진료소를 통한 의료선교를 하며 삶의 질을 향상시키고, 고아원 설립과 같은 다양한 형태의 구제 사역을 통해 기독교 정신과 윤리사상을 실천하기도 했다.

기독교 선교사들이 조선에 들어와서 조선의 근대화 교육을 선도하며 많은 결실을 맺게 한 정신적 토대로서 교육철학과 기독교 윤리를 살펴보는 것은 기독교 선교사를 통한 조선의 근대화의 근원을 확인할 수 있는 가장 중요한 방법이 될 것이다. 이에 본 글은 숭실학당이 건립되어 폐교가 결정되기까지의 과정을 추적하며 숭실대학의 교장을 맡았던 선교사들의 교육철학과 기독교 윤리사상을 살펴보고자 한다.

2. 배위량과 숭실대학

1) 배위량의 기독교 신앙과 숭실학당 창립

배위량(W. M. Baird) 박사는 1891년 조선에 입국한 뒤, 부산과 대구에서 선교사역을 시작하고, 서울을 거쳐 1897년부터 1931년까지 평양에서 선교사로 사역을 했다. 배위량이 소속된 미국 북장로교는 평양을 중심으로 선교활동을 확장해 나갔다. 배위량 선교사는 평양에서 교회를 개척하여 복음전도에 힘썼을 뿐만 아니라 학교를 건립하고 운영하는 교육사업도 왕성하게 펼쳐나갔다.

배위량이 입국한 1891년 2월은 조선은 내적으로는 개혁을 위한 몸부림이 시작하였고, 외적으로는 제국주의의 침략으로 진통을 겪고 있었다. 열강의 침략 속에서 배위량은 한국 사회에 대해 "한국은 이제 문명화에 고개를 돌리고 있습니다. 한국인들은 이제 막 새 생명의 맥박을 느끼기 시작하고 있고 커다란 변화가 임박했다"[1]고 평가한다. 배위량은 한국사회가 새로운 변화와 새로운 생명에 대한 기대와 설렘이 가득 차 있다는 사실에 주목했다. 그리고 다가올 미래를 준비하는 자세가 미래를 결정할 동인으로 판단했다. 배위량은 한국사회에 휘몰아칠 새로운 변화에 대처하기 위해 먼저 해야 할 일은 대학의 설립으로 판단했다. 왜냐하면 대학의 교육을 통해 제국주의 열강들의 침략으로부터 자립할 수 있는 힘을 기를 수 있을 것이라고 생각했기 때문이다. 배위량은 "교육을 받은 한국인 지도자들 없이는 커다란

---

1 William. M. Baird, 김용진 옮김, 「1895년 3월 13일, 엘린우드 박사 귀하」, 『윌리엄 베어드의 선교편지』, 숭실대학교 한국기독교박물관, 2017, 38쪽.

오류의 속박에서 벗어날 수가 없다"[2]고 말한다.

배위량은 일본이 "한국에 들어온 이후 교육을 받은 일본인들이 한국에 반선교적이고 반기독교적인 영향력"을 행사할 것을 크게 염려했다. 따라서 학교를 설립하고 교육을 해야 하는 가장 큰 이유는 '반선교적이고 반 기독교적인 영향력'에 맞서 싸우기 위해서라고 볼 수 있다.[3] 실제로 배위량은 보수적인 미국 중서부의 엄격한 분위기에서 성장했기 때문에 일본의 반기독교적인 정서에 큰 충격을 받기도 했다.[4] 이러한 배위량의 보수적인 성향은 학교 부지를 결정하는 데 결정적인 영향을 미치게 된다. 먼저 학교를 설립할 때 부지는 "붐비는 지역" 또는 "자율적 교육"[5]이 방해를 받는 곳은 피해야 한다고 말한다. 궁궐이나 공관이 있는 서울은 기독교 교육을 완성해 나가는 데 걸림돌이 될 수밖에 없다. 배위량의 이러한 보수적인 성향을 성과 속을 엄밀하게 구분하는 이원론이라고 판단하기는 어렵겠지만 기독교 학교의 정체성을 잘 드러내는 대목으로 볼 수 있다. 기독교 교육은 세속과 완전히 분리하여 진행할 수 없을지라도 가능한 방해를 받지 않는 곳에 학교 부지를 결정해야 제대로 진행될 수 있다고 생각했다.

이러한 생각은 1912년 제기된 기독교연합대학 설립에서도 분명히 드러난다. 기독교가 전래되어 선교를 시작한 후 10만 명이 넘는 기독교 신자를 보유하게 되었고, 배위량이 부임한 평양에만 100여개 이상

2 위의 책, 70쪽.

3 위의 책, 15쪽.

4 Richard Baird, 숭실대학교 뿌리찾기위원회 역주, 『윌리엄 베어드』, 숭실대학교 출판국, 2016, 31쪽.

5 William. M. Baird, 김용진 옮김, 앞의 책, 72쪽.

의 초등학교와 기독교 중등학교가 설립되었다. 이러한 상황에서 하나의 기독교연합대학을 서울에 설립하느냐 평양에 설립하느냐에 대한 '대학문제'가 제기되었다. 보수적인 신앙을 가지고 있었던 배위량은 평양에 설립할 것을 주장하지만, 선교본부는 서울에 설립할 것을 결정하게 되었다. 하노버대학 출신인 배위량은 평양에 보수신학과 보수신앙의 뿌리를 내렸다. 배위량은 1897년 평양에 장로교와 감리교가 연합하여 숭실 학당을 설립하였고 1905년 숭실대학으로 인가를 받았다. 배위량은 '대학문제'로 선교본부와 갈등을 빚었다. 보수적인 신앙을 가지고 있었던 배위량은 보수적인 기독교 교육을 주장하지만, 감리교의 언더우드와 애비슨은 선교본부와 함께 세속을 포괄하는 기독교 교육을 지향하며 대립했다. 1914년 선교본부는 세속학문을 포괄하는 조선기독대학인 연희대학을 서울에 설립할 것을 결정했다. 사실 배위량은 선교본부가 "서울에 대한 경제적 이익과 투자 때문에 서울 이외의 장소는 고려하지 않고"[6] 있다는 사실을 알고 있었다. 서울은 세속적인 도시이기 때문에 교육 사업의 중심이 될 수 없다고 생각한 배위량 입장에서 볼 때 이런 태도는 진정한 기독교 정신에 부합하지 않는 현실 타협으로 생각할 수밖에 없었다.

배위량이 볼 때 대학문제의 핵심은 평양과 서울 양자택일의 문제만은 아니었다. 평양에서 양성되는 학생과 서울에서 양성되는 학생의 특징을 결정짓는 중요한 문제이다.[7] 배위량은 세속적인 서울보다

---

6 위의 책, 235쪽.

7 김명배, 『현상과인식』 41:4, 한국인문사회과학회, 2017, 200쪽. 김명배는 대학 문제를 장소, 선교와 교육방법, 교육정책 결정권한, 한국선교회 내의 문제 등 4가지 쟁점으로 정리하고 있다.

도 더 복음적인 평양이 기독교 인재상에 부합한 교육을 실시할 수 있다고 판단했다. 뿐만 아니라 배위량은 신앙 양심과도 위배되는 사실로 받아들인다. 당시 배위량은 선교 리포트에서 "저는 쓸모없는 다툼의 중단을 갈망합니다. 만일 선교위원회로부터 온 최근의 편지에 적혀진 수순대로 일이 진행된다면 교육 사역의 미래는 분명히 제가 양심을 걸고 협조할 수 없는 노선을 따라가게 될 것입니다."[8]라고 기록을 하고 있다. 당시 평양의 기독교 신학은 대체로 보수적인 성향이 더 강했기 때문에 배위량을 지지했지만, 결과는 사기와 흥미를 잃게 되는 것[9]으로 끝나게 되었다.

배위량의 보수적인 신앙은 신사참배 문제에서 다시 한 번 잘 드러난다. 연희대학을 중심으로 언더우드와 애비슨은 신사참배를 허용한 반면, 배위량과 평양숭실대학은 신사참배를 거부하였다. 1910년 경술국치 이후 배위량의 교육에 영향을 받은 평양의 분위기는 민족주의 항일 운동의 방향을 띠게 되었다. 배위량은 반제국주의자는 아니지만 무엇이 옳고, 무엇이 그른지에 대해서 자신의 신앙의 관점에서 분명한 기준이 있었다. 연희대학은 신사참배를 비종교적인 애국행위라고 말하는 일본의 입장을 수용하여 신사참배를 했고, 그 결과 학교를 유지할 수 있었다. 하지만 배위량은 신사참배는 신앙 양심에 위배되는 우상숭배일 뿐만 아니라 기독교 윤리에도 위배되기 때문에, 신사참배를 한 지도자가 교회의 지도자가 되어서는 안 된다는 단호한

8 William M. Baird, 김용진 옮김, 『윌리엄 베어드의 선교 리포트 II』, 숭실대학교 한국기독교박물관, 2016, 31쪽.
9 William. M. Baird, 김용진 옮김(2017), 앞의 책, 239쪽.

입장을 보였다.

2) 배위량의 교육철학과 윤리사상

배위량은 교육의 필요성에 대해 선교 리포트에서 다음과 같이 기록하고 있다.

옛날의 한국에서 다소간 불투명하지만 새로운 한국으로 변화하는 이 시점에서 한국의 젊은이를 위한 이 교육 사역이야말로 우리의 삶을 바칠 만한 가치가 있는 그 어느 것보다 가장 전망이 밝고 중차대한 사업이라는 것입니다. 저는, 새로운 한국은 진지하고 적극적인 자세를 가진 교회가 가르치는 그리스도의 복음에 의해서만 구원을 받을 수 있다고 굳게 확신합니다. 이 교회의 지도자들은 하나님과 자신의 소명 앞에 헌신할 것을 다짐한, 교육받은 강인한 사람들이며, 성령의 세례를 받아서 자기 민족을 위해 자기희생적 삶을 사는 사람들이기 때문입니다.[10]

배위량은 당시의 한국 사회는 변화하는 시점에 서 있고, 사회의 변화를 위해 가장 중차대한 것이 교육임을 강조한다. 그는 교육이란 복음으로 자기 민족을 위해 자기희생적 삶을 사는 지도자를 양성하는 것임을 천명하고 있다. 기독교 교육을 통해 교회와 민족을 위해 일할 수 있는 지도자를 양성해야 사회가 변화할 수 있다는 것이다.

배위량의 교육철학의 핵심은 1897년 8월 말에 열린 연례회의의 교육정책 서론에 잘 드러난다.

---

10 William M. Baird, 김용진 옮김, 『윌리엄 베어드의 선교 리포트 I』, 숭실대학교 한국기독교박물관, 2016, 201쪽.

모든 학교에서 다음과 같은 두 가지 주요 정신은 유지되어야 한다.
(1) 학교의 주요 정신은 유용한 지식을 다양한 분야에서 교육하고, 따라서 현실 속의 다양한 의무와 책임을 다하는 학생들이 되게 한다.
(2) 학생들에게 종교적이면서 영적인 영향력을 끼치는 것이 학교의 가장 중요한 일이다.
(3) 미션스쿨의 주목적은 현지교회들과 그 지도자들이 자기 민족 속에서 기독교사역을 왕성하게 할 수 있도록 발전시키는 데 있다.[11]

(2)항과 (3)항을 보면 배위량의 교육철학을 분명히 볼 수 있다. 기독교 교육을 통해 학생들에게 "종교적이며 영적인 영향력"을 끼치는 것, 그리고 종교적이며 영적인 영향력을 가진 사람들이 자신의 민족에게 종교적이며 영적인 영향력을 드러내는 사역을 감당하도록 교육을 해야 함을 강조한다. 학생들에게 종교적이며 영적인 영향력을 심어준다는 것은 학생들이 기독교적 인간으로 성장할 수 있도록 양성한다는 것을 의미한다. 배위량의 기독교 교육의 궁극적인 목표는 바로 영향력 있는 기독교인의 양성이라고 볼 수 있는 것이다. 이것은 배위량 선교 사역 전체에 지속적으로 용해되어 있었다.

당시 한국사회는 소학교를 비롯한 기독교 초등학교가 증가하였지만 중등교육기관이 부족한 실정이었다. 배위량은 중등교육기관의 필요성을 자각하고 중등교육기관 설립을 추진하였다. 배위량은 1897년 10월 10일 평양에서 자신의 사랑방에서 중등학교 교육반을 시작하였고 숭실학당으로 발전하게 되었다. 숭실학당의 첫 졸업생이 배출되면서 상위의 고등교육기관에 해당하는 대학을 설립해야 한다는 요청

---

11 Richard Baird, 앞의 책, 220쪽.

이 평양에서 대두되었기 때문에 배위량은 고등교육기관 설립을 추진하였다. 1905년에 평양지역 장로교회의 염원이었던 대학부를 설치하여 대학교육과정을 시작하고, 1906년에 기독교연합대학(The Union Christian College)인 합성 숭실대학이 정식 조성되었다. 이에 앞서 배위량은 1905년 감리교 내한 선교부 연례회의에 참석하여 대학교육에 연합할 것을 제안하고, 감리교가 배위량의 제안을 수용함으로써 장로교와 감리교가 연합으로 운영하게 되었다. 그리고 1908년에 대한제국 정부는 숭실대학을 최초의 4년제 대학으로 인가를 내 주었다.

1900년에 전교생이 30명에 불과했던 숭실학당은 1905년에 102명, 1910년에는 498명으로 증가했다. 숭실대학은 1908년에 학생 수가 18명이었고, 첫 졸업생을 배출한 1910년에는 학생수가 54명이었다. 1912년에 장로교회는 총회를 조직했고, 교세가 확장되어 10만 여명의 교인과 전국에 총회 산하 노회가 조직될 정도로 크게 성장했다. 평양에서 시작된 배위량의 교육은 서북지역 전체로 확장되어 서북지역에 100여개 이상의 초등학교가 설립되었다.[12] 이것은 평소에 배위량이 생각하고 있었던 "저는 한국인 교회의 성장이 조사, 설교자, 교사 그리고 총명한 기독교 평신도들을 훈련시킬 목적으로 우리의 교육 사역이 발전되고 통합되기를 원한다고 믿었습니다."[13]라는 신념이 실현된 것으로 볼 수 있다.

배위량은 평양에 기독교 중등학교의 붐을 조성했으며 우리나라 최초의 근대대학인 숭실대학의 설립자(재임기간 1897~1915)이다. 숭실대

12 임희국, 『평양의 장로교외와 숭실대학』, 숭실대학교 출판국, 2017, 80쪽.
13 William M. Baird, 김용진 옮김(2017), 앞의 책, 70쪽.

학은 한국근대 교육의 효시이며, 배위량은 선교사업과 한국 교육의
근대화의 장본인이라 할 수 있다.

3) 배위량 교육과정에 나타난 기독교 윤리

숭실대학 교육과정을 선정할 때 배위량은 자신의 신앙노선을 잘
반영할 수 있도록 했다. 먼저 마티어 박사의 원칙을 수용하고 자신의
생각을 추가한다. 배위량은 1899년 교육 보고서에서 "마티어는 "우리
미션 스쿨은 기독교적이어야 하고, 자국어를 사용하며, 철저해야 합
니다."라고 말했습니다. 여기에 '나는 학교는 학생들의 환경에 맞지
않는 교육을 피해야만 합니다.'를 추가하고 싶습니다."[14]라고 말한다.
미션 스쿨이 기독교적이어야 한다는 것을 실천하기 위해학교를 설립
할 때 학생들이 속세에 유혹받지 않는 기독교적 정신이 스며있는 장
소를 선택했을 뿐만 아니라 기독교적 정신을 가지고 있는 학생들을
선발하고 교육시켜 나갔다.[15] 그리고 성경공부를 필수과목으로 지정
했다. 기독교 학교는 기독교적 인격을 함양하고 기독교 윤리에 부합
하는 지도자를 양성하고, 이런 지도자들이 교회와 민족의 지도자가
되어야 하기 때문에 성경공부를 필수과목으로 지정하여 매일 공부할
수 있도록 했다.[16] 그리고 성경공부를 필수로 지정한 또 하나의 이유
는 비기독교인들이 기독교학교에 관심을 갖지 않게 하기 위함이다.
기독교인과 비기독교인의 분리를 시도함으로 기독교 교육의 정체성

---

14 Richard Baird, 앞의 책, 244쪽.
15 William M. Baird, 김용진 옮김(2017), 앞의 책, 119쪽.
16 Richard Baird, 앞의 책, 246쪽.

을 확립했다고 평가할 수 있다.

배위량 교육과정의 또 하나의 특징은 모국어의 사용과 한문의 강조이다. 배위량은 감리교 선교회가 영어교육을 실시하는 정책을 펼친 것과는 대조적으로 기독교학교에서 영어교육을 실시하는 것을 반대했다. 영어 교육을 시행해서 비기독교인들에게 관심을 사는 것보다 모국어를 사용하여 기독교인들을 가르치는 것이 더 순수한 의미의 기독교 교육이라고 판단한 것이다. 마지막으로 학생들의 환경에 맞는 교육을 하기 위해 자조부를 설치하고 운영한다. 당시 학교를 다니는 것은 경제적으로 형편이 어려웠던 시기이기 때문에 쉽지만은 않았다. 배위량은 학생 스스로 학비를 조달하는 것을 중요하게 생각했다. 그뿐만 아니라 교육을 받은 학생들은 자립할 수 있는 훈련을 학업을 수행하며 동시에 진행할 수 있는 기회가 제공되었다.[17] 학생들은 스스로 일을 해서 학비를 조달하기 위해 정원일, 새끼줄 꼬기, 비누 만들기, 빗자루 만들기, 제혁, 목수일, 재단일, 책 제본[18]과 같은 일을 했다. 학생들은 일과 학업을 병행해야 하기 때문에 커리큘럼도 오전에 공부하고 오후에 일을 할 수 있도록 조정하며 학생 환경에 맞는 교육을 했다. 배위량은 숭실대학의 수업 연한을 4년으로 정하고, 성서, 수학, 물리학, 자연과학, 역사학, 인문과학, 어학, 변론, 음악을 교과목으로 규정했다. 1912년에 자연과학과 사회과학 분야의 과목들을 추가로 개설하면서 대학의 교과과정의 기틀을 갖추었다.

배위량의 보수적인 신앙의 노선은 평양의 기독교 초기뿐만 아니라

---

17 William M. Baird, 김용진 옮김(2017), 앞의 책, 71쪽.
18 Richard Baird, 앞의 책, 247쪽.

기독교 교육의 초창기에 잘 구현되어 결실을 맺었다. 배위량의 헌신
으로 1915년에 숭실중학은 288명을 졸업생을 배출하고, 이들 중에 94
명이 기독교 학교 교사로 활동하고 있었으며, 12명이 교회를 섬기는
교역자로, 그리고 42명이 대학 재학 중이었고, 19명이 해외에 진출한
결실[19]을 맺으며 교육의 근대화를 이끌었다고 평가할 수 있다.

3. 나도래와 숭실대학

1) 나도래의 교육철학과 기독교 선교

나도래(R. O. Reiner) 선교사는 1910년 한국에 도착하여 대구에서
사역을 시작하였다. 나도래 사역의 중심은 교육이었다. 그의 첫 사역
은 대구 계성학교에서 시작하였다. 나도래는 1910년 11월 1일부터
1911년 3월 1일까지 애덤스와 함께 사역했고, 애덤스의 사임 이후부
터는 홀로 모든 책임을 지고 학교를 운영해 나갔다. 나도래는 학교
사역을 해 나가며 학생을 가르칠 교사의 부족과 학생들이 사용할 교
재와 참고도서의 빈약함을 절감했다. 나도래는 이 부족함을 해결해
나가며 한국 교육의 미래를 설계하기 시작했다.

나도래는 사역의 초기부터 교육에 역점을 두었고, 1915년 4월에
숭실대학의 교장으로 취임한다. 숭실은 제 1대 배위량 교장을 시작으
로 2대 나도래 교장(재임 기간 1915.4~1918.3)이 부임하며 한국 교육 역

---

19 류대영, 「윌리엄 베어드의 교육사업」, 『한국기독교와 역사』 32, 한국기독교역사연구
소, 2010. 153쪽.

사의 산실로 부상하였다. 나도래 교육사상은 다음 세대의 숭실 후배들에게 많은 기회와 삶의 생생한 철학을 선물하였다. 나도래 교장이 숭실에 대한 열정과 한국 교육 선교에 대한 열정은 1915년 10월 14일 미국의 브라운 박사에게 보낸 편지에 잘 나타난다. 나도래 교장은 대구에서 교육의 경험을 숭실 양성의 밑거름으로 삼았다.

나도래는 학교의 재정충원과 학교 시설 확충이 이루어져야 후학을 양성할 수 있을 것으로 판단했다. 한국에서 학교의 설립 초창기였기 때문에 아직 기숙사의 필요성을 인식하는 사람은 많지 않았다. 하지만 나도래 교장은 기숙사의 확충은 장기적으로 볼 때 교육에 반드시 필요한 요소임을 확신했다. 기숙사 확충을 위한 노력은 교장 임기동안 지속되었다.[20] 그리고 나도래 교장은 기숙사 건립이 궤도에 오르자 전문 교육을 시행하기 위해 대학원 과정을 마련하고자 노력했다. 나도래는 미국식 교육 제도를 한국에 적용하여 대학 과정을 마친 이후 전문 교육을 시행하기 위해 대학원 과정 설립을 이사회에 요청 하였다. 한국의 교육은 대학과정과 대학원 과정을 진행한다면 더욱 전문화될 수 있다는 판단에 적극적으로 서구 교육 제도를 한국 교육제도에 접목시키고 실행하고자 노력했다. 나도래 교장은 학교 건물의 증축을 위한 노력도 진행했다. 나도래의 이러한 노력은 한국 교육의 단초가 되었을 뿐만 아니라 한국 미래 교육의 청사진을 제공한 것으로 평가할 수 있다. 나도래 교장은 건물이 증축되는 과정을 자세히 설명해주며[21] 서신의 수신자들에게 한국 선교와 교육의 목표를 달성

---

20 William M. Baird, 김용진 옮김(2017), 앞의 책, 270쪽.
21 R.O. Reiner, "Personal Report 1927-1928", p.43.

하고 있음을 보여주었다. 나도래 교장의 이러한 노력은 교장으로서
의 책임감을 넘어 한국에 대한 사랑과 한국 교육을 위한 열망이 현실
화 된 것이다. 나도래의 열정은 미국에 있는 선교 후원자들이 한국
교육의 절실함에 관심을 갖고 후원하도록 연결하는 가교가 되었다.

나도래 교장은 편지를 통해[22] 교육에 대한 열정과 선교 사역에 대
한 관심을 바탕으로 기숙사와 학습관 건물 건축에 주력했다는 사실
을 잘 보여준다. 이러한 사실은 나도래의 교육 철학은 교육을 위한
재정적인 기반을 갖추고 제반 시설 확충에 있다는 사실을 잘 보여준
다. 나도래는 한국 교육의 근대화에 가장 필요한 부분을 간파하고
교육과 선교의 불빛으로 채워나갔다.

2) 나도래와 숭실의 도약[23]

나도래는 교장으로 봉직하는 동안 숭실의 외형적인 도약에 앞장서
며 많은 업적을 쌓았다. 나도래 교장은 교장직을 수행하면서 학생들
을 가르쳤다. 1911년 주요 교수진은 배위량 교수(성경, 교육학 담당),
나도래 교수(수학, 영어, 교육학 담당), 편하설 교수(천문, 심리, 논리, 철학
담당), 모의리 교수(동물학, 식물학, 영어, 창가)로 구성되었다.[24] 제 1대
교장 배위량 박사에 이어 2대 나도래 교장, 그리고 3대 마포삼열 교장
에 이르며 교육의 전성기를 맞이했다는 점은 주목할 만하다. 2대 나

---

22 Loc.Cit., p.43.
23 박삼열, 「내한 선교사 나도래(R.O. Reiner)의 교육활동과 사상」, 『숭실사학』 37, 숭실
사학회, 2016, 175~203쪽을 참고하였음.
24 숭실대학교 100년사 편찬위원회, 『숭실대학교 100년사』, 숭실대학교 출판부, 1997,
151쪽.

도래 교장은 숭실이 보다 나은 대학으로 성장하기 위해서 숭실의 자산목록을 증가시키는 데 주력했다. 나도래는 학생들이 보다 쾌적한 환경에서 공부에 주력할 수 있도록 했다. 1917년에는 난방시설 완성, 대학 기자재 구비, 기계창설비 확충, 체육관 강당 마련, Graham Lee 기념 기금 기숙사를 마련했다. 그리고 1918년에는 중국인 교수 사택, 산업 농장, 천문관, 운동장을 구비했다.[25]

나도래는 한국 근대축구의 활성화에 앞장섰다. 「매일신보」에 따르면, 1915년 5월 20일 숭실학교 운동장에서 숭실중학과 숭실대학 연합운동회가 열렸다. 연합운동회는 30여 종목으로 구성되었으며, 사회 유지뿐만 아니라 많은 사람들이 참관했다. 연합운동회는 매년 개최되었고, 1918년에는 연합운동회에서 숭실대학 축구팀이 실업팀을 능가하며 관서지방에 이름을 알리기 시작했다. 1920년에 조선체육회가 설립되었고, 1924년에 관서체육회가 설립되었다. 1921년부터 조선체육회와 평양기독교 청년회가 주최하는 전조선축구대회가 열렸고 숭실대학의 축구부는 준우승을 차지하며 더욱 발전할 수 있었다.[26] 1922년 평양기독청년회 주최 제2회 전조선 축구대회에서 준우승을 하며 승승장구했다.

나도래 교장 재임기간 동안 「숭실학보」를 창간하고 발전시켰다. 1914년 10월부터 문학동인회가 구성되어 창작활동을 시작하였다. 1915년 9월에 「숭실학보」를 창간하고 나도래는 편집뿐만 아니라 발행인을 맡아 가며 15명의 직원과 함께 운영해 나갔다. 1916년 3월에

---

25 위의 책, 193쪽.
26 유영렬, 『민족과 기독교와 숭실대학』, 숭실대학교 출판부, 1998, 48쪽.

는 '국판' 「숭실문학보」에 문학동인회의 작품이 실리며 숭실의 문예 역사가 시작되었다. 1916년 6월에 「숭실문학」 제 2호가 출간되었다. 「숭실문학보」 분량이 45쪽에 이를 정도로 규모를 갖추어 나가며 숭실 본보의 기틀을 마련하기 시작했다. 「숭실학보」의 성장과 발전은 한국 신문학의 태동기에 촉매가 되었다. 한국 신문학의 태동은 1908년 「소년」지가 발간된 때부터 1919년 「창조」지가 발간될 때까지로 잡는다.[27] 한국 신문학 태동기에 문학사에서 「청춘」지는 중요한 의미를 갖는다. 「청춘」은 1914년 10월에 발간되었으며, 이때는 이미 숭실의 문학부가 조직을 이룬 때이다. 「숭실학보」는 문학부를 계승하여 한국 신문 발전에 기여하게 되었다.

숭실대학의 외형적인 성장의 결과 재적생 역시 급격하게 증가한다.

숭실대학 재학생수(1907–1915)[28]

연도	1907	08	09	10	11	12	13	14	15
재적생수	30	49	54	80	87	70	65	56	135

1907년에 비하면 재적생이 4배 이상 증가했으며, 1914년 대비해서도 2배 이상이 증가했다는 점은 나도래 교장 재직 당시 숭실이 도약하고 있다는 사실을 잘 보여주고 있다.

1916년 한국 최초로 밴드부 음악 전도대를 조직하였다. 음악 전도대는 전국 곳곳에 순회 음악 전도활동을 하며 선교뿐만 아니라 숭실

---

27 숭실대학교 100년사 편찬위원회, 앞의 책, 237쪽.
28 박정신, 『숭실과 기독교』, 숭실대학교 출판부, 2014, 109쪽.

의 위상을 알리는 계기가 되었다. 1917년 1월 1일 「매일신보」는 음악 전도대의 활약에 대해 아래와 같은 기사를 실었다.

> 숭실대학 교원 생도 약 20여 명으로 음악대를 조직하고 오랫동안 음악 연습을 하였는데, 근래에는 그 기예가 숙달되었으므로 이를 조선 각 도시에 파견하여 음악회를 개최하게 되었는데, 그 방문할 곳은 경성, 군산, 광주, 전주, 목포, 대고, 마산, 선천 등이오. …

숭실대학 음악 전도대의 활동은 나도래 교장 임기동안 절정을 이루며 한국 음악의 발전에도 기여한다. 음악 전도대는 근대 서양음악을 도입하고 대중들에게 알리며 음악의 대중화에 선도 역할을 담당했다. 뿐만 아니라 음악 전도대는 자선 음악회를 개최하여 기근과 같은 삶의 피폐화 속에 고통 받는 민족을 위로하고, 구제하는 사업을 담당했다.[29] 고통 받는 민족에게 음악으로 위로와 계몽과 자선 사업을 펼치는 활약은 한국 근대화에 필요한 역할이었다.

나도래는 1910년 한국에 도착하여 대구에서 선교사역을 시작하여 숭실대학의 2대 교장을 역임하며 한국 교육의 근대화와 선교를 위해 학교부지 및 시설 확충, 교회의 새로운 개척에 매진했다. 열악한 숭실의 교육현실을 보면서 재정을 마련하여 열악한 환경을 개선하는데 주력했다. 나도래는 한국의 교육현실을 미국에 있는 동역자들과 후원자, 선교단체에 호소하여 후원과 재정적 지원을 받았다. 그리고 숭실의 교육 여건을 개선하고 발전시키는 데 사용하였다. 나도래의 활

---

29 유영렬, 앞의 책, 43~44쪽.

약으로 숭실의 교육 개선되었을 뿐만 아니라 한국의 교육의 방향이
설정되었다고 할 수 있다.

4. 마포삼열과 숭실대학

1) 마포삼열의 교육철학과 기독교 윤리

마포삼열(Samuel Austin Moffett)은 1864년 미국 인디애나 주 매디슨
에서 출생했고, 하노버 대학에서 화학 학사, 과학 석사를 마치고 시카
고 맥코믹 신학교에서 신학을 공부하고, 1884년 배위량과 함께 미국
북장로교에서 목사 안수를 받았다. 마포삼열은 1890년 미국 북장로
교 한국선교회 선교사로 서울에 도착한 이후 1936년 미국으로 돌아
갈 때까지 46년간 한국 선교와 교육의 발전을 위해 헌신한 선교사이
다. 마포삼열은 1918년 4월 숭실대학의 3대 교장으로 취임해서 1928
년 9월까지 봉직했다.

마포삼열의 교육 철학은 〈전도의 전제 조건과 원칙〉이라는 글에
잘 나타난다. 마포삼열은 먼저 선교는 가장 중요한 일이며 교육은
이차적 중요성을 갖는다고 말한다.

> 교육, 문학, 언어, 과학, 역사와 자선 활동은 모두 중요하다고 주장한다.
> 그것들을 이차적이거나 부차적인 사안들로서 확실히 인식하거나 적절한
> 위치를 부여하지 않으면, 그것들에 독점적으로 드는 시간과 노력의 양으
> 로 인해 일차적인 사역을 대체하고 첫 번째인 것을 두 번째 자리에로
> 격하시키게 될 것이다.[30]

마포삼열은 교육도 중요하지만 전도가 더 우선되어야 한다는 점을 강조하며 자신의 교육 방향을 명확히 한다. 즉 신앙이 목적이 되고, 교육은 신앙을 전달하기 위한 수단이라고 강조한다. 따라서 대학의 설립과 대학의 교육 목적도 단순히 서구의 교육과 문명을 소개하는 것에 그쳐서는 안 되며, 교회를 세우고 기독교 교육을 해야 한다는 것이다. 한 사람 구원을 위한 전도가 선행되고 그리스도인다운 삶을 살도록 안내하는 기독교 윤리와 기독교 정신에 대한 교육이 마포삼열의 가장 우선된 교육철학이라 할 수 있다.

마포삼열의 두 번째 교육철학은 선교적 관점에서 교육기관의 확대를 강조하는 데 나타난다. '선교적 관점에서' 교육기관이 확대되어야 한다는 의미는 교육은 선교사역과 연동되어야 하기 때문에 선교적 관점에서 교육기관을 확대 해야 한다는 주장으로 해석할 수 있을 것이다. 더 나아가 교육기관의 확대를 위한 기금의 확보가 중요하다는 것을 강조한다. 그리고 교육기관이 확대됨에 따라 교육의 방향도 기존에 했던 것보다 "더 인문적 차원에서" 기독 청년들을 교육해야 한다고 주장한다. 마포삼열은 교육의 일차적인 목적이었던 전도를 통해 교회와 교회 구성원들이 어느 정도 규모에 이르렀다고 판단했기 때문에 교육기관의 발전과 교육 내용에도 내실을 기해야 함을 강조한다. 교육기관의 확대와 내실을 기하기 위해서도 하나의 원칙을 정한다. 그것은 선교회와 교회가 교육기관을 조정해야 한다는 것이다. 마포삼열은 "교육기관은 선교부와 관련 위원회가 직접 지명하고 임명한 이들로 구성된 사람들, 혹은 이 영역의 대표자들, 즉 선교부가 직

---

30 김선욱·박신순,『마포삼열』, 숭실대학교 출판부, 2017, 109쪽.

접 지명하고 임명한 이들로 구성된 사람들이 주도적으로 운영을 하여야 한다."[31]고 말한다. 교육기관에서 일하는 교직원이 기독교적 가치를 가지고 제대로 교육에 봉사할 수 있으려면 기독교적 훈련을 먼저 받아야 한다고 생각했다. 그러므로 선교회와 교회의 교육을 통해 선교사들의 에너지와 노력이 투입되어 먼저 교육을 시행해야만 한다는 것이다.

마포삼열의 교육철학 세 번째는 1927년 9월 15일자로 뉴욕의 국제선교위원회에 보낸 보고서에 잘 나타난다. 기독교 교육의 대명제를 제시하고 있다.

> 우리는 변화하는 시대에 살고 있으며 이러한 현대의 삶에 맞추어 변화된 조건에 적응하여야 할 필요가 있다는 것을 깨닫고 있다. 그러나 우리는 외국 현장의 경험에 비추어, 오늘날 이 세상에 필요한 것은 수세기동안 필요로 해 왔던 것과 동일하다는 것, 즉 우리 주 예수 그리스도가 십자가에서 돌아가심으로 우리가 죄로부터 구원을 받았고, 그 사건에 하나님께서는 죄에 빠진 세상을 위한 사랑을 보여주셨다는 것을 깊이 확신하고 있다. 하나님께서 변하지 아니하시는 것처럼 이 메시지도 변하지 않으며, 예수 그리스도는 어제나 오늘이나 영원토록 동일하시다. 인간의 죄된 본성은 변하지도 않았으며 인간이 죄에서 구원을 받아야 한다는 것도 변하지 않았다. 하늘 아래 어떤 사람에게도 구원을 이룰 다른 이름이 없다는 것은 여전히 진리이다. 교육은 인간의 마음을 변화시킬 수 없으므로, 교육은 교회를 세우며 예수 그리스도의 초자연적인 말씀의 능력을 통해 교회를 발전시키는 데 이차적인 중요성을 가질 뿐이다.[32]

---

31 위의 책, 31쪽.
32 위의 책, 34~35쪽.

기독교 교육은 초자연적인 말씀의 능력에 기초해야 한다는 점을 명시한다. 선교사로 현대를 살아가며 변화하는 시대적 요청에 어떤 입장을 취할 것이냐는 매우 중요한 문제였을 것이다. 선교사뿐만 아니라 시대를 공유하는 사람들에게 중요한 문제임에 틀림없다. 이에 대한 해답으로 마포삼열은 기독교 교육은 반드시 변화하지 않는 그리스도의 말씀으로 진행되어야 한다고 강조한다. 더 나아가 그리스도의 말씀에 기초해서 교회를 발전시켜야 하며 그리스도의 말씀에 부합한 윤리적 기독교인을 양성하는 것이 참된 기독교 교육임을 강조한 것으로 보인다.

2) 마포삼열과 숭실전문학교

마포삼열은 배위량과 협력하며 숭실대학과 관계를 맺었다. 1904년에 숭실학당의 첫 졸업생이 배출되고, 1905년 숭실학당이 정식대학으로 인정되는 과정에서 마포삼열은 숭실학당의 운영비용과 관련한 문제 해결에 도움을 주었다. 1904년 10월 20일 마포삼열은 브라운 박사에게 편지를 보내 부족한 교사들을 확보하고 급여를 적절하게 지불해야 함을 강조하며 해결을 요청했다. 그리고 1906년, 1909년, 1910년에는 교육 공간이 부족하기 때문에 확충해야 함을 브라운 박사에게 편지를 써서 알리며 교육 전면에 나서지는 않았지만 외적인 지원을 위해 앞장섰다.[33]

1918년 4월 2대 교장이었던 나도래가 사임하며 마포삼열은 숭실대학의 3대 교장으로 봉직했다. 마포삼열이 교장으로 봉직하는 동안 과

---

[33] 위의 책, 28~29쪽.

학관 건축과 '전문학교' 인가를 받았다. 숭실대학은 1905년 대학교육을 시작했고, 1906년에는 합성숭실대학으로 개교했고, 1908년에는 대학으로 정식 인가를 받았다. 하지만 일제는 〈조선교육령〉, 〈사립학교규칙〉, 〈전문학교규칙〉을 제정하여 사립학교를 탄압했고, 숭실대학도 숭실전문학교로 개편되었다. 일제는 식민지 교육 정책을 마련했다. 당시 총독부는 교육을 보통교육, 실업교육, 전문교육으로 구분했다. 보통학교는 현재의 초/중등학교 과정에 해당하고, 실업학교는 고등보통학교와 실업교육에 해당했고, 전문학교는 고등교육기관에 해당했다. 당시 대학교육에 대한 규정은 존재하지 않았다. 사립대학 탄압 속에 숭실대학은 1924년 전문학교인가원을 제출했고, 1925년 4월 1일부로 전문학교로 개편하게 되었다. 당시 총독부와 언론은 숭실대학이 전문학교로 승격했다고 보도했지만 사실상 대학이라는 위상을 빼앗긴 것이다.[34] 마포삼열은 1925년 8월에 휘트모어 목사에게 보낸 편지에서 숭실대학이 유지되어 한국 교회를 위해 제대로 교육받은 목회자가 세워져야 한다는 것을 강조했다. 마포삼열은 숭실대학이 유지되어야 한다는 확신을 가지고, 이 목적을 위해 새로운 교장이 나오기까지 최선을 다할 계획임을 말한다. 또한 많은 학교들이 정부의 방침을 지키는 과정에서 기독교의 고유한 특성을 포기하는 경향이 있음을 비판하며 철저하게 학교들이 기독교적으로 유지되어야 함을 강조했다.[35]

---

34 숭실대학교 120년사 편찬위원회 편저, 『민족과 함께 한 숭실 120년』, 숭실대학교 한국기독교박물관, 2017, 136~141쪽.

35 김선욱·박신순, 앞의 책, 279~280쪽.

5. 윤산온과 숭실대학

1) 윤산온의 교육철학과 기독교 윤리

윤산온(George S. McCune)은 1928년 숭실의 4대 교장으로 부임하여 1936년 2월에 해임될 때까지 7년간 숭실대학에 봉직했다. 윤산온은 교장으로 업무를 수행하는 동안 체육관을 건립하고, 농과를 신설하여 학교의 발전에 이바지하였다. 또한 신사참배를 거부하며 애국계몽 운동을 통한 민족의식 함양에 앞장섰다.

윤산온(1873~1941)은 1873년 미국 펜실베니아주 피츠버그에서 태어났다. 윤산온은 미주리 주 파크빌에 있는 파크대학에서 공부하고, 석사학위를 1903년 취득했다. 1905년에는 장로교 목사 안수를 받았다. 파크대학의 외동딸 헬렌 베일리 매카피와 결혼했다. 파크대학과의 인연은 윤산온의 신앙 노선을 결정하는 데 결정적인 영향을 미쳤다. 파크대학은 형편이 어려운 학생들이 일하면서 스스로 학비를 조달하여 공부할 수 있는 자조부(自助部)를 설립하고 있었다. 평양 숭실 전문학교는 파크대학처럼 노동을 중시하며 자조부가 있었기 때문에 윤산온의 철학과도 맥을 같이 했다. 윤산온이 1928년에 입국하여 1929년 6월에 숭실전문학교의 교장으로 취임한다.[36] 윤산온이 취임할 당시 동아일보 6월 14일자 기사에서 윤산온의 사람됨에 대해 다음과 같이 언급한다.

---

36 윤산온은 숭실대학의 교장으로 봉직하기 이전 이미 1909년부터 선천의 신성학교 교장으로 봉직한 적이 있지만, 이 글은 숭실대학 중심으로 논하기 때문에 이전의 내용은 다루지 않기로 한다.

그의 인격과 수완을 말하자면 그는 어느 때든지 활동적인 인물이다. 항상 쾌활한 웃음과 민첩한 동작을 구비하였고 사람들과 대화할 때는 모든 것을 잘 이해하며 특히 우리 조선청년을 상대할 때는 말이나 무엇에든지 적극적이다. 그리하여 상대한 사람으로 하여금 청쾌미를 가지게 하고 기쁘게 복종하고 따르는 마음에 품게 하는 인격의 소유자이다.[37]

윤산온의 성품은 먼저 민첩한 동작을 구비한 활동적인 인물이라는 점이다. 동아일보에 따르면, 그 당시 숭실대학은 숭실전문학교로 개편한 후 문과와 농과를 두고 청년을 양성하고 있었다. 이처럼 확장 계획을 가지고 있을 즈음 열정적이고 수완이 민활한 윤산온이 교장으로 취임하는 것에 대해 동아일보는 기대와 희망으로 평가한다. 윤산온은 숭실전문학교의 교장이 되기 전에 1909년부터 선천의 신성학교 교장으로 봉직하며 역량을 발휘했을 뿐만 아니라, 평양에서 배위량이 평양지역의 학교와 교회를 운영하는 일을 도우며 교육철학을 정립했다. 윤산온은 가장 "훌륭한 학교는 훌륭한 선생과 훌륭한 학생이 있는 학교"[38]이기 때문에 훌륭한 학교를 위한 환경 조성과 훌륭한 인재를 발굴하는 것이 제일의 교육철학이라고 생각했다. 윤산온은 3대 교장 마포삼열의 바람처럼 숭실전문학교를 종합대학으로 발전시키고 훌륭한 대학으로 만들기 위해 앞장섰다. 윤산온이 취임한 후 대강당, 기숙사, 행정 본관을 건축했다. 특히 대강당 겸 체육관은 자신이 직접 설계하여 1928년에 기공했다. 대강당은 음악회, 강연, 가극, 영화 상영뿐만 아니라 테니스, 농구, 탁구, 권투를 할 수 있는 당대 제일의 대강

---

37 곽신환,『윤산온』, 숭실대학교 출판국, 2017, 60~61쪽.
38 위의 책, 41쪽.

당이 되었다. 대강당은 숭실전문학교 뿐만 아니라 한국 기독교계의 주요 행사를 유치하여 진행함으로써 숭실전문학교의 위상을 높이는 계기가 되었다. 이것을 계기로 숭실전문학교의 학생수는 자연스럽게 증가하게 되었고, 기숙사의 증축으로 이어졌다. 1932년 개교 35주년 에는 행정 본관을 5층의 웅장한 본관으로 증축하게 되었다. 이러한 사실은 윤산온 교장에 이르러 숭실전문학교가 외형적으로 종합대학 의 기틀을 마련하며 도약할 수 있는 계기가 되었다.

윤산온의 훌륭한 학교를 만들기 위한 노력은 학교의 내실을 기하 는 것으로 이어진다. 건물을 증축하는 것을 넘어 농과와 공과 증설로 이어졌다. 농과는 기존의 실습 시험장을 활용하여 농과 강습소 실습 장을 개설하고 학생 모집을 시작했으며, 1931년에 정식으로 농과가 설치되며 농촌 운동을 선도하는 대학으로 자리매김 되었다. 윤산온 이 농과를 설립한 목표는 "조선농촌에서의 실제 지도자로 튼튼한 농 부가 될 일꾼을 양성하여 항상 농촌과 연락을 갖고자"하는 데 있었는 데 이것이 현실화 되었다고 볼 수 있다. 농과 설치를 계기로 숭실전문 학교는 농업 전문가를 양성하고, 농업 운동의 지도자를 양성하는 기 관이 되었다. 농과를 설립하고 이훈구를 농과과장으로, 류소, 모의리, 김호식, 김응룡, 명재억 등을 농과 교수로 보임하였다. 조선일보는 1931년 3월 8일자 사설에서 "숭실전문학교는 관공립이 아닌 사립 농 과전문으로 넓은 실습장, 좋은 시설, 권위 있는 교수들을 초빙하여 미래를 준비하고 있었으며. 기독교 선교사업이 시대적 요구에 부응 하여 물심병진정책을 펼쳤다."[39]라고 평하고 있다. 기독교 교육을 지

---

39 위의 책, 65~66쪽.

향하는 사립학교에서 농촌의 관리를 양성하는 것보다 농민 운동의 지도자를 배출하는 것이 좋다는 사회적 요구와 기독교 교육이 마음과 신앙에만 관심이 있는 것이 아니라 물질적인 세계, 즉 현실의 삶에도 많은 관심을 기울이고 있다는 사실을 보여주는 교육 정책의 결실이라고 볼 수 있다. 숭실(崇實)은 숭실학당에서 교육했던 한학자 박자중이 말한 것처럼 "진리의 숭상, 진실의 숭상"을 의미한다. 구한 말 무너져가는 조선 사회에 실사구시(實事求是)의 정신을 살려 참된 학문을 통해 시대를 구국하고자 했던 건학 이념에 부합하는 교육 정책으로 평가할 수 있을 것이다.

윤산온은 1929년 6월부터 일제 강점기 농촌의 계몽을 목적으로『농민생활』을 발행했다. 농업이 주업이었던 시대였기에 농민 계몽 운동은 실제로 국민 계몽 운동이라고 해도 과언이 아니다. 윤산온은『농민생활』창간호 머리말에서 "농촌이 망하여 가며 농민은 곤궁에 빠지게 되었습니다. 농촌에 남아서 농사하는 사람도 기회만 있으면 가서 자유노동이나 할까 하여, 농촌 백성은 실로 마음 부치고 살 길이 없게 되었습니다. 이것은 조선뿐 아니라 세계 각국이 다 이 같은 형편에 있는 줄 압니다. 그러므로 우리 같은 약한 처지에 있는 백성도 그 영향을 받도록 하고 구제하기 위하여 … 힘껏 손을 마주 잡고 일하여 봅시다."[40]라고 농민들을 격려한다. 단순히 농민의 격려에 그치지 않고 실제로 농업에 관한 학술적이고 실용적인 지식까지 전달하며 실질적인 농촌 계몽에 앞장섰다.

---

40 위의 책, 70쪽.

2) 신사참배 거부와 기독교 신앙 윤리

윤산온은 일본의 신사참배 강요 문제에 대해 매우 단호하게 반대의 입장을 고수했다. 1931년 9월 만주사변 이후 조선총독은 신도의식을 강화하기 위해 한민족에게 신사참배를 강요했다. 신사참배는 한민족에게 일본 천황의 조상과 일본의 전쟁영웅을 참배하도록 함으로써 한민족의 정신을 마비시키고 한국인의 기독교신앙을 파괴하려는 한민족말살정책이며 종교탄압정책이었다. 일본은 기독교학교에 신사참배를 할 것인지 아니면 폐교할 것인지를 결정하도록 강요했다. 천주교는 교황청의 결정에 따라 신사참배를 수용했고, 감리교도 총독부의 지시에 따라 감리교 산하 학교 학생들이 신사 참배를 수용함으로써 학교를 유지할 수 있었다. 하지만 장로교 선교회는 신사참배 거부방침을 결정함으로 장로교 산하 평양의 숭실중학, 숭실대학, 숭의여자대학은 1938년 신사참배를 거부하고 자진 폐교했다. 신사참배를 거부하며 발휘된 숭실의 정신은 다른 신을 경배하지 말라는 기독교 신앙과 식민지백성이지만 우리의 민족정신은 빼앗기지 않겠다는 민족의식, 그리고 그리스도인의 신앙 윤리라 할 수 있다. 윤산온은 신사참배 거부로 교장직에서 파면을 당했다. 신사참배 거부하며 폐교의 길을 걷게 된 숭실의 중심에는 윤산온이 서 있었다.

윤산온은 신사참배 문제에 대해 단호한 입장을 견지했다. 1935년 11월 14일 평남 도내 공립·사립 고등학교 교장회의에서 야스다케 도지사는 평양 신사참배에 참여하도록 강요했다. 평안남도 도지사는 참배를 거부한다면 단호한 조치를 취할 것이라고 압박하며 12월 20일을 기한으로 제시했다. 일본이 신사참배를 강요하는 목적이 동아시아의 지배권 및 동양을 제패하기 위한 목적이 있음을 윤산온은 간파하고 있었기에 더욱 단호했다. 신사참배를 수용하지 않으면 조선에 건립된 다수의 학교가 폐쇄당할 수밖에 없음을 또한 인지하고 있었다. 총독부는 종교의식이 아니라 국민의례이기 때문에 신사참배를 해도 아무런 신앙상에 위배가 되지 않을 것이라고 말했지만 윤산온은 다음과 같은 네 가지 이유로 거절한다.[41]

> 첫째, 신사참배는 분명히 종교적인 의미가 있다.
> 둘째, 대다수 사람들이 신사에서 예배가 드려진다고 생각하기 때문이다.
> 셋째, 기독교인들은 조상숭배는 하나님 앞에 죄악이기라고 생각하기
>   때문이다.
> 마지막으로, 하나님의 말씀이 금지하고 있기 때문이다.

윤산온은 "총독부와 관련된 이 일에서 하나님 앞에 순수한 양심을 지키게 되어 감사드립니다. 내가 취한 태도로 말미암아 치러야 할 댓가가 내 직위를 잃고, 한국에서 추방당하고, 한국에서 투옥되거나 암살을 당할 수도 있겠지만, 그래도 모든 이해를 뛰어 넘는 하나님의 평화가 나를 지켜주고 있습니다"[42]고 말한다. 윤산온은 개인의 신앙 양심으로도 학교장으로서도 신사참배를 받아들일 수 없었고, 학생들에게도 요구할 수 없었다. 이런 윤산온의 결연한 태도는 1936년 1월 18일에 숭실전문학교 교장에서 해임되는 사유가 되었다.

당시 윤산온처럼 모든 기독교 교육자들이 신사참배를 반대한 것은 아니다. 평양과 인근지역 기독교학교와 지도자들은 학교가 폐쇄되는

---

41 위의 책, 83쪽.
42 위의 책, 79쪽.

것만은 막아야 한다는 생각을 하기도 했다. 하지만 윤산온은 기독교 교육을 시행하면서 자신의 힘으로 학비를 조달하여 학업을 수행할 수 있는 자립심 있는 인재를 양성하는 것과 기독교 신앙 윤리를 지켜내는 철저한 기독교인을 양성하는 것을 목표로 해왔다. 윤산온은 비록 학교가 폐교를 결정하는 일이 있더라도 신앙의 순수성을 지키는 일이 더 참다운 교육임을 자각한 지도자였다.

6. 민족교육의 근대화의 산실 숭실대학

본 글은 숭실학당을 창립한 1대 배위량 교장부터 4대 윤산온 교장의 교육철학과 숭실의 모습을 살펴보았다. 19세기 말 조선왕조와 민족은 서구 제국주의 열강의 침략으로 위기에 처해 있었다. 왕조와 민족을 위기에서 구해야 하는 시대적 요청에 선교사들의 응답이 숭실학당의 창립과 발전으로 이어졌다고 볼 수 있다. 숭실학당은 1897년 평양 신양리에 창립되었다. 숭실학당은 당시 근대학제 추진의 동력이 되었을 뿐만 아니라 교회와 사회지도자 양성의 산실이 되었다. 숭실학당은 중학과 대학으로 발전하면서 교회의 지도자뿐만 아니라 학교의 교사를 양성하며 조선의 근대학제 운영의 선구자 역할을 담당했다. 선교사들의 헌신적인 교육은 조선사회의 폐쇄성을 딛고 개화와 계몽으로 의식이 전환할 수 있도록 안내했으며 민족교육의 근대화를 촉진시키는 결과를 이루었다. 특히 숭실학당은 발전을 거듭하며 기독교 신앙 위에 축조된 민족대학으로 성장할 수 있었다. 보수적인 신앙의 노선에서 기독교 인재를 양성하고자 했던 배위량 교장,

기숙사와 학습관 건축에 앞장서고, 숭실학보의 발전으로 한국 신문학에 큰 업적을 남겼던 나도래 교장, 그리스도의 말씀에 기초해서 교회를 발전시켜야 하며 기독교인을 양성하는 것이 참된 기독교 교육임을 강조한 마포삼열 교장, 그리고 숭실전문학교를 종합대학으로 발전시키고 훌륭한 대학으로 만들기 위해 앞장서고, 신사참배 강요에 신앙의 순수성으로 맞섰던 윤산온 교장의 교육철학은 숭실학당이 근대 대학으로 도약하는 마중물이 된 것이다.

종교 개념의 메타모포시스

종교 개념이 자리 잡기까지

방원일

1. 종교라는 새로운 언어

종교(宗敎)는 친숙한 한자어이고 늘 존재해왔다고 여겨지기 때문에, 한국어에서 '종교'라는 말이 개항 이후에야 사용되었다는 사실이 낯선 사람들도 많다. 사회, 개인, 근대, 권리, 자유와 같은 개념들이 근대에 서양으로부터 일본의 번역을 통해 우리에게 전달되었고 간단치 않은 정착의 과정을 거쳤듯이,[1] 종교 역시 일본을 거쳐 우리 언어에 정착되는 과정을 거쳤다. 서양 언어 'religion'은 일본이 서구와 통상조약을 맺을 때 처음으로 한자어로 번역되었고, 여러 경쟁 어휘 중 '종교'가 1880년 즈음에 번역어로 정착되었다. 우리나라에서는 1883년부터 사용되기 시작하였다.

---

[1] 야나부 아키라, 김옥희 옮김, 『번역어의 성립: 서구어가 일본 근대를 만나 새로운 언어가 되기까지』, 마음산책, 2011.

새로운 개념이 소개되어 받아들여지는 일은 단번에 일어나지 않는다. 동아시아 문화권에서 지금의 종교에 해당하는 전통적인 술어(術語)는 도(道), 교(敎), 학(學), 술(術) 등이었다.[2] 새로 도입된 '종교'는 전통적 술어와 상당 기간 공존하면서 사용되었고, 다양한 사용 주체들이 부과하는 다양한 의미를 담아내면서 존재하였다. 현재 우리가 사용하는 것과 크게 다르지 않은 근대적인 의미의 종교 개념이 일반화된 것은 1910년대 이후였다. 이 글에서는 한국에 종교 개념이 소개된 1880년대부터 근대적 개념으로 정착되는 1910년대까지의 종교에 대한 인식의 변화와 그 변화를 담는 언어적 틀의 변화를 살피고자 한다. 근대 전환공간에서 '종교'에 관한 이해를 담은 주요 문헌 자료들을 살핌으로써 종교 개념이 과거의 것과의 연장선상에 있으면서도 새로운 모습으로 변태(變態)하는 양상을 그려 보이고자 한다.

종교 개념의 수용 양상은 현재 종교학의 가장 중요한 연구 주제 중 하나이다. 서양에서 종교 개념이 어떻게 발생하여 근대에 세계 각지에 전파되어 어떠한 의미작용을 하고 있는가에 대해서는 윌프레드 캔트웰 스미스(Wilfred Cantwell Smith)의 선구적인 연구 아래 지속적인 연구가 이루어지고 있다.[3] 탈랄 아사드(Talal Asad)가 종교 개념이 여전히 서구적 전제 아래 놓여 있음을 통렬하게 분석한 이래, 1990년대 이후 종교 개념 연구는 포스트식민주의 연구 흐름과 만나 세계 각지에서 종교 개념과 권력의 관계를 분석하는 연구로 발전하고 있

2 장석만, 「개항기 한국사회의 '종교' 개념 형성에 관한 연구」, 서울대학교대학원 철학박사학위논문, 1992, 32~37쪽.
3 윌프레드 캔트웰 스미스, 길희성 옮김, 『종교의 의미와 목적』, 분도출판사, 1991[1963].

다.[4] 또 서양과 비서구세계의 만남이 종교학을 형성하였음에 주목하는
연구들도 주목받고 있다.[5] 한국의 종교 개념 수용에 관해서는 장석만
의 박사논문과 후속 연구 이래 의미 있는 성과들이 축적되고 있다.[6]
장석만은 개화기 한국 지식인들이 문명화와 집단 정체성이라는 당대
의 과제에 부응하는 과정에서 종교 담론이 다양하게 전개되었음을
유형화하여 분석한 바 있다. 이 글은 이러한 주요 성과들을 수용하면
서도 조금은 소박한 접근을 시도하고자 한다. 종교 개념의 변태 양상
은 시기, 사용된 어휘, 사용 주체, 담론의 맥락에 따라 매우 다양하게
나타난다. 근대전환공간을 공시적으로 분석하여 담론 편제를 드러내
는 것은 유용한 방법이고 선행 연구에서 제시된 바 있다. 하지만 이
글은 변화 양상을 보다 쉽게 그려 보이는 방법으로 일단 연구대상을
종교 개념의 대표적인 사용 주체인 유교적 계몽지식인과 기독교인으
로 한정한 후, 시대순에 따라 종교 개념이 사용된 주요 문헌들을 살펴
는 방법을 택하였다. 이렇게 하면 한국의 종교 개념이 초기에 유교적
계몽지식인에 의해 주도되었고, 기독교계에서는 소극적인 모습을 보
이다 1900년대 들어 뒤따라가는 전체 그림이 그려질 것이다. 우리가
살펴볼 문헌들은 종교 개념을 도입한 유길준의 『세계대세론』, 유교를
조선의 종교로 선포한 고종의 "존성윤음", 계몽적 지식인의 논설, 초기

4 Talal Asad, *Genealogies of Religion: Discipline and Reasons of Power in Christianity and Islam*, Johns Hopkins University Press: Baltimore, 1993; Richard King, *Orientalism and Religion: Post-Colonial Theory, India and 'The Mystic East'*, Routledge: London, 1999.
5 데이비드 치데스터, 심선영 옮김, 『새비지 시스템: 식민주의와 비교종교』, 경세원, 2008.
6 장석만(1992), 앞의 논문; 장석만, 『한국 근대종교란 무엇인가?』, 모시는사람들, 2017.

개신교 언론과 전도문서, 초기 개신교인 최병헌의 『성산명경』 등이다.

2. 유길준, 종교 개념을 도입하다

동아시아에서 종교 개념은 일본을 통해 소개되었다. 1857년 일본은 미국과 수호통상조약을 맺으면서 조약문에서 'religion'에 해당하는 한자어로 종법(宗法)과 종지(宗旨)를 번역어로 사용하였다. 이후 일본 지식인의 문헌에서 'religion'의 번역어로는 종문(宗門), 법교(法敎), 교법(敎法), 교문(敎問) 등의 한자 조어가 한동안 경쟁적으로 사용되다가, 1880년대에 이르러 종교가 번역어로서 정착하게 되었다.[7]

우리나라에서 종교라는 어휘가 처음 사용된 것은 개화파 지식인 유길준(俞吉濬, 1856~1914)에 의해서였다. 그는 일본 유학을 다녀온 직후인 1883년에 쓴 저술 『세계대세론』에서 '종교'를 언급한다. 기존의 종교학계에서는 한국에서 최초로 종교가 사용된 사례를 한국 최초의 근대신문 『한성순보(漢城旬報)』 제2호(1883년 11월 10일) 기사로 보았다.[8] 그러나 『세계대세론』은 『한성순보』 창간의 실무책임을 맡았던 유길준이 1883년 상반기에 미국으로 출국하기 직전에 집필한 것으로 추정되기 때문에, 우리는 종교 개념이 사용된 최초의 저술이 『한성순보』보다 반년 정도 앞선 『세계대세론』이라고 말할 수 있다.[9] 다만

---

7 이소마에 준이치, 제점숙 옮김, 『근대 일본의 종교 담론과 계보: 종교, 국가, 신도』, 논형, 2016, 84~90쪽.

8 장석만(1992), 앞의 논문, 39쪽; 장석만(2017), 앞의 책, 73쪽.

9 이예안, 「유길준 『세계대세론』의 근대적 개념 이해와 개항기 조선: 우치다 마사오,

『세계대세론』은 정식 출간되지 않고 원고 형태로 남아 있고『한성순
보』는 조선 대중에 광범위한 영향력을 미친 언론이기 때문에 자료의
중요성에 관한 평가는 다를 수 있다. 이 글에서는『세계대세론』이
시기적으로도 약간 앞설뿐더러 분량상으로도 신문 기사보다 월등하
게 많아서 종교에 관한 유길준의 생각을 본격적으로 확인할 수 있는
글로 중요하다는 점을 강조하고 싶다.

　『세계대세론』은 유길준이 일본에서 학습한 세계 정세를 14항목으
로 나누어 정리한 저술이다. 그 내용은 세 부분으로 나누어지는데,
첫째 부분에서 세계 각국의 지리적 환경적 차이에 따라 나타나는 문
화, 정치, 사회적 차이를 인종수이, 종교수이, 언어수이, 정치수이, 의
식거처수이, 개화수이로 서술하였고, 둘째 부분에서는 세계의 역사와
대세를 세계역사일반, 세계대세일반, 자유대략으로 서술하였고. 셋
째 부분에서는 지구과학 관련 지식을 지구총설, 경위도사, 주야리,
오대사, 사시사로 서술하였다.[10] 유길준은 인종, 언어, 정치, 의식, 거
처 등과 함께 세계 국가의 종교 간의 다름, 혹은 특성[殊異]을 밝히는
"종교수이(宗敎殊異)" 항목을 5쪽에 걸쳐 서술하였다. 그 시작은 다음
과 같다.

　　종교의 특성[殊異]은 국가의 이해에 관련되는 일이 적지 않다. 대체로
　인간 생활의 신령스럽고 빼어난 이치를 분별해보면 정신과 형체의 크나
　큰 두 가지를 갖추고 있다. 종교는 정신에 속하고 기술은 형체에 속한다.

······ 요컨대 각 나라에는 본래부터 전해지는 종교가 있어 교육을 힘써 장려하여 윤리와 기강을 문란하게 하지 않는다. 이런 이유로 각 나라는 유독 본래부터 있었던 종교를 굳게 지키고 다른 나라의 종교가 전파하는 것을 막아 자국의 인민에게 다른 나라 종교의 노예가 되지 않도록 하는 것이니, 이 일이 어찌 뜻 있는 사람의 임무가 아니겠는가?[11]

유길준의 서술에서 먼저 유념할 부분은 그가 종교라는 언어를 '선택'했다는 점이다. 유길준의 더 알려진 저서인 『서유견문』이 그의 미국 유학과 유럽 방문 경험을 바탕으로 1895년에 저술된 것과 달리, 『세계대세론』은 일본에서 얻은 정보를 바탕으로 저술되었다. 구체적으로 살펴보면 유길준은 1881년에 우리나라 최초의 일본 유학생이 되어 후쿠자와 유키치가 운영하는 게이오의숙에서 공부하고 1883년에 귀국하였다. 『세계대세론』이라는 제목은 후쿠자와 유키치가 1882년 4월에 연재한 논설 "시사대세론(時事大勢論)"에서 따왔을 것으로 추정된다. 또 책의 내용은 우치다 마사오의 1882년 저술 『여지지략(輿地誌略)』의 내용을 발췌한 것이 대부분이며, "종교수이" 역시 몇몇 첨가된 부분을 제외하고는 『여지지략』의 교법(敎法) 항목을 발췌하거나 재배치한 것이다.[12] 눈에 띄는 것은 유길준이 우치다 마사오 책의 내용을 따르면서도 '교법'을 '종교'로 의식적으로 바꾸었다는 점이다. 앞서 언급하였듯이 유길준이 학습하던 시절의 일본에서는 'religion'의 번역어로 여러 단어가 경쟁하고 있었다. 우치다 마사오가 '교법'을

---

11 유길준, 『世界大勢論』, 俞吉濬全書編纂委員會 編, 『俞吉濬全書』 III, 一潮閣, 1971, 9~10쪽. 인용문은 현대어로 번역된 것임.

12 박한민, 「유길준 『世界大勢論』(1883)의 전거(典據)와 저술의 성격」, 『한국사학보』 53, 고려사학회, 2013, 53~54쪽; 이예안, 앞의 논문, 143~147쪽.

사용한 것은 그러한 사정을 보여준다. 하지만 유길준에 영향을 끼친 후쿠자와 유키치는 1875년 『문명론의 개략』에서부터 종교라는 어휘를 본격적으로 사용 시작하였다.[13] 아마 유길준은 후쿠자와 유키치를 따라 '종교'를 선택한 것으로 보인다. 결과적으로 일본에서 종교가 번역어로 정착되던 거의 동시대에 조선에서도 종교라는 번역어가 유길준에 의해 채택되어 사용되기 시작하였다.

유길준의 종교론에서 두드러지는 것은 종교가 국가와 더불어 논의된다는 점이다. 종교는 국가라는 단위와 떼어낼 수 없는 개념으로, 국가의 흥망의 핵심 요인으로 논의된다. 이 생각은 다음 부분에서 구체적으로 서술된다.

세계 안의 종교 종류가 열 가지, 백 가지 뿐만이 아니다. 나라가 있으면 반드시 그 나라에는 원래 전해 내려오는 종교가 있다. 간혹 그 나라에 원래부터 전해 내려오는 종교가 없고 다른 나라의 종교를 채용하여 오랜 세월이 지나 본국의 종교라 말한다. 우리나라의 유교는 중국에서 가져온 것이며, 일본의 불교는 인도에서 가져온 것과 같이 세대가 오래되고 인민이 받들어 믿게 되면 본국 종교와 다름이 없으니, 어찌 본국 종교가 아니라 하겠는가?[14]

유길준은 종교가 나라의 이해와 관련되는 데서 더 나아가, 각각의 나라에는 나라의 정신을 지켜주는 '본국의 종교'가 존재한다고 주장하였다. 그는 종교와 더불어 사실상 '세계종교' 개념을 처음으로 사용하

13 이소마에 준이치, 앞의 책, 90쪽.
14 유길준, 앞의 책, 10~11쪽.

기도 하였다. 그는 유교, 불교, 브라만교, 야소구교(천주교), 야소신교(개신교), 정교회, 회회교(이슬람교)를 나열하면서 그 종교가 받아들여진 지역을 열거하였다. 그리고 중요하게도 우리나라의 종교는 유교라고 규정하였다. 유길준의 생각은 1883년 말에 발행된 『한성순보』기사에 그대로 반영되어 대중적으로 영향을 미쳤다. 『한성순보』제1호(1883년 10월 31일)에는 다음과 같은 기사가 실렸다.

> 종교로 말하면 印度 以南의 페르시아·터키·수단·아라비아·아시아터키는 전적으로 回回教를 신봉하여 回回國이라 부르며, 印度 以東의 대부분의 나라는 거의 釋教(불교)를 믿으며, 儒教 또한 성행한다.[15]

이 기사에는 세계종교에 대한 유길준의 생각이 요약적으로 제시되었다. 나라마다 종교가 있어야 국민을 통치한다는 관념, 그리고 그 종교가 유교라는 생각은 이후 유교적인 계몽지식인들에게 받아들여져 지배적인 종교 개념이 되었다.

3. 조선의 종교, 유교

개화기 유교 지식인은 종교를 말 그대로 각 나라의 정신적 중심이 되는 '으뜸 되는 가르침[宗敎]'으로 이해했다. 나라마다 정신적 지주가 되는 가르침이 있다는 생각과 조선에서는 그 가르침에 해당하는 것이 유교라는 생각은 필연적인 논리적 연결은 아니지만 당대 유교인

---

15 「洲洋에 대해 論함」, 『한성순보(漢城旬報)』 1, 1883.10.31.

에게는 당연한 것으로 받아들여졌다. 유교를 건국이념으로 하는 조
선조는 전통적 이념을 유길준이 소개한 새로운 개념 안에 담게 된다.

『고종실록』을 찾아보면 종교 개념이 등장하는 것은 1895년부터이
다. 중추원의관 이재곤(李載崐)이 성균관 개혁에 관하여 올린 상소문
에서 이 개념이 사용되는 것을 볼 수 있다. 이것은 조선 정부에서
이 개념이 사용된 첫 공식적 문건이라는 점에서 의미가 있다. 상소문
에는 다음과 같은 내용이 나온다.

> 이 세상의 여러 나라에는 모두 이른바 종교라는 것이 있는데, 신(臣)은
> 어떤 종교인지는 모르지만 각기 그 교리를 가르치면서 서로 침해하거나
> 금지하지 않아도 자주자강(自主自强)하는 일에 해롭지 않습니다. 그런데
> 어찌 유독 우리나라만이 유교(儒敎)가 기본이라는 것을 아랑곳하지 않고
> 일체 무용지물로 여긴 후에야 부강해지는 방도를 배울 수 있겠습니까?[16]

이재곤은 '이른바 종교'(所謂宗敎)를 언급한다. 새로운 언어에 대한
낯선 느낌과 아직 그 의미를 분명히 알지는 못한다는 점을 솔직하게
전한다. 그러면서도 그것이 중요하다는 인식 역시 분명하다. 일본 번
역사를 연구한 야나부 아키라는 새로운 한자 조어로 번역된 근대 언
어가 주는 효과를, 내용물이 뭔지 모르는 사람을 매혹하는 '카세트
효과'라고 명명한 바 있다.[17] 우리가 종교를 수용하는 과정에서도, 그
것이 무엇인지는 정확히 몰라도 혹은 모르기 때문에 받아들여야 할

---

16 "宇內各邦, 皆有所謂宗敎者, 臣所不知何敎, 而各敎其敎, 不相侵禁, 亦不害乎自主自强
    之業。 奚獨我邦, 不顧斯文關鍵, 一切弁髦而後, 始可學富强乎?"(『高宗寶錄』 33, 고종
    32년, 1895.6.10).

17 야나부 아키라, 앞의 책, 49쪽.

그 무엇으로 여겼던 시기가 있었다.

종교 개념은 조선조에 빠른 속도로 받아들여져, 1899년에는 고종(高宗)이 유교공부자(孔夫子)의 도(道)를 으뜸 되는 가르침으로 삼아 국가를 이끌어 가겠다는 중요한 선언인 "존성윤음(尊聖綸音)"을 반포하게 된다. 그 내용은 다음과 같이 시작된다.

세계만국이 종교(宗教)를 존상(尊尚)함은 다 인심을 맑게 하고 치도(治道)를 내기 위함이다. 우리나라의 종교는 어찌하여 높임이 없으며 알참이 없는가? 우리나라의 종교는 공부자(孔夫子)의 도(道)가 아니더냐? ...(중략)... 우리 대한은 기성(箕聖)이 팔조(八條)의 가르침을 베풀고 인현(仁賢)의 화(化)를 펼침으로써 비로소 나라의 종교가 그 터를 잡았다 ...(중략)... 그러나 근래에는 세급(世級)이 날로 떨어져서 처음에는 입과 귀만 숭상하고 몸과 마음을 밖으로 하여 허문(虛文)을 높이고 실학(實學)에는 어둡더니, 지금은 경적(經籍)을 안각(案閣)에 던져 버리게 되었으니, 관직에 있는 자는 몸만 알괴有身] 나라를 알지[有國] 못하며 선비된 자는 자리 없는 것을 걱정하고 학(學)이 없는 것을 걱정하지 않으니, 욕(慾)의 파도가 하늘을 찌르고 명수(名教)는 흔적도 없으니 예(禮)의 둑이 무너지고 인륜이 사라지니 변괴가 일어나고 난역(亂逆)이 잇달아 을미사변에 이르러 극에 달하였도다. 슬프다. 이 어찌 종교가 밝지 않은데 말미암은 화가 아니냐? ...(중략)... 조종(祖宗)의 업을 이어 군사(君師)의 자리에 있으면서 수많은 어려움과 엄청난 두려움을 지내오되, 마음에 잊히지 않고 염려가 되는 것은 오직 종교를 유지(維持)하여 파도를 돌이키고 내(川)를 막음에 있었다 ...(중략)... 짐이 동궁과 더불어 장차 일국(一國)의 유교의 종주(宗主)가 되어 공자의 도를 밝히고 성조(聖祖)의 뜻을 이을 터이니 너희 신료(臣僚)와 여러 집사(執事)들은 각각 마음을 다해 임금의 명을 받들어 성스러운 대상을 높이 받들어야 할 것이다.[18]

고종의 선언에서 종교의 중요성은 국가를 다스리는 데서 나온다. 조선 정부가 인식한 종교에서 서양의 정교분리 관념은 아직 수용되지 않은 단계였다. 고종은 공자의 도가 제대로 밝혀지지 않았기에 명성황후 시해를 포함한 국가의 혼란이 일어났음을 뼈아프게 시인하고, 자신이 종주가 되어 도를 밝히겠다고 선언한다. 그는 조선조에서 유교가 해왔던 역할의 연장선상에서 종교 개념을 사용하였다.[19] 이는 현대적 의미에서 보면 유교를 국교(國敎)로 선언했다고 볼 수도 있지만, 종교 중에서 유교를 국가의 종교로 삼은 것이 아니라 종교 자체가 국가의 으뜸되는 가르침이기에 현재의 국교와 일치하는 것도 아니다. 그렇기 때문에 '종교를 유지한다'는 표현이 가능한 것이다. 유학 지식인들은 한동안 이러한 종교 개념을 이어가게 된다.

4. 나라의 으뜸되는 가르침

1900년대의 신문 기사를 보면 유교 지식인이 주도한 종교 개념, 즉 한 나라의 으뜸되는 가르침이라는 개념이 지배적이라는 사실이 확인된다. 하지만 그 종교가 유교여야 한다는 논지에는 흔들림이 생기기 시작한다. 나라의 근간이 되는 가르침은 유교가 아니라 동학이나 기독교와 같은 가르침이 될 수도 있다는 주장이 가능해진 것이다.

---

18 『高宗實錄』 39권, 고종 36년, 1899.4.27.
19 이종우, 「예교(禮敎)에서 종교(宗敎)로: 대한제국기 종교정책과 배경 담론들을 중심으로」, 『원불교사상과 종교문화』 81, 원광대학교 원불교사상연구원, 2019; 문시영(외) 편, 『근대 사상의 수용과 변용 I』, 선인, 2020, 209쪽.

유교색을 탈피한 종교 개념 구사가 나타난 글 두 편을 보도록 하자.

첫째는 1906년 『대한매일신보』에 실린 "동학론"(東學論)이다. 이 글은 동학의 역사와 현황을 개관하기에 앞서 종교 개념을 논한다. 내용은 다음과 같다.

> 조직사회로부터 형성된 나라는 반드시 종교가 있어 인민을 이끄는 것이 고금의 변치 않는 가르침이다. 중국에서는 유교로 종교를 삼고 인도에서는 불교로 종교를 삼고 서양에서는 천주 기독 희랍 로마 등의 교로 각기 종교를 삼고 일본은 신교(神敎)로 종교를 삼았는데, 오직 한국은 유교로 종교를 삼았으나 유교는 처음부터 중국으로부터 나와 근본이 동방의 것이 분명하지 않으니 따라서 한국에는 종주(宗主)의 교가 없는 것이다.[20]

나라별로 종교가 존재하면서 인민을 이끄는 역할을 한다는 기본적인 논의의 틀은 유교계의 개념과 같다. 글에 등장하는 '종주(宗主)의 교(敎)'라는 표현이 저자가 생각하는 종교일 것이다. 차이 나는 부분은 그 국가의 가르침이 유교라는 주장에 균열이 생기고 있다는 것이다. 논자는 유교가 고유의 전통이 아니라 중국에서 전래된 것이 아니기 때문에 근본적으로 우리의 것인지 불분명하다고 문제 삼는다. 그리고 우리의 것임이 분명한 동학이 그 자리를 차지할 수 있음을 암시한다. 논자의 종교 개념 논의는 뒤에 나오는 동학을 돋보이게 하려는 자리를 마련하는 수사(修辭)적인 면도 있다고 생각된다. 논자는 동학이 곧 조선의 종교라는 확신에 차서 논지를 펴지는 않지만 그러한 기대를 밝히며 글을 마무리한다. 논자의 의도가 무엇이든 간에, 종교,

---

종주의 교가 교체 가능하다는 논의의 개념적 효과는 분명하다. 나라의 으뜸 가르침의 자리는 유교에 고정되지 않고 옵션화 되었다. 유교 호교론뿐 아니라 다른 종교계의 논의에 종교 개념이 사용될 수 있는 길이 열린 것이다.

1908년의 "서호문답"(西湖問答)이라는 글은 종교의 자리에 기독교가 들어갈 수 있음을 보여준 글이다. "서호문답"은 1908년 3월 5일부터 13일까지 11회에 걸쳐 『대한매일신보』에 연재된 교육 논설로, 가정, 학교, 사회교육 등 다양한 주제를 다룬다. 글은 동쪽 호수에서 온 손님[東湖之客]이 질문하면 주인 서호자(西湖子)가 답하는 문답의 형식을 취한다. 이는 율곡 이이가 쓴 『동호문답(東湖問答)』에 대한 오마주라고 볼 수 있다. "서호문답" 11회 중 2회분이 종교를 다룬 내용이다.

내용을 살피기에 앞서 글의 저자 문제에 관해 간단히 언급하도록 하겠다. 기존 학계에서 "서호문답"은 신채호(申采浩, 1880~1936)의 글이라고 여겨졌다. 신채호가 『대한매일일보』 주필로 있을 때 연재되었고 논조 상의 유사성이 있다는 이유에서 『단재신채호전집』에 이 글이 수록되어 있기 때문이다. 그러나 김주현은 글에 나타나는 사상적 경향, 문체와 표현의 유사성, 글의 형식상 특징 등의 근거를 들어서, 이 글의 저자가 박은식(朴殷植, 1859~1925)이라고 주장한다. 이 글이 신채호 저작인지 의심이 제기되는 가장 큰 이유는 기독교를 높이 평가하는 대목 때문이다. 반면에 종교를 유교, 불교, 선교, 기독교 넷으로 나누어 설명하고, 각 종교에 대한 견해에서 박은식의 다른 글과 통하는 내용이 많다는 것이 김주현의 주장이다.[21] 신채호 저작설에 대한 김주현의 문제 제기는 설득력이 있지만, 그렇다고 기독교의 우월성을 논증한 이 글이 훗날 대동교(大同敎)를 창립하여 유교개신(儒敎改新) 운동을 이끈 유교인 박은식의 글인지에도 역시 의문이 든다. 유교, 불교, 선교, 기독교의 구도는 뒤에서 우리가 볼 최병헌의 글에서도 나타나는 것이고, 대화를 통한 변증론 형식은 당시 개신교 저작에 많이 나타난다. 여기서는 "서호문답"이 개신교 지식인이라고 가정한 채 논의하도록 하겠다.

"서호문답"에서 손님은 도교(선도), 불교, 유교, 기독교를 차례로 언급하며 한국인이 따라야 할 종교가 무엇인지를 묻는다. 이에 대해 주인은 선도(仙道)는 "천을 거슬러 나라를 망하게 할 것"이라고 비판하고, 불도(佛道)는 "홀로 자기 몸만 이롭게 하고 허무적멸(虛無寂滅)" 하다고 비판하며, 유도(儒道)는 선유(先儒)의 경우에는 인도(人道)에 합당하지만, 근유(近儒)의 경우에는 "말씀과 글을 쓰고 외우는데 치우쳐 빠져 있어 눈이 어둡고 크게 막혀 있다."고 비판한다.[22] 유교의 경우엔 비판의 수위가 약간 낮아지지만, 전통 종교가 당시 한국인에 적합하지 않다는 점은 크게 다르지 않다. 최종적으로 기독교에 따를만한 종교라는 취지의 문답이 다음과 같이 제시된다.

> 손님: 도덕에 힘쓰는데 기독교를 숭신(崇信)하는 것이 가능합니까?
> 주인: 그러하다. 예수 그리스되[基督耶蘇]는 상제의 아들이고 만국제왕의 왕이신데, 세상을 구원하고 속죄하려고 강생하셔서 천하 후세 만민의 죄를 대신하여 십자가에 못 박히니 우리 한국인 이천만 명의 죄도 대속하여 돌아가신 것이다. …… 다만 원컨대 동포는

---

21 김주현, 「서호문답」의 저자 및 성격 규명」, 『국어교육연구』 50, 국어교육학회, 2012.
22 「서호문답」(西湖問答), 『대한매일신보』, 1908.3.10, 3.12.

모두 구주를 높여 독실하게 신앙하여야 일신의 죄와 일국의 죄를
속죄하고 주님의 은혜를 감복하여 능히 살신성인도 하고 능히
구제창생(救濟蒼生)도 해서 동포를 사랑하는 범위가 이에 벗어나
지 않는다.

손님: 이 종교를 독실하게 믿으면 나라가 강해질 수 있겠소.

주인: 상제를 대주재(大主宰)로 삼고 그리스도를 대원사(大元帥)로 삼
고 성신(聖神)을 검으로 삼고 믿음을 방패 삼아 용감히 앞으로
나아가면 누가 형벌에 복종하지 않을 것이며 누가 순종하지 않을
것인가. 현재 영국, 미국, 프랑스, 독일이 기독교를 종교로 삼는
것이 그 국가의 행보와 영광에 어떠한 결과를 낳았는가? 우리
동포도 이를 부러워한다면 그 나라들이 숭봉하는 바를 종교로
따라야 할 것이다.[23]

나라에는 나라를 강하게 하려고 따라야 하는 하나의 종교가 있다
는 논의의 틀은 유교 지식인을 따른 것이다. 그러나 따라야 할 것이
무엇인지 비교하여 고르는 것은 새로운 논의의 환경이다. 이러한 개
념적 작업이 내용상 기독교의 우월성을 내세우기 위한 수사적 의도
에서 마련된 것일 수도 있다. 그러나 종교를 견주어볼 수 있는 환경이
조성되었다는 개념적 변화는 주목할 만하다.

5. 개신교계의 종교 개념 수용

유길준에서 시작되고 조선왕조와 유교계가 적극적으로 수용한 '종

---

23 "서호문답"(西湖問答), 『대한매일신보』, 1908.3.12.

교'가 지식인들에게 새로운 개념으로 받아들여지던 시기에 개신교계
는 이 개념을 어떻게 사용했을까? 현재 종교학계의 상식으로 근대적
종교 개념은 개신교를 모델로 한 것이기 때문에, 종교 개념의 수용에
서 개신교가 주도적이었을 것이라는 선입관을 갖기 쉽다. 그러나 개
신교 문헌을 검색해보면 의외로 종교라는 개념이 많이 등장하지 않
으며 그 시기도 꽤 뒤처지는 것을 발견하게 된다. 그 양상을 구체적으
로 보기로 하자.

유교계에서 종교 개념이 활발히 사용되기 시작하던 1890년대의 개
신교 문헌에는 종교 개념이 거의 등장하지 않는다. 일반적으로 종교
개념은 타종교를 언급하는 맥락에서 등장하는데, 초기 개신교 문헌에
서는 지금이라면 '종교'가 등장할 법한 맥락에서 다른 용어가 사용되
는 사례가 많다. 대표적인 것이 타종교를 지칭하는 전통적인 신학
용어인 우상(偶像)이다. 『죠션크리스도인회보』 1897년 기사에서 제사
와 같은 전통적인 종교적 실천은 우상에게 절하는 것으로 묘사되었
다.[24] 1898년 기사에서도 "세상 사람들이 예전부터 지금까지 대주재
를 배반하고 사신(邪神)을 섬기는 이가 많아서 국가나 개인 집이나
영원한 복을 받지 못한다."라고 서술하였다. 이 기사에서는 동서양의
다양한 전통을 최대한 나열하면서, 그것을 "동서양 나라 사람들이 숭
배하는 사신과 우상(偶像)"이라고 명명하였다.[25]

더 흥미로운 문헌들은 전통적인 용어들을 사용하여 종교를 표현
한 것들이다. 개신교계에서는 1890년대와 1900년대까지도 교(敎), 도

---

24 「우상론」, 『죠션크리스도인회보』 1:11, 1897.4.14.
25 「사신과 우상」, 『대한크리스도인회보』 2:20, 1898.3.23.

(道)와 같은 전통적인 용어들이 즐겨 사용되었다. 1899년의 "중과 서로 문답한 일"이라는 신문 기사에는 기독교인이 승려를 만나 불교를 비판하고 기독교 입문을 권하는 이야기가 실려 있다. 그 기독교인은 불교를 비판하고 나서 "높은 도(道)는 하느님의 도입니다."라고 주장한다. 그러자 승려가 이에 긍정적으로 대답하며 "한량없이 높고 영생하는 도를 들으니 불도를 버리고 하느님 도를 모시겠다."라고 말한다. 그리고 "도학(道學) 높은 선생을 한번 찾아가 뵙고 공부를 하여 하느님을 공경하겠다."라는 말을 덧붙인다.[26] 이 대화에서 지금이라면 종교가 들어갈 자리에 '도'가 사용되었다. 불교를 '불도'로, 기독교를 '하느님의 도'라고 한 것은 도 개념의 연장선상에서 나온 표현이다. 높은 종교적 경지에 이른 사람은 '도학 높은 선생'이라고 한 것과 종교적 실천을 '공부'라고 한 것은 종교와 관련된 전통적인 표현을 잘 보여준다.

1901년의 『그리스도신문』의 "존경문답"이라는 기사에서는 종교에 해당하는 표현으로 '교(敎)'가 사용되었다. 이 기사에서는 세상에 여섯 종교가 있다고 소개하면서 그것들은 "그리스도교와 유대교와 회회교와 불교와 파라문교와 우상 위하는 교"라고 하였다. 그리고 "무슨 교든지 죄를 사하여주는 은혜가 없는 교는 믿고 바랄 것이 못된다."라고 비판한다.[27] 지금이라면 종교라는 말이 들어갈 자리에 '교'가 사용된 것을 볼 수 있다.

개신교계에서 종교 개념이 사용된 첫 사례는 초기 감리교 신자인

---

26 「중과 서로 문답한 일」, 『대한크리스도인회보』 3:2, 1899.1.11.
27 「존경문답」, 『그리스도신문』, 1901.8.22.

노병선(盧炳善, 1871~1941)이 1897년에 쓴 전도문서 『파혹진선론』에서였다. 한학(漢學)의 배경이 있는 노병선은 유교계의 종교 개념을 받아들여 "나라가 잘 되고 못 되는 것은 종교에 달렸다."라고 주장하였다.[28] 언론에 '종교'가 처음 등장한 글은 1899년의 『대한크리스도인회보』 기사 "종교론"이다. 기사의 전체 내용은 다음과 같다.

> 세상 사람이 항상 자기가 행하는 교(敎) 외에 다른 도(道)는 이단이라하며 서로 훼방(毁謗)하는데, 이는 사람의 자연스러운 성품이라 책망할 것이 없다. [하지만] 종교를 논의하면 하느님의 도 외에는 없을 것이다. 이제 남달리 총명한 성인으로 하여금 무슨 교든지 새로 설립하고자 한다면, 하느님을 근본으로 삼을 수밖에 없으니, 하느님의 도가 어찌 종교가 아니겠는가.[29]

여기서 종교도 우리가 현재 사용하는 뜻이 아니라 당시 유교계에서 사용하는 나라의 '으뜸 되는 가르침'이라는 의미이다. 오히려 '교'와 '도'가 일반명사로서는 의미로는 사용되고 있다. 기독교가 조선의 중심 종교가 되어야 한다는 주장을 하느님의 도가 종교가 되어야 한다고 표현하고 있다. 전통적 개념과 종교 개념이 함께 사용되고 있고, 유교계의 개념이 개신교의 입장에서 전용되는 모습이 나타난다.

개신교계에서 전통적인 개념으로부터 종교 개념을 수용하는 모습은, 당대의 대표적인 개신교 저자 최병헌(崔炳憲, 1858~1927)의 글에서 확인할 수 있다. 그는 대표적인 초기 감리교 신자이자, 정동교회 목사

---

28 노병선, 『파혹진선론』, 예수교서회, 1897.
29 「종교론」, 『대한크리스도인회보』 3:44, 1899.11.2.

로 활동하면서 다수의 신학적 논술을 집필하였다. 그는 전통적인 지
식의 기반 위에서 기독교를 수용하였기 때문에 전통과 현대의 절학
과 불연속성을 보여준다.[30] 그에게는 최초의 토착화신학자이자 비교
종교가라는 수식이 붙는다. 그는 기독교인의 자리에서 타종교에 관
한 글을 다수 집필했기 때문에 종교 개념의 변화를 보여주는 중요한
자료를 제공한다.

최병헌의 초기 문헌에는 '종교'가 등장하지 않는다. 그가 1900년에
저술한 "삼인문답"은 기독교인과 유학자 둘이 나눈 변증론적 대화이다.
기독교를 권유받자 유학적 소양을 지닌 주인은 다음과 같이 말한다.

> 주　인: "우리나라의 우리 유교도(儒敎道)도 더 행하지 못하거늘 하물며
> 　　　　타국(他國) 교(敎)를 어느 겨를에 행합니까?"
> 전도인: "유불선(儒佛仙) 삼도(三道)가 모두 타국에서 왔거늘 어찌 우리
> 　　　　나라 교(敎)라 합니까?"[31]

여기서 최병헌이 사용한 개념은 '교'이고, '타국 교'와 '우리나라 교'
라는 표현으로 응용되었다. 그는 또 한문으로 된 『황성신문』 기고문
에서는 교도(敎道)라는 표현도 사용하기도 했다.[32]

그러나 최병헌의 저술에서 '종교'가 사용되는 것은 1905년 이후이
다. 그는 이 시기에 "삼인문답"에서 선보인 종교인 간의 가상 대화

30 이행훈, 『학문의 고고학: 한국 전통 지식의 굴절과 근대 학문의 기원』, 소명, 2016,
　346쪽.
31 최병헌, 「삼인문답」, 『대한크리스도인회보』, 1900.3.21.
32 崔炳憲, 「奇書」, 『황성신문』, 1903.12.22.; 이행훈, 앞의 책, 322쪽.

형식을 발전시켜 본격적인 종교변증론『성산명경』을 저술하게 된다. 『성산명경』은 그가 "성산유람기"라는 제목으로 1907년『신학월보』에 4회에 걸쳐 연재한 내용에 뒷부분을 추가하여 1909년에 출판한 것이다. 전체 80쪽의 분량 가운데, "성산유람기"로 연재된 부분은 앞의 33쪽까지이고 그 나머지 부분을 추가하여 2년 후에 출판한 것이다.

『성산명경』이 갖는 비교종교학적 중요성에 대해서는 여러 선행 연구에서 분석된 바가 있다.[33] 여기서는 글의 내용보다는 종교 용례에만 집중하도록 하겠다. 1907년의 "성산유람기"와 1909년의『성산명경』의 종교 용어 사용에는 차이가 있다. "성산유람기"에는 '종교'가 거의 등장하지 않는다. 유학자가 기독교인 주인공에게 "그대는 서국(西國)교(敎)를 존숭(尊崇)하는 사람이로다."라는 말하는 대목이나, 기독교를 '하느님의 도'라는 표현하는 대목에서 종교에 해당하는 전통적인 표현이 사용됨을 볼 수 있다.[34] 반면에『성산명경』에는 '종교'가 등장한다. "세계 종교 중에 선도가 제일 좋다", "어찌 종교라 하리오", 자신이 "종교가의 진리를 연구하였다."라고 말하는 부분을 볼 수 있다.[35]

"성산유람기"가『성산명경』의 일부분에 불과하기 때문에,『성산명경』에만 '종교'가 나오는 것이 시기의 문제가 아니라 내용상의 우연 아니냐는 반문도 가능할 것이다. 그런데 최병헌이 "성산유람기" 내용을 수정하여 전에는 없었던 '종교'를『성산명경』에 삽입한 대목이 있

33 신광철, 「濯斯 崔炳憲의 비교종교론적 기독교변증론: 《聖山明鏡》을 중심으로」, 『한국 기독교와 역사』 7, 1997; 이진구, 『한국 개신교 의 타자 인식』, 모시는사람들, 2018, 131~144쪽.
34 최병헌, 「성산유람기」, 『신학월보』 5:3, 1907, 131쪽.
35 최병헌, 조원시 교열, 『성산명경』, 정동황화서재, 1909, 36쪽, 42쪽, 79쪽.

다. 최병헌은 다른 부분에서는 사실상 "상산유람기"의 내용을 거의 수정하지 않았기 때문에 이 삽입은 매우 의도적인 것이라고 보인다. 해당 내용은 기독교인 주인공 신천옹이 유학이 세상의 이치를 알지 못한다고 비판하는 대목이다. 『성산명경』에서 해당 내용은 다음과 같다.

> 사람이 세상에 나옴에 만물보다 가장 귀한 것은 하느님께서 영혼을 주셨기 때문이다. 그런 고로 능히 선악과 진가를 분별하며 삼강오상(三綱五常)의 이치와 <u>삼교구류(三敎九流)의 문호(門戶)와 인의예지의 윤리와 종교 도리의 체용(體用)이 어떠한지와 심리철학(心理哲學)의 주객관(主客觀)이 되는 것과</u> 천지만물의 내력과 생전에 당연히 할 본분이 무엇이며 사후에 영혼이 어떻게 되는 것을 아는 것이다. 하느님의 진리를 알지 못하고 다만 세상일만 짐작하는 자는 문견에 고루함을 면치 못할 것이다.[36]

위에서 밑줄 친 내용은 1907년 "성산유람기"에는 없는 내용이다. 또 그 다음 문장의 '하느님의 진리'는 "성산유람기"에서는 '하느님의 도리'라고 되어있던 내용이다. 『성산명경』에는 주인공 신천옹이 새로운 문물이나 최신 학문을 언급하면서 상대 종교를 압도하고 기독교의 우월함을 보이는 장면들이 있다. 위의 인용문도 그러한 맥락을 갖는다. 최병헌이 1909년에 증보하면서 삽입한 내용, 위의 밑줄 친 부분에는 윤리, 종교, 심리, 철학, 주관, 객관 등은 전통사회에서는 사용되지 않았던 새로운 언어들이 가능하다. '종교'는 구시대가 모르는 새로운 문명을 보여주는 언어로 최병헌에 의해 선택되었다. 그는

---

36 최병헌, 『성산명경』, 21-22. cf. "성산유람기", 『신학월보』 5:3, 1907년, 131.

1909년 저술『예수텬쥬량교변론』에서도 종교 개념을 사용한다.[37]

그러나 1910년 이후 개신교계 신문, 그리고 일반 신문에서 사용된 종교라는 말은 현재 우리가 사용하는 보편적 개념과 전혀 다르지 않다. 예를 들어 1910년대『그리스도회보』에 실린 글의 제목을 일별해 보면, "종교와 실업의 관계", "이상적 종교와 신령적 종교", "그리스도교는 모든 종교 위에 뛰어남" 등인데, 이는 현재의 용법과 다르지 않다.[38] 이 시기에 들어서는 유교계에서 주도한 나라의 으뜸된 가르침이라는 의미의 종교는 덜 사용되기 시작했다. 이 시기부터 '종교'는 낯선 이미지를 벗고 일상에서 자연스럽게 사용되는 말로 정착하기 시작했다.

6. 국권 상실과 종교 개념

이상으로 한국에 종교라는 낯선 말이 들어와 정착하기까지의 추이를 보여주는 문헌들을 검토해보았다. 이 글에서는 편의상 유학자들이 주도한 초기 개념에서 시작해 기독교계의 수용을 거쳐 보편적 개념으로 정착하는 순서로 배치하였지만, 한 언어의 변화 과정에는 맥락과 주체에 따라 다양한 용법이 혼용되기에 현실에서는 그리 매끄

---

37 "종교의 진리는 천상천하에 하나이고 고왕금래에 둘이 없는 것이다." 이후 저술인『만종일련』, 1922의 종교 개념 분석으로는 다음을 볼 것. 이진구,『한국 개신교 의 타자 인식』, 모시는사람들, 2018, 133~137쪽; 이행훈, 앞의 책, 359~376쪽.

38 「종교와 실업의 관계」,『그리스도회보』, 1912.8.30.;「이상적 종교와 신령적 종교」,『그리스도회보』, 1913.2.15.;「종교적 신앙과 그 활동」,『그리스도회보』, 1913.4.5.;「그리스도교는 모든 종교 위에 뛰어남」,『그리스도회보』 1913.7.28.

럽게 정리될 수 없다는 점도 유념할 필요가 있다.

서구적 종교 개념이 비서구 사회에 도입되는 과정은 물건이 수입되듯 단숨에 진행되는 것이 아니다. 그것은 수동적인 수용도 아니다. 비서구사회 지식인들이 주체가 되어 자신의 맥락에서 의미를 만들어가는 과정이 필연적으로 존재하며,[39] 한국에서도 유교 지식인들의 지적인 노력이 핵심적인 역할을 했음을 볼 수 있다.

현재 한국 사회에서도 종교는 여러 층의 의미를 지닌 말로 사용되고 있다. 그러나 초기 유교 지식인들이 의도했던 의미, 즉 나라마다 종교가 있어야 국민을 제대로 통치할 수 있다는 생각은 현재의 의미망에서 사라지고 말았다.[40] 초기에 주도적이었던 으뜸된 가르침으로서의 종교 개념은 1910년 이후 용례가 급격히 줄어들고, 일반적 의미의 종교가 그 자리를 대신하게 된다. 이 갑작스러운 의미 변화의 이유는 무엇일까? 근대 전환공간 종교 개념의 변태 양상을 추적해온 이 글은 1910년대 이후에 대해 간단히 언급하고 마무리될 필요가 있다.

종교학자 데이비드 치데스터(David Chidester)는 남아프리카공화국에 서양 종교 개념이 수용된 과정을 분석한 결과, 종교 개념의 사용이 식민지 권력의 유무와 밀접한 관계가 있다고 주장하였다. 남아프리카 지역은 제국주의와의 접촉 이후 한동안 종교의 존재가 부정되었다가, 특정 시점 이후에 서구적 의미의 종교 개념이 적용되었다. 그 시점은 해당 지역이 제국주의 지배의 경계 안에 들어와 지배체제가 확립된 때였다.[41] 우리의 경우 종교의 의미 체계는 상당히 다르지만,

39 Richard King, op. cit., pp.200~207.
40 장석만(2017), 앞의 책, 75~76쪽.

식민 지배가 종교 개념의 정착과 긴밀히 연결된다는 점은 분명해 보인다. 유교를 국가의 중심 가르침으로 삼아 국가를 일으켜 세우고자 했던 유교 지식인의 종교 개념이나, 개신교를 새로운 중심 가르침으로 받아들여 민족적 위기를 타개하고자 했던 대안적 종교 개념은 식민지 상황에서 통용될 수 없었다. 이제 종교와 국가 단위의 연결은 불가능해졌다. 종교는 어느 사회에나 존재하며 사회 내 다양한 제도 중 하나로 역할을 하는, 현재 이해되는 바와 다르지 않은 일반적 개념으로 정착하게 된다. 종교는 정치적 함의를 갖지 않는다는 정교분리의 원칙이 확립된 것도 이 시기이다.

일제 강점기 종교 개념과 권력의 문제에 관해서는 다른 연구에서 다루기로 하고, 이 글의 주제로 돌아와 정리하도록 하자. 우리는 종교 개념이 시대적 상황에 따라 변태해왔음을 확인할 수 있었다. 다른 근대적 개념의 수용과 마찬가지로, 종교 역시 근대 전환공간 내 다양한 주체들이 자신에게 주어진 정치 문화적 맥락에 따라 다양한 의미를 부여하며 개념을 구성해왔다. 1880년대부터 1910년에 이르는 근대전환공간에서 종교에 관해 사유하는 전통적인 개념으로부터 새로운 개념의 수용에 이르는 변화의 과정을 살핌으로써, 우리는 오늘날 종교를 바라보는 방식을 성찰하는 자양분을 얻게 된다.

---

41 데이비드 치데스터, 앞의 책, 65~75쪽.

문화의 메타모포시스

문화의 메타모포시스 현상을 파악할 수 있는 토대로서
신화와 신화적 사고를 중심으로

신응철

신화를 만들어내는 인간 정신의 창작물들은 반드시 하나의 이해할 만한 철학적 '의미'를 가지고 있다. 만일 신화가 온갖 이미지들과 상징들 밑에 이 '의미'를 감추고 있다면, 이것을 드러내고 밝혀내는 것이야말로 철학의 과제이다.　　　　　　　　　　　　　　　　　－Cassirer: 1925, 3.

1. 카시러 문화과학의 논리와 특징

카시러(Ernst Cassirer, 1874~1945)는 자신의 스승이었던 마르부르크 학파의 코엔의 주장 가운데 과학적 인식이론의 한계에 대해 날카롭게 비판했다. 인간의 '정신(精神)'과 '실재(實在)'를 파악할 때 코엔처럼 오직 '논리적 사고'만을 통해서 해명하려는 방식에 문제가 있다는 이유에서다. 그래서 카시러는 논리적 사고 이외에도 '상상력', '느낌', '의지' 등의 다양한 영역에 의해서도 정신과 실재의 관계가 해명될 수 있다고 주장했다. 결국 카시러는 코엔의 인식이론을 토대로 신화, 예술, 언어, 역사, 과학 등의 문화현상들에까지 인식이론의 논의를 확대하여 적용한 것이다. 그와 같은 맥락에서 카시러는 자신의 『상징형식의 철학』제1권『언어』(1923) 편에서, 칸트의 세 가지 인식비판은 인간 정신의 서로 다른 측면을 다루고 있다는 점을 설명하고, 칸트에 의해 수행되었던 '이성에 대한 비판'이 카시러 본인에게서는 이제 '문화에 대한 비판'이 된다고 밝히고 있다.(Cassirer: 1923, 11)

카시러에 의하면, 물리적 세계의 본질적인 특성은 성질 불변항(property-constants)과 법칙 불변항(law-constants)인데, 이에 반해 문화세계의 특성은 의미 불변항(meaning-constants)이다.[1](Cassirer: 1942, 205) 문화가 발달하면 할수록, 문화가 전개되는 개별 영역이 많아지면 질수록, 이 의미의 세계는 그만큼 더 여러 가지로 풍요롭게 된다. 언어의 구체적인 말, 시와 조형 예술작품들, 음악의 형식들, 종교적 표상과 믿음의 형성물들, 이런 것 속에서 우리는 살아간다. 그리고 오직 이러한 것들 속에서만 우리는 서로를 알아본다. 이와 같은 '직관적 인식'(intuitive knowledge)은 과학의 특성을 지니지는 못하지만, 인간학적 가치를 충분히 지니고 있다. 이러한 부분들이 카시러 문화과학의 주된 관심사라고 할 수 있다.

카시러에 의하면, 문화과학들 각각은 각기 나름의 일정한 '형식'(Form) 개념들 내지 '표현양식'(Style) 개념들을 만들어내고, 이들을 이용하여 각기 다루고 있는 현상들을 분류하고 구별하여 체계적으로 개관하게 된다. 이 '형식' 개념들은 법칙 정립적이지도 않고, 개성 기

---

1 Cassirer, Ernst. *Zur Logik der Kulturwissenschaften, Darmstadt*, 1942.(번역서로는 박완규 역, 『문화과학의 논리』, 도서출판 길, 2007. 이후 본문에서는 번역본의 쪽수를 기입함.)

술적이지도 않다. 형식 개념들의 기능이 개별 현상들을 연역적으로 이끌어낼 수 있는 일반법칙을 확립하는 것이 아니기에 이 개념들은 법칙 정립적이지 않다. 또한 '형식' 개념들은 역사적 탐구 방식으로 환원될 수도 없기에 개성 기술적인 것도 아니다.(Cassirer: 1942, 179)

그렇다면 문화과학 고유의 핵심 개념인 '형식'(形式)이란 무엇이며, 인간 활동과 형식은 어떤 상관관계가 있는 것일까? 이와 관련하여 카시러는 18세기 독일 고전주의가 지니고 있었던 새로운 인문주의에 관심을 집중한다. 보통 인문주의라고 하면, 르네상스시대 인문주의를 떠올릴 수 있다. 우선 르네상스시대 인문주의는 보편적 교육 이상을 구현하고자 '원천으로'(ad fontes)라는 구호 아래 '과거'로 돌아가고, '과거'를 붙들고 캐물으며, '과거' 위에 자리를 잡았다. 이때 과거란 인류의 인간성이 꽃피어나던 고대 그리스 로마 시대를 일컫는다. 하지만 18세기 독일 고전주의가 지녔던 인문주의는 이와는 달리 과거보다는 '미래'에 훨씬 더 많은 관심을 두었다. 이들에게서는 관조 욕구보다는 창조 욕구가 결정적인 동기로 작용하고 있었다는 것이 특징이라 할 수 있다.(Cassirer: 1942, 63)

카시러의 분석에 따르면, 빙켈만과 헤르더, 괴테와 훔볼트, 그리고 실러와 칸트에게 있어서 참되고 구체적인 인간성의 의의는 윤리적 관점이 아닌 다른 곳에서 파악되었다는 것이다. 그러니까 이들은 인간 존재의 근본 특성을 발견하게 되었다는 것이다. 인간은 외적 인상들의 와중에서 자신을 잃어버리는 것이 아니라 이러한 인상의 바다에 '형식을 부여함'으로써, 이 바다를 제어할 줄 알게 되었다는 것이다. 그리고 이 '형식'이 궁극적으로 분석되면, 인간 자신으로부터, 다시 말해서 생각하고, 느끼고, 바라는 인간 주관에서 유래하고 있다는 사실이다.(Cassirer: 1942, 63) 다양한 경험 자료에 '형식을 부여'하는 인간의 이러한 '형식 의지'와 '형식 능력'을 헤르더와 훔볼트는 언어의 본질에서, 실러는 놀이와 예술의 본질에서, 칸트는 이론적 인식구조의 사실에 밝혀내었다는 것이다. 인간의 모든 창조물들은 인간에게 고유한 산출 방식이 마련되어 있지 않았다면 생겨날 수 없는 것들이다. 그런 점에서 카시러는 인간이 이러한 '형식'을 산출할 수 있다는 사실이 바로 인간성의 특이하고 고유한 특성이라고 말한다.

카시러에 따르면, 칸트의 학설은 자연과 자유 사이의 혹은 감성계와 지성계 사이의 이원론에 입각한다. 그런데 헤르더와 괴테는 칸트를 따르지 않는다. 헤르더와 괴테는 인간성의 이념에서 인간의 특수한 존재가 아니라 인간의 특수한 일(업적)에 주목하였다. 자연적 존재 중에서 오직 인간만이 이러한 일을 할 수 있다. 그러니까 인간은 가르고, 고르고, 바르게 한다. 인간은 순간에 영속성을 부여한다. 이렇게 해서 인간이 이루어낸 일은 '이론적 형식화', '심미적 형식화', '윤리적 형식화'에 의거한 객관화요, 자기 직관이다.(Cassirer: 1942, 64) 이러한 객관화는 우리가 하는 말에서 나타나고, 더 세련되고 풍요롭게는 시(詩), 조형예술, 종교적 직관, 그리고 철학적 개념에서 나타난다. 이 모든 것은 인간 존재의 고유한 능력을, 인간 존재의 무한한 능력을 현실화하여 표현한 것들이다.

그렇다면 카시러의 문화과학의 최종 목표는 무엇일까? 자연과학은 '법칙'을 수립하여 이를 우주적 전 공간으로 확대 적용한다. 그런데 이러한 법칙의 보편성 혹은 보편성의 형식으로 나아가는 길이 문화과학에는 닫혀 있다. 문화과학은 의인화(Anthropomorphism)와 인간중심주의(Anthropocentrism)의 길을 벗어날 방도가 없다.(Cassirer: 1942,

208) 문화과학의 대상은 세계 그 자체가 아니라 세계 속의 특수한 한 영역인데, 이 영역은 순전히 공간적 관점에서 본다면 극히 작은 것으로 보인다. 문화과학이 '인간 세계'에 국한하고 지구상의 인간 존재의 한계 안에 머물고 있지만, 그것은 자신에게 할당된 영역을 끝에서 끝까지 완전히 헤아려보려고 한다. 이런 측면에서 카시러는 문화과학의 목표를 다음과 같이 제시한다. 문화과학의 목표는 법칙의 보편성이나 사실과 현상의 개별성에 있는 것이 아니다. 이 양자에 대립하여 문화과학은 그 자신 나름의 고유한 인식의 이상을 세운다. 결국 문화과학이 인식하려고 하는 것은 인간의 삶이 실현되는 현장인 '형식들의 총체성'(totality of the forms)이며, 이것을 해명하고 밝혀내는 것이 문화과학의 목표가 된다.(Cassirer: 1942, 208)

카시러에 의하면 이 '형식들'은 끊임없이 다양하나 통일적인 구조 없이는 성립되지 않는다. 왜냐하면 우리가 문화발전에서 갖가지 모습의 인간을 만나지만, 우리가 늘 만나는 것은 결국 '하나같은' 인간이기 때문이다. 관찰하고, 달아보고, 재어 봄으로써는, 다시 말해 자연과학적 관찰과 계량화의 방법으로써는 이러한 동일성(identity)을 의식할 수가 없다. 또한 심리학적인 귀납의 방식을 통해서도 이 동일성에 이를 수가 없다. 이 동일성은 오직 행위를 통해서만 입증될 수 있을 따름이다. 우리가 어떤 문화를 이해하려면, 우리는 능동적으로 그 문화 속으로 들어가야 한다.(Cassirer: 1942, 208)

카시러는 자연과학의 업적은 '사물개념'과 '법칙개념'에 의해 달성되고, 문화과학의 업적은 '형식' 개념과 '표현양식' 개념에 의해 이루어진다고 파악한다. 카시러는 문화과학의 파악과정에는 또한 역사적 지식이 필수적인 요소로 들어가게 된다고 말한다. 여기서 역사적 지식은 단지 수단이지 목적 자체는 아니다. 역사의 임무는 단순히 과거의 존재와 삶을 우리가 알게 해주는 데에 있는 것이 아니라 그 의미를 '해석'할 수 있도록 해주는 데에 있다. 과거에 대한 모든 단순한 지식은, 여기에 재생적 기억능력 이외의 다른 능력들이 포함되지 않는 한, 그저 생명이 없는 칠판 위의 죽은 그림에 불과하다. 사실과 사건에 대해서 기억이 보존하는 것은 이것이 우리의 내적 체험과 관련되고 내적체험으로 변형될 수 있을 때에만 비로소 '역사적 기억'이 될 수 있다.(Cassirer: 1942, 209)

카시러에 의하면 역사는 단순한 연대기가 아니며, 역사적 시간은 객관적인 물리적 시간이 아니다. 역사가에게 있어서 과거는 자연과학자와 같은 의미에서 그저 지나가 버린 것이 아니다. 과거는 그 나름의 고유한 현재성을 지니고 있다. 아무리 역사가의 임무가 '본래 있었던 대로' 기술하는 것이라 해도, '본래 있었던 것'은 이것이 역사적 관점에 놓이게 되면 새로운 의미를 얻게 된다. 부연하자면, 지질학자가 지구의 과거 모습을 우리에게 말해줄 수 있고, 고생물학자가 지금은 사라져 없는 생물 형태들을 우리에게 말해줄 수 있다. 이 모든 것은 그저 언젠가 일찍이 '있었던 것'일 뿐이요, 그 생생한 특성은 소생될 수가 없다. 그러나 역사는 단순히 과거에 있었던 것을 우리 앞에 제시하려는 것이 아니다. 역사는 지나간 과거의 삶을 우리가 이해할 수 있도록 해준다. 역사는 지나가 버린 삶의 내용 자체를 소생시킬 수는 없으나 이러한 삶의 순수한 '형식'을 지키려고 한다.(Cassirer: 1942, 210)

문화과학들에서 명백하게 나타나는 '형식' 개념들과 '표현양식' 개념들이 아무리 다양하고 풍부하더라도 이 개념들은 결국 이러한 하나의 임무를 위한 것이다. 다시 말해서 이 개념들을 통해서만 문화의 재생 (re-birth)과 재체험(re-experience) 그리고 문화의 부활(the palingenesis of culture)이 가능하게 된다.(Cassirer: 1942, 210) 그러니까 카시러는 지금 문화과학의 최종 목표는 '형식' 개념들과 '표현양식' 개념들을 통해서 문화의 재생과 재체험, 나아가 문화의 부활에 있다는 점을 분명히 하고 있다. 과거로부터 현실적으로 우리에게 보존되어 있는 것은, 이것이 언어로 쓰인 것이건, 그림으로 그려진 것이건, 청동에 새겨진 것이건, 이 모두는 역사적 기념물들이다. 이러한 기념물들에서 우리가 어떤 상징(象徵, symbol)들을 읽어낼 때, 그 기념물은 비로소 역사적인 것이 된다. 우리는 이 상징들을 통해서 특별한 삶의 형식들을 알아볼 수 있을 뿐만 아니라 또한 이 상징 덕분에 우리는 우리 자신을 위해 이 삶의 형식들을 부활시킬 수도 있는 것이다.(Cassirer: 1942, 210) 그런 맥락에서 문화는 중단 없는 흐름에서 꾸준히 새로운 언어적, 예술적, 종교적 상징들을 창조해간다. 자연과학은 현상을 경험으로서 읽어낼 수 있게 하기 위해서 이 현상을 그 구성요소들로 쪼개는 방법을 우리에게 가르쳐준다. 반면에 문화과학은 상징들 속에 숨겨진 내용을 풀어내기 위해서, 즉 상징이 생겨난 원천을 다시 생생하게 볼 수 있도록 하기 위해서 이 상징을 해석(解釋)하는 방법을 우리에게 가르쳐 준다.(Cassirer: 1942, 224)

이상에서 살펴본 카시러의 문화과학의 특징과 목표를 염두에 두면서, 이 글에서 나는 문화의 메타모포시스(변형, 탈바꿈) 현상에 초점을 맞추어 논의하고자 한다. 특히 인간의 문화에서 왜 메타모포시스 현상이 발생하게 되는지, 궁극적 원인을 규명해 보고자 한다. 이 과정에서 인류의 조상이라 불리는 원시인들의 삶의 방식, 세계에 대한 인식

방식, 세계관이 아마도 중요한 단초가 될 수 있을 것이다. 그래서 나는 이 글에서 원시인들의 삶을 조명할 수 있는 핵심 개념은 바로 '신화'와 '신화적 사고'라고 판단한다. 좀 더 구체적으로 말하면, 문화의 메타모포시스 현상의 단초가 신화와 신화적 사고이지만, 여기서 나는 더 나아가 신화의 두 얼굴, 즉 신화의 순기능과 역기능을 드러내고, 신화적 사고의 고유한 특성이 문화의 메타모포시스를 이해하는 매우 중요한 부분이라는 사실을 말하고자 한다. 이 과정에서 신화가 정치와 결탁하고, 신화적 사고가 정치세력과 유착될 때, 무슨 일들이 벌어지게 되는지를 서양에서의 정치적 신화들(영웅 숭배론, 인종 불평등론, 운명론적 역사관)에 대한 분석을 통해 검토할 것이다. 마지막으로 지금 여기 우리사회에서의 문화의 메타모포시스 현상들에 대해 확인하고, 이에 대한 나름의 대처 방안을 모색해보고자 한다.

2. 문화의 메타모포시스 현상의 토대로서 신화와 신화적 사고

우리가 여기서 카시러의 관점을 제대로 이해하기 위해서는 그의 학문 활동의 여정을 잠시 살펴볼 필요가 있다. 그의 삶의 환경과 주변의 여건들이 결국 카시러로 하여금 학문적 관심과 목표를 제공해 주었기 때문이다. 그 첫 시기는 1903년에서 1919년까지 베를린대학에 있던 시기이다. 이때 그는 데카르트(Rene Descartes, 1596~1650) 사상을 연구하여 박사학위 논문을 작성하였고, 라이프니츠(Gottfried Wilhelm von Leibniz, 1646~1716) 사상과 자연과학적 인식이론에 대한 칸트적인 접근의 문제를 주로 다루었다. 다음은 1919년부터 1933년까지 함부르크대학에 있던 시기이다. 이 시기에 그는 인식이론에서 문화철학으로 자신의 관점을 확대 변경하면서 신칸트주의 입장으로부터 결별하게 된다. 이후 문화철학과 문화비판에 대한 카시러의 본격적인 연구는 1935년에서 1945년 사이에 이루어진다. 이 시기는 그가 나치정권의 등장에 맞서 함부르크대학의 총장직을 사임하고, 영국, 스웨덴, 미국으로 망명하여 체류하던 때이다. 따라서 이 시기 그의 관심을 끈 것은 주로 사회·정치철학적 주제들이다.(Krois: 1987, 13~32)

이상에서 볼 수 있듯이, 신화와 이데올로기의 관련성에 대한 카시러의 해명은 주로 그가 외국에 망명해 있으면서, 독일 나치정권의 정치적 이념의 허구와 그 실체를 드러내려는 의도와 목적에서 수행되었다는 사실을 우리는 알아차릴 수 있다. 그렇다면 카시러의 문화철학 전체에서도 신화는 항상 이와 같이 부정적 측면에서 논의되어 온 것일까? 그러니까 신화는 항상 이데올로기적 요소만을 가지고 있는 것일까? 이런 궁금증을 풀기 위해서 우리는 이참에 카시러 문화철학의 전체 논의에 나타나는 신화관(신응철: 2000, 89~130)을 예비적으로 살펴볼 필요가 있다. 우리는 이러한 예비 고찰을 통해서 카시러가 문화철학과 사회철학에서 제시하는 서로 다른 신화의 상(像)을 확인할 수 있을 것이다. 이제 나는 신화에 깃든 서로 다른 두 모습을 일컬어 '신화의 두 얼굴'이라 부르고자 한다.

카시러는 신화의 내용이나 동기를 문제 삼기보다는 신화를 만들어내는 인간 정신의 기능에 주목하였다. 신화는 자연과 인간 생활의 모든 현상에 대한 해석을 담고 있다. 신화를 만들어내는 정신의 창작물들은 반드시 하나의 이해할 만한 '철학적 의미'를 가지고 있다. 신화가 온갖 이미지들과 상징들 밑에 이 의미를 감추고 있다면, 이것을 드러내 밝히는 것이야말로 철학의 과제이다.(Cassirer: 1925, 3)

카시러는 이와 같은 철학의 과제를 수행하기 위하여 먼저 신화에서 나타나는 지각의 구조를 과학적 사고에서의 그것과 대립시켜 설명하고 있다. 과학적 사고의 특징인 분석적 과정에 의하여 우리는 실체적인 것과 우연적인 것, 필연적인 것과 우발적인 것, 변하는 것과 불변하는 것을 구별한다. 이러한 구별에 의하여 우리는 고정되고 한정된 성질을 갖춘 물리적 대상의 세계에 대한 개념을 갖게 된다. 이에 반해 신화적 세계는 우리의 이론적 세계보다 훨씬 더 유동적이고 변동성 있는 단계에 있다. 카시러는 과학적 사고와 신화적 사고의 차이를 특별히 부각시키기 위해서 신화가 주로 지각하는 것은 객관적 성격들이 아니라, '상모적'(相貌的 physiognomic) 성격들이라고 말한다. 그런데 카시러가 말하는 상모적 성격이란 도대체 어떤 것일까?

우리가 경험 과학적 의미에서 말할 때, '자연'이란 칸트가 말하듯이 일반법칙에 의하여 결정되는 한에서의 사물의 존재라고 정의할 수 있다. 그런데 이러한 의미의 자연을 신화에서는 찾아볼 수 없다. 신화의 세계는 극(劇)적인 세계(dramatic world), 그러니까 행동, 힘, 충돌하는 세력들 간의 세계이기 때문이다.(Verene: 1979, 172) 이러한 신화적 세계에서 나타나는 상모적 성격을 카시러는 다음과 같이 설명한다.

"신화에서 보여지거나 느껴지는 것은 무엇이든지 어떤 특별한 분위기(atmosphere)에 둘러싸여 있는데, 이는 즐거움, 슬픔, 괴로움, 흥분, 환희, 우수 등의 분위기이다. 이러한 분위기에서 사물들에 관해 말할 때, 그 사물들을 생명 없는 물건으로, 혹은 냉담한 물건으로 말할 수가 없다.

모든 대상은 다정하거나 악의에 차 있으며, 우애적이거나 적의를 가졌으며, 친밀하거나 무서워서 기분 나쁘며, 또는 마음을 끌고 황홀하게 하는 것이 아니면 징그럽거나 위협적이다."(Cassirer: 1944, 76-77)

'상모적'이라는 표현은, 인간을 포함한 모든 대상물을 하나의 객체로만 보는 것이 아니라, 나와 똑같은 '감정'을 지닌 존재, 나와 똑같은 '생명'을 지닌 존재, 그러니까 '얼굴'을 가진 존재로 여기고 그렇게 대하는 태도이다. 카시러는 이와 같이 신화적 지각에서 나타나는 상모적 경험의 자료들이 객관적 가치는 잃었을지 몰라도 인간학적 가치는 여전히 가지고 있다는 사실에 주목한다. 때문에 우리 인간 세계에서 상모적 경험들은 부정할 수도, 제거할 수도 없다. 이런 맥락에서 카시러는 신화의 진정한 하층 구조는 '사고'(thought)로 되어 있지 않고, '감정'(feeling)으로 되어 있다고 주장하는 것이다.(Cassirer: 1944, 81) 이런 이유에서 한때 신화는 비합리적인 것으로 비춰지기도 했었다. 그렇지만 카시러는 신화 속에도 논리적 일관성이 들어있으며, 이 일관성은 논리적 규칙이 아닌 감정의 통일에 근거한 것이라고 말한다.

예를 들어 '과학적 사고'가 현실을 기술하고 설명한다면, 대개는 '분류'와 '체계화'의 방법을 사용한다. 이런 방식을 따르다 보면, 생명 현상은 서로 확연히 구별되어 개개의 부분으로 나뉘게 된다. 말하자면 생명의 세계를 종(種), 속(屬), 과(科) 등으로 잘게 쪼개어 나뉘게 된다. 하지만 원시인의 '신화적 사고방식'은 이 모든 것을 무시하고 거부한다. 그러니까 신화에서는 그와 같은 일이 일어나지 않는다. 신화에서의 생명관은 종합적이지 결코 분석적이지 않다. 신화에서의 생명은 끊긴 데 없는 하나의 연속적 전체로서 느껴진다. 그리하여 서로 다른 영역들 간의 경계는 유동하며 변동하게 된다. 때문에 신화적 사고에서는 생명 세계에서의 종의 차이가 생겨나지 않는다. 다만 메타모포시스(metamorphosis, 탈바꿈)의 법칙만이 있을 뿐이다.(Cassirer: 1946, 1~15)

그리고 카시러는 신화적 사고를 행했던 원시인들의 심성의 특징을 '논리'가 아닌 일반적인 '생활 감정'에서 찾고 있다. 카시러는 이 점을 원시인의 자연관을 통해 설명한다. 원시인의 자연관은 한마디로 '공감적'(sympathetic)이라 할 수 있다.(Cassirer: 1944, 82) 신화는 감정과 정서의 소산이며, 그 정서적 배경은 그 모든 창작물을 그 자신의 특수한 빛깔로 물들인다. 원시인은 사물들 사이에 나타나는 여러 차이를 모르는 것이 아니다. 하지만, '생명의 연대성'(solidarity of life)에 대한 깊은 감정과 확신으로 말미암아 이 차이들은 망각된다. 인간은 생명의 연대성 속에서 특별한 위치를 차지하지 않는다. 그런 점에서 온갖 형태의 생명 자체를 똑같은 혈연으로 여기는 것은 신화적 사고의 일반적인 전제이다.(Cassirer: 1944, 82) 그래서 신화적 세계에서는 동물들이나 식물들의 생명과 인간의 생명이 구별되지 않고 서로 넘나드는 것으로 여긴다. 거기에는 자연이 하나의 큰 사회, 그러니까 '생명의 사회'(the society of life)를 이루고 있다.(Cassirer: 1944, 83) 생명들 간의 차이가 없지는 않으나, 종교적으로 대수롭지 않게 여겨진다. 그리고 이러한 생명의 세계에서는 가장 낮은 형태의 생명도 가장 높은 형태의 생명과 똑같은 수준의 종교적 존엄성을 갖고 있다. 인간과 동물, 동물과 식물이 모두 동일한 수준에 있다는 말이다. 생명의 연대성에 대한 감정은 이와 같이 토템인 동물들 및 식물들에 있어서의 생명의 통일에 대한 느낌일 뿐만 아니라 그것은 인간 세대들 간의 단절 없는 연속에 대한 느낌이기도 하다.

이처럼 카시러 자신의 문화철학의 논의에서는 신화, 특히 신화적 사고의 순기능적 측면이 대단히 부각되고 있음을 알 수 있다. 그 이유는 무엇일까? 신화의 순기능적 측면은 인간이 만들어 놓은 산물인 문화를 이해하고 해석하는 데 있어서 새로운 관점을 제공해 줄 수 있고, 특별히 이성 중심의 과학적 사고방식에 길들여져 있는 현대인의 인식방식 및 삶의 방식에 신선한 충격과 반성을 제공할 수 있기 때문이다.

이제 우리의 주된 관심사인 이데올로기로서 신화에 대한 논의로 다시 넘어가 보도록 하자. 신화의 부정적 측면은 주로 카시러 자신의 사회철학의 논의에 등장한다. 카시러의 사회철학의 성격은 자신의 인생 여정과도 밀접한 관련이 있음을 우리는 앞에서 이미 살펴보았다. 앞으로 논의하겠지만, 카시러는 정치란 항상 '신화적 사고'와 밀접하게 연결되어 있으며, 그런 점에서 신화는 긍정적이든 부정적이든 간에 우리의 삶과 뗄 수 없는 관계에 놓여 있다고 주장하는 것이다. 그 점에서 카시러의 사회철학은 다분히 정치철학적 함의를 띠고 있다.

3. 문화 위기와 정치적 신화의 출현

카시러 철학 사상의 변화 과정에서 중요한 측면은 마르부르크 신칸트학파의 인식이론에서 문화철학으로의 이행, 그리고 생을 마감하기까지의 10년 동안 문화철학에서 사회철학으로의 이행 과정이다. 카시러 사후에 출간된 『국가의 신화』(1946)는 자신의 사회철학의 기

획 의도와 내용을 가장 명쾌하게 드러내 주고 있다. 이 책에서 카시러
는 유럽의 파시즘, 특히 나치 독일의 국가 사회주의 이념의 허구를
들추어내고 있다. 카시러는 사회철학 논의에서 파시즘과 같은 유형
의 현대 전체주의 국가나 사회는 '정치적 신화'를 통해 인간을 정복한
것으로 평가한다. 20세기의 '정치적 신화들'은 자유로운 상상력에서
나온 자연스러운 결과가 아니다. 그것은 사회적으로 불안전한 집단
을 효과적으로 묶고 단단히 결속시키기 위해서 전략적으로 고안하여
집단적으로 투입한 것이다.(파에촐트: 2000, 136)

카시러는 19세기와 20세기에 걸쳐 신화적인 것이 정치적 사고로
회귀되는 현상들을 철학 및 정치사상에서의 신화 반대 투쟁사를 통
해 풀어내고 있다. 카시러는 특별히 ① 칼라일(Thomas Carlyle, 1795~
1881)의 '영웅 숭배론'과 ② 고비노(Joseph-Arthur Gobineau, 1816~1882)
의 '인종 불평등론', ③ 슈펭글러(Oswald Spengler, 1880~1936)의 '운명론
적 역사관'을 정치적 신화의 대표적인 것으로 간주한다.

그런데 정치적 신화들에 대한 반대 투쟁에서 철학은 도대체 어떤
역할을 할 수 있을까? 언뜻 보기에, 정치적 신화들을 파괴하는 일은
철학의 힘이 미치지 못하는 영역의 일로 보일 수 있다. 만일 우리가
헤겔의 언급처럼, 미네르바의 올빼미는 밤의 그늘이 짙어져 갈 때에
만 날기 시작한다는 주장에 쉽게 동조한다면, 그리고 헤겔의 이 말이
참이라면, 철학은 하나의 절대적 정적주의(absolute quietism), 즉 인간
의 역사적 생활에 대해 전적으로 수동적인 태도를 취하게 될 것이라
고 카시러는 지적한다.(Cassirer: 1946, 296) 말하자면, 철학은 그저 주어
진 역사적 상황을 받아들이고 설명할 뿐이며, 이러한 상황 앞에 굴복
하고 만다는 것이다. 이렇게 될 경우 철학은 '사변적 태만'(speculative

idleness)을 범하게 된다. 카시러는 철학의 사변적 태만은 인간의 문화
적 사회적 생활에서 그 임무를 다하지 못하는 것이라고 지적한다.
바로 이러한 문제의식에서 카시러는 인간의 다양한 문화 현상들의
공통된 특징을 읽어내는 문화철학의 논의에만 머무르는 것이 아니라,
그러한 문화를 창조하고 향유하는 주체인 인간, 그리고 그 인간의 삶
을 철저하게 억압하고 강제하는 정치적 신화들에 대해 그것의 기원,
구조, 방법 및 수법을 밝혀내고자 하는 것이다.

　덧붙이자면, 카시러가 문화철학에서 사회철학으로 이행한 것은 인
간 문화의 위기에 대한 반성에서 비롯되었다고 할 수 있다. 그러니까
문화의 정신적 기능을 기술하고 분석하는 것만으로는 성이 차지 않
았다. 오히려 카시러는 문화가 좌초되어 붕괴되는 현실을 보면서, 문
화란 조화로운 균형의 상태를 유지하기 힘든 속성을 지니고 있다는
사실을 해명하려고 한 것이다. 요약하자면 그는 사회철학의 논의를
통해서 문화 위기의 실체를 드러내고 그것에 대처하려고 한 것이다.

4. 문화의 메타모포시스: 신화(신화적 사고)와 정치의 결탁

1) 신화는 어떤 방식으로 정치와 연을 맺을까?

　카시러의 사회철학의 기획 의도는 기본적으로 유럽의 파시즘을 해
부하여 비판하는데 있다. 그는 『국가의 신화』를 통해서 상징병리학
의 문제를 사회적 단계로 연장시켜서 논의하고, 심각한 정치 사회적
위기를 맞이한 인간이 그 위기를 유연하고도 신중하게 처리할 수 없
게 된 원인을 규명하고 있다. 그러니까 신화가 정치 속에 침투하게

되면, 그러한 상황에서 인간은 자신이 처한 위기 상황에 대해 분석과 반성의 능력이 마비되어 버린다는 점을 지적하고 있는 것이다.

그렇다면 신화와 정치는 어떤 상관관계가 있는 것일까? 카시러의 사회철학의 논의에서 나타나는 신화는 매우 '부정적인' 의미를 함축하고 있는 개념으로 사용되고 있다. 그런데 사실상 카시러 철학의 핵심은 주지하듯이 '상징형식의 철학'에 들어 있다. 상징형식과 상징 개념이 그의 인식이론, 문화철학 논의에서 없어서는 안 될 핵심 개념들이다. 또한 『상징형식의 철학』에서 신화나 신화적 사고는 대단히 중요하게 다루어지고 있다. 카시러의 『상징형식의 철학』 제2권인 『신화적 사고』(1925)는 현대의 과학적이고 논리적인 사유방식의 한계를 지적하고 이를 보완할 수 있는 내용들로 꽉 차 있다. 나는 이것을 '신화의 순기능'이라 불렀다. 이렇듯 카시러 자신이 인식이론과 문화철학의 논의에서 신화를 언급할 때는 신화의 순기능, 말하자면 신화적 사고방식에 들어있는 '상모적 세계관', '생명의식', '생명의 연대성', '공감적 사고', '메타모포시스의 법칙' 등의 신화적 세계 경험의 특징을 강조하고 있다.

다른 한편 신화에는 역기능(부작용)도 들어있다. 신화의 역기능적 측면이 바로 신화와 정치의 상관관계를 이해하는 핵심 부분이라 할 수 있다. 카시러에 의하면 신화는 기본적으로 세상에 대한 인식적이고 사변적인 해석이 아니다. 그것은 실제의 '생활 형식'에 뿌리를 두고 있다. 신화는 우리가 그것을 의식상 이루어진 행위 내에서 이해할 때에 비로소 이해하기 쉽다. 원시인들에게서는 일상생활에서의 실용적 지식에 대한 합리적이며 경험적인 법칙이 존재한다. 신화와 그것에 맞는 의식적 행동들은 특히 '위기상황'에서, 그리고 '결과가 불확실

한 상황'에서, 말하자면 생명 순환적 과도기에 중요한 역할을 수행한
다.(Cassirer: 1946, 279)

　카시러에 따르면, 신화는 공동체에 '형식'을 제공하고, 이러한 사회
적 형식은 위기가 발생하더라도 결코 파괴되지 않는다는 점을 보증
해 준다. 만일 엄청난 위기 상황이 벌어졌을 때, 그것이 사회 경제적
성격을 지닌다면, 이때 신화는 '정치적 기능'을 수행하게 된다. 그래
서 신화는 각 개인에게 무조건적으로 집단과의 일체감을 심어준다.
카시러는 이것을 '신화의 정치철학으로의 침투 현상'이라고 말하는데,
나는 이것을 이데올로기로서 신화라고 부르고자 한다. 현대 정치사
상의 발전에 있어서 가장 중요하면서 가장 두려운 양상은 하나의 새
로운 세력의 출현, 그러니까 신화적 사고를 바탕으로 하는 세력의 출
현에 있다고 카시러는 파악한다.(Cassirer: 1946, 3) 그런 점에서 정치
제도들 가운데 몇몇의 경우에는 신화적 사고가 이성적 사고보다 우
세하였다고 카시러는 확신하고 있다.

2) 20세기의 대표적인 정치적 신화에는 어떤 것이 있는가?

(1) 칼라일(Thomas Carlyle, 1795~1881)의 '영웅 숭배론'

　카시러는 20세기의 대표적인 정치적 신화 가운데 하나로 먼저 칼
라일의 영웅 숭배론을 언급한다. 칼라일이 1840년 5월에 행한 강연,
"영웅, 영웅 숭배 및 역사에 있어서의 영웅적인 일에 관하여"(Carlyle:
1841)는 자신의 의도와는 관계없이 이후 국가 사회주의, 즉 독일 나치
즘의 이데올로기에 결정적으로 기여하게 되었다.(Cassirer: 1946, 190)

　그렇다면 영웅 숭배론을 주장한 칼라일의 원래의 기본 입장은 무

엇이었을까? 칼라일은 인간의 사회적 문화적 생활에 있어서 가장 오래된 공고한 요소는 다름 아닌 영웅 숭배라고 보았다. "영웅 숭배는 가장 고결하고 신에 가까운 형태의 사람에 대한 충성심으로부터 무한한 경배요 복종이며 열광이다. 그것은 바로 기독교 자체의 맹아가 아닌가?"(Cassirer: 1946, 190) 칼라일은 그와 같은 생각에서 더 나아가 역사적 생활 전체를 영웅들의 생활과 동일시하였다. 따라서 그의 관점에서는 위인들이 없으면 역사도 존재하지 않게 되는 것이다.

카시러는 칼라일의 영웅을 '변형된 성자', 다시 말하면 '세속화된 성자'로 파악한다. 그런 측면에서 칼라일에게서의 영웅은 '시인'일 수도 있고, '왕'일 수도 있으며, '문인'일 수도 있다. 어쨌든 이런 현세적인 성자들이 없으면, 우리는 살아갈 수가 없다는 것이다. 여기서 문제가 되는 것은 과연 영웅이란 무엇인가? 하는 점이다. 이 문제에 대해서 칼라일은 즉답은 피하고 있으며, 다만 누가 위대한 영웅적인 사람들이었는가를 밝히고 있다. 말하자면, 카시러가 볼 때 칼라일의 영웅론에 대한 주장은 그 근거와 기준이 모호하다는 것이다.

칼라일의 영웅 숭배론의 형이상학적 전제를 제공해 준 이는 피히테(Johann Gottlieb Fichte, 1762~1814)라고 카시러는 말한다. 18세기 철학자들은 철저한 개인주의자들이었고, 그들은 '이성의 평등'에 대한 맹신에서 인간의 '평등한 권리'라는 주장을 이끌어 냈다. 그런데 피히테는 이성의 평등에 대한 주장을 한갓 주지주의적 편견(intellectualistic prejudice)으로 보았다.(Cassirer: 1946, 215) 피히테는 이성이 실천이성, 즉 도덕적 의지를 의미한다면, 그것은 결코 평등하게 분배되어 있지 않다고 말한다. 그것은 어디서나 발견될 수 있는 것이 아니라, 실제에 있어 소수의 위대한 인격 속에 집중되어 있다는 것이다. 이들이 다름 아닌 영웅들이며, 인류 문화의 최초의 개척자들인 셈이다. 피히테의 이러한 생각을 이어받고 있는 칼라일은 영웅 숭배가 인간 본성 속에 있는 '근본적 본성'이며, 만일 이것이 전적으로 말살되면 인류를 절망에 빠뜨리게 될 것이라고 주장한 것이다.(Cassirer: 1946, 215)

현대의 파시즘 옹호론자들은 칼라일의 영웅 숭배론과 관련하여 그의 말들을 쉽게 정치적 무기로 전환시킬 수 있었다. 그래서 칼라일의 정치이론은 그 근저에 있어서 변장되고 변형된 캘빈주의라 할 수 있다.(Cassirer: 1946, 193) 참된 자발성은 선택된 소수의 사람을 위해서만 있고, 그 외의 다른 사람들 그러니까 버림받은 대중은 이렇게 선택된 자, 말하자면 통치자로 태어난 자들의 뜻에 복종하지 않을 수 없게 된 것이다.

그런데 여기서 카시러는 칼라일이 사용하는 '영웅주의'와 '리더십'의 개념이 현대의 파시즘 이론에서의 그것과는 분명한 차이가 있다는 사실을 지적한다. 다시 말해서, 칼라일에게서는 참 영웅과 가짜 영웅을 쉽게 분간할 수 있는 두 가지 기준이 있다. 그것은 다름 아닌 '통찰력'(insight)과 '성실성'(sincerity)이다.(Cassirer: 1946, 216) 칼라일은 큰 정치 투쟁에 있어서 거짓말이 절대로 필요하지 않으며, 또한 이것이 정당한 무기가 될 수 없다는 사실을 말하고 있는데, 카시러는 이 점을 매우 긍정적으로 평가한다.

또 다른 측면에서 카시러는 칼라일의 이론과 다른 유형의 영웅 숭배론을 구별한다. 칼라일이 영웅들에게서 가장 찬탄한 일은 '감정의 성실성' 뿐만 아니라 '사상의 명석성'이다. 이 두 요소의 균형이 참 영웅의 두드러진 특징이 된다.(Cassirer: 1946, 217) 그리고 칼라일의 이론에 있어서 영웅들의 성격을 이루는 것은 인간 속에 있는 모든 '생산적'이고 '건설적인' 힘의 다행스러운 결합에 있다. 그리고 이 모든 힘들 가운데 '도덕적 힘'(moral force)이 최고의 지위를 차지하며, 또 압도적인 역할을 맡는다. 칼라일의 철학에서 '도덕성'(morality)은 부인과 부정의 세력에 맞선 긍정의 세력을 의미한다. 여기서 중요한 것은 긍정된 것보다도 오히려 긍정의 행위 자체 그리고 이러한 긍정의 행위의 강도이다.(Cassirer: 1946, 218)

바로 이러한 부분에서 카시러는 칼라일의 이론이 파시즘 옹호자들에 의해 그 원래의 중심적 주장과는 상당히 왜곡된 채 이해되어겼음을 지적하고 있다. 그렇기에 칼라일을 영국 제국주의의 아버지로 평가해 버리는 어떤 견해들도 있지만, 카시러가 볼 때 중요한 사실은 바로 다음과 같은 점이다. 말하자면, 한 민족의 진정한 위대성은 '도덕적 생활'과 '지적 성취들의 강도 및 깊이'에 있지, '정치적 열망' 속에 있는 것이 아니라는 점이다.(Cassirer: 1946, 222) 이러한 관점에서 카시러는 20세기 제국주의 및 국가주의와 칼라일의 영웅 숭배론은 근본적인 차이가 있다는 사실을 밝혀내고 있다. 칼라일이 '힘은 정의다'(Might makes right)라고 말한 사실이 있다고 하더라도, 이때 '힘'은, 물리적인 의미보다는 오히려 '도덕적' 의미로 이해되고 있다는 사실에 카시러는 주목하고 있다. 그 점에서 영웅 숭배는 언제나 '도덕적 힘에 대한 숭배'(the worship of a moral force)를 의미한다. 칼라일이 가끔 인간의 본성에 대해 깊은 불신을 가지고 있는 듯이 보이지만, 사실은 '인간은 결코 자기 자신을 야수적인 힘에 전적으로 내어 맡기지 않고, 오히려 항상 도덕적 위대성에 내어 맡긴다'라고 말할 정도로 그는 인간성에 대해 신뢰하고 있고, 낙관적이었다고 카시러는 평가한다.(Cassirer: 1946, 223) 비록 칼라일의 영웅 숭배론이 왜곡되어 적용되

었지만, 중요한 것은 칼라일 사상의 본래적 취지와 뜻을 제대로 확인
하자는 것이 카시러의 입장이다.

(2) 고비노(Joseph-Arthur Gobineau, 1816~1882)의 '인종 불평등론'

고비노의 인종 불평등론의 핵심 내용은 의외로 단순하다. 인류의
여러 인종 가운데 백인종만이 문화적 생활을 건설하는 의지와 힘을
가진 '유일한' 인종이라는 주장이다.(Cassirer: 1946, 226) 이것은 인종들
간의 근본적 '차이'를 주장하는 것으로서 그의 이론의 핵심 부분이다.
흑인종과 황인종은 아무런 생명도, 아무런 의지도, 그들 자신의 아무
런 에너지도 가지고 있지 않다고 본다. 이들은 그 주인들의 수중에
있는 죽은 물질이요, 보다 높은 인종에 의하여 움직여지지 않으면 안
되는 무기력한 집단으로 간주된다.

고비노는 "흑인종과 황인종은 거친 천이요, 무명이며, 양모에 지나
지 않은 것으로서, 백인종이 이것 위에 그들 자신의 우아한 명주실을
짰다는 것은 아주 확실한 일이다."(Cassirer: 1946, 227)라고 말한다. 이
러한 관점에서 중국 문화조차도 중국인들이 만든 것이 아니라, 인도
에서 이주해 온 외래 종족, 그러니까 중국을 침입해서 이를 정복하고
중앙 왕국과 중화 제국의 기초를 닦은 크샤트리아 족(Kschattryas)의
소산이라는 것이다. 마찬가지로 아메리카 원주민들이 그들 자신의
노력으로 문명의 길을 찾을 수 있었다고 하는 것은 불가능한 가정이
라는 것이다. 이러한 관점에서 "역사는 오직 백인종들과의 접촉에서
만 생긴다."(History springs only from contact of the white races)(Cassirer:
1946, 228)라는 사실이 고비노 이론의 제1원리가 되었다.

이런 맥락에서 보자면 고비노의 역사관은 숙명론적(fatalistic)(Cassirer: 1946, 225)이라고 할 수 있다. 그에 의하면 역사는 일정하고 냉혹한 법칙을 따른다. 우리는 사건의 진로를 변경시키기를 바랄 수 없다. 우리가 할 수 있는 일은 그것을 이해하고 받아들이는 것뿐이다. 그렇기 때문에 인류의 운명은 처음부터 '예정'되어 있다는 것이다. 인간의 그 어떤 노력도 이것을 돌이킬 수가 없고, 인간은 결국 자신의 '운명'을 바꿀 수 없다는 것이 고비노의 생각이다.(Cassirer: 1946, 225)

고비노에게서 '인종'은 세계의 유일한 주인이요, 지배자라는 것, 다른 모든 세력들은 그 심부름꾼이며 위성에 불과하다. 그는 이 점을 증명하려 한 것이다. 그렇기 때문에 고비노의 이론이 현대적 의미의 전체주의 국가 이데올로기로 오용될 소지는 있지만, 엄밀한 의미에서 고비노 이론의 핵심은 그와는 달랐다는 사실이다. 카시러가 볼 때, 고비노 이론에서 가장 중요한 요소는 '인종에 대한 찬미' 자체에 있지 않다. 자신의 조상, 가문, 혈통을 자랑스럽게 생각하는 것은 인간의 자연스러운 성격이다. 만일 그것이 편견이라면 그것은 매우 일반적인 편견에 지나지 않는다.

카시러가 고비노에게서 발견하고 있는 중요한 사실은 첫째로 '다른 모든 가치를 파괴하려는 시도'이다.(Cassirer: 1946, 232) 말하자면, 인종이라는 신(神)은 시기하는 신이다. 그는 자기 이외에 숭배될 다른 신들을 용납하지 않는다. 인종만이 전부이다. 다른 세력들은 아무 것도 아니며, 독립적인 가치나 의미를 가지지 못한다. 만일 인종 이외의 다른 것들이 어떤 힘을 가지고 있다면, 그것은 자율적인 힘이 아니라 전능한 존재인 인종이 이것들에게 위탁해 놓은 것이다. 이러한 사실이 온갖 형태의 문화생활, 즉 종교, 도덕, 철학, 미술, 국민과 국가

속에 나타나 있다는 것이다.

둘째, 카시러가 볼 때 고비노에게서는 18세기의 인본주의적 (humanitarian) 이념과 평등주의적(equalitarian) 이념이 장애가 되었다. 이 이념들은 종교에 근거하기보다는 철학적 윤리학에 근거하고 있다. 사실상 이 이념들은 칸트의 저서 속에서 가장 명료하게 체계적으로 기술되어 있다. 카시러는 칸트 저서의 핵심을 '자유'(freedom)의 이념에서 찾고 있고, 이 자유는 '자율'(autonomy)을 의미한다. 이러한 이념은 도덕적 주체는 그가 자기 자신에게 주는 것 외의 다른 어떤 규칙에도 복종해서는 안 된다는 원리의 표현이다. 인간은 외부의 목적을 위해서 사용될 수 있는 수단에 불과한 것이 결코 아니다. 그는 그 자신 목적의 왕국에 있어서의 입법자이다. 이것이야말로 그의 참 존엄성, 한갓 물리적인 모든 존재를 넘어서는 특권을 구성하는 것이다. 칸트에 따르면, "목적의 왕국에서는 모든 것이 값 혹은 존엄성을 가진다. 한편 모든 값을 초월하는 것, 따라서 맞바꿀 것이 도무지 없는 것은 그 어느 것이나 존엄성을 가지고 있다. (……) 그리하여 도덕성과 이것을 가질 수 있는 인간성(humanity)만이 존엄성을 가지고 있다."(Kant: 239)

이 모든 것은 고비노에 있어 전혀 알 수 없는 소리일 뿐만 아니라, 또한 한 마디로 참을 수 없는 것이었다고 카시러는 평가한다. 그 이유는 이렇다. 존엄성(dignity)이란, 개인적 우월성을 의미하는 것이며, 우리는 남을 열등한 존재로 내려다보지 않고서는 이 우월성을 의식할 수가 없다. 모든 위대한 문명과 모든 고귀한 인종에 있어서 이것은 지배적 특성이었다고 고비노는 간주하고 있다. 따라서 고비노에게서 보편적 윤리의 기준과 가치를 찾는 일은 어리석은 일에 지나지 않는다.

그에게서 보편성이란 속악(俗惡 vulgarity)을 의미할 뿐이다.(Cassirer: 1946, 236)

셋째, 고비노에게서는 '인종'이라는 본능(the instinct of the race)이 모든 철학적 이상과 형이상학적 체계보다 훨씬 더 우월하다. 우월한 인종들(예컨대, 아리안 족)은 그들의 발아래 비굴하게 굽실거리는 다른 인종들과 자신을 비교함으로써만 그들이 어떤 존재며, 또 무슨 가치가 있는 존재인지를 알 수 있다고 고비노는 생각하였다. 그런 관점에서 볼 때, 칸트의 정언명법의 공식은 말 자체가 모순이 아닐 수 없다. 고비노가 볼 때, 그 격률, 그러니까 우리가 하고자 하는 것이 동시에 보편적 법칙이 되도록 하라는 격률은 불가능하다. 보편적 인간이 없는데 어떻게 보편적 법칙이 있을 수 있겠는가? 모든 경우에 타당할 것을 주장하는 칸트 식의 윤리적 격률은 어떤 경우에도 타당하지 않다. 누구에게나 적용되는 규칙은 아무에게도 적용되지 않는다. 그것은 인격적, 역사적 세계에서 대응하는 것이 하나도 없는 한갓 추상적인 공식에 지나지 않는다.(Cassirer: 1946, 236)

카시러가 고비노에 관한 논의를 통해서 확인하고 있는 중요한 사실 하나가 있다. 고비노 이론이 정치적으로 악용되어 인종주의(racism)와 국가주의(nationalism)로 이어지는데 공헌한 것은 사실이지만, 고비노 이론 자체에서 본다면 결코 그는 국가주의자도(nationalist) 애국주의자(patriot)도 아니었다는 사실이다.(Cassirer: 1946, 239) 고비노에게서 애국심은 민주주의자들이나 선동자들에게 있어서 하나의 미덕일 수 있으나, 자신과 같은 귀족주의자들의 미덕은 못되며, 인종이 최고의 귀족주의라고 말한다.(Cassirer: 1946, 239)

카시러는 지금까지 논의한 고비노와 칼라일의 사상을 일목요연하

게 비교한다. 언뜻 보면, 이 두 사람의 정치적 경향은 매우 유사한듯
하지만 차이가 있고, 이들은 공통적으로 18세기의 정치적 이상들, 즉
자유(liberty), 평등(equality), 박애(fraternity)의 이상을 철저하게 반대하
였다. 카시러는 칼라일의 영웅숭배와 고비노의 인종숭배 사이에는 근
본적인 차이가 있다고 말한다. 그러니까 칼라일이 '결합'(connect)과
'통일'(unify)을 하고자 한다면, 고비노는 '분할'(divide)과 '분리'(separate)
를 하고자 한 점이다.(Cassirer: 1946, 243)

칼라일에게서 새로운 위인, 즉 종교적, 철학적, 문학적, 정치적 천
재가 등장할 때마다 인류 역사의 새로운 장이 시작된다는 인상을 받
는다고 카시러는 말한다. 말하자면 종교적 세계의 성격 전체가 마호
멧이나 루터의 출현으로 말미암아 완전히 바뀌었으며, 또 정치적 세
계와 시의 세계가 크롬웰이나 단테, 셰익스피어에 의하여 혁신되었
다. 새로운 영웅들은 모두 '신적 이념'(Divine idea)과 동일한 하나의
보이지 않는 큰 힘의 새로운 화신이다. 그런데 역사적 문화적 세계에
대한 고비노의 논의에서는 이러한 신적 이념이 사라져버렸다. 고비
노가 볼 때, 위인들은 하늘로부터 오지 않는다. 그들의 온 힘은 땅에
서 생겨난다. 그러니까 그들이 뿌리를 내리고 있는 출생지의 흙 속에
서 생기는 것이다. 그러므로 위인들의 최선의 성질들은 그들의 인종
의 성질들이다.(Cassirer: 1946, 230) 이러한 맥락에서 고비노는 존재론
이 도덕에 앞서며, 또 어디까지나 도덕의 결정적 요인이라고 말한다.
즉 한 인간이 '무엇을 하는가?'가 아니라, 그가 '어떤 사람이냐?'라는
사실이 그에게 도덕적 가치를 부여해 준다. 말하자면 인간은 잘 행동
함으로써 선(善)한 것이 아니라, 그가 선할 때 즉 잘 태어났을 때 잘
행동한다는 것이다.(Cassirer: 1946, 238)

(3) 슈펭글러(Oswald Spengler, 1880~1936)의 '운명론적 역사관'

카시러는 1918년 1차 대전 종전 무렵에 발간된 슈펭글러의 『서구의 몰락』(1918)을 현대의 정치적 신화의 전형적인 예로 설명한다. 과연 어떤 요소들 때문일까? 슈펭글러에 의하면 문명의 발생과 몰락은 이른바 자연법칙들에 의거하는 것이 아니다. 그것들은 하나의 보다 높은 힘, 곧 '운명의 힘'(the power of destination)에 의하여 결정된다. 인과율이 아니라 '운명'이 인류 역사의 추진력이다. 어떤 문화 세계의 탄생은 언제나 하나의 신비적 사건이자 운명의 명령이라고 슈펭글러는 말한다.

> 한 문화는 한 위대한 영혼이 언제까지나 어린애 같은 데가 있는 인류의 원시 정신에서 깨어나 무형한 것으로부터 하나의 형태를, 무제한적이고 영속적인 것으로부터 하나의 제한되고 가사적인(mortal) 것을 분리시키는 순간에 탄생한다. 그것은 이 영혼이 여러 민족, 언어, 교리, 예술, 국가, 과학의 모습으로 그 모든 가능성의 총체를 실현하고, 원시 영혼으로 되돌아갈 때 사멸한다.(Spengler: 1918, 106)

카시러는 슈펭글러의 『서구의 몰락』을 역사의 점성술(astrology of history), 말하자면 점쟁이의 저술이라고 혹평한다.(Cassirer: 1946, 291) 왜 카시러는 유독 슈펭글러에 대해 강한 비난을 퍼붓는 것일까? 슈펭글러는 서양의 몰락을 예견했고, 다른 한편 독일 민족에 의한 세계 정복을 말하였다. 분 명 두 가지는 서로 다른 것임도 불구하고, 슈펭글러의 이 책은 독일 나치즘의 선구적 저서가 되었다. 슈펭글러에게서 나타나는 '운명'의 관념은 세계의 거의 모든 신화에 공통으로 들어 있다고 카시러는 말한다. '운명' 관념에서 비롯되는 숙명론(fatalism)은 신화적 사고와 분리할 수 없는 것이다. 이러한 숙명론적이고 결정론적인 사고방식이 정치와 문화 해석에 적용될 때(신응철: 2002, 301~322), 그 결과와 폐단을 우리는 미리 짐작할 수 있다.

카시러가 슈펭글러의 『서구의 몰락』에 나타나는 운명론적 사고방식이 이후 하이데거(Martin Heidegger, 1889~1976)의 『존재와 시간』(1927)에도 그대로 스며들어 있다고 말한다. 슈펭글러의 책보다 9년 뒤에 출간된 하이데거의 이 책은 실존철학으로 전개되고 있다. 그런데 카시러가 볼 때, 하이데거의 실존철학은 객관적이고 보편적인 타당한 진리를 우리에게 주지 못한다는 것이다. '실존' 개념은 역사적 성격을 지니고 있다. 그것은 개인이 그 아래서 살고 있는 특별한 조건들과 결부되어 있다. 이 조건들을 변화시키는 것은 불가능하다. 카시러는 이러한 측면을 하이데거가 사용하는 '내던져져 있음'(Geworfenheit)(Heidegger: 1927, 582)이라는 개념에서 발견한다. 이 자리에서 우리는 하이데거의 '내던져져 있음' 개념이 카시러의 이러한 비판적 지적을 받을 수 있는지의 여부, 실존 개념에 대한 두 사람의 견해 차이는 언급하지 않기로 한다.(신응철: 2002, 271－293 참조)

다만, 카시러가 볼 때, 시간의 흐름 속에 던져져 있다고 하는 하이데거의 '내던져져 있음' 개념은 인간 상황의 근본적이고 변경할 수 없는 특성이 된다. 결국 우리는 이 흐름에서 빠져나올 수 없고, 또 그 흐름을 변환시킬 수도 없다. 그래서 우리는 우리의 실존의 역사적 조건들을 받아들이지 않으면 안 된다. 다시 말하자면, 우리는 이 조건들을 '이해'하고, '해석'할 수는 있지만, 이것들을 '변화'시킬 수는 없는 일이다.(Cassirer: 1946, 293)

카시러는 슈펭글러나 하이데거의 사상이 곧장 독일의 정치 이념의 발전과 직접적 관련을 가지고 있다고 단호하게 주장하지는 않지만, 그런 혐의를 지우지 않고 있다. 왜냐하면 카시러는 이들의 사상이 '사변적' 의미보다는 매우 '현실적' 의미를 가지고 있었다고 평가하고 있기 때문이다.(Cassirer: 1946, 293) 그것은 바로 이들 사상이 현대의 정치적 신화들에 항거할 수 있었던 세력들을 약화시키고, 서서히 무너뜨렸기 때문이다. 그와 같은 측면에서 우리의 문명의 몰락과 불가피한 파멸을 침울하게 예언하는 슈펭글러의 역사철학과 인간의 '내던져져 있음'을 인간 실존의 주요 특징의 하나로 파악하는 하이데거의 실존철학은 인간의 문화생활의 건설과 재건에 적극적으로 참여할 모든 희망을 단념하고 만 것이라고 카시러는 평가한다. 그리하여 이러한 사상들은 정치 지도자들의 수중에서 다루기 쉬운 도구로 이용되고 말았다는 것이다.(Cassirer: 1946, 293)

5. '지금 여기의' 문화의 메타모포시스, 어떻게 읽고 대처해야 하는가?

지금까지 살펴 본 카시러의 사회철학의 논의들, 말하자면 신화적 사고의 역기능으로서 이데올로기 분석이 현재 한국 사회에서 어느 정도로 의미를 지닐 수 있는지에 대해 잠깐 생각해 보고자 한다.

첫째, 신화의 정치철학으로의 침투에 대한 카시러의 논의에서 확인할 수 있는 현대의 정치적 신화들에 의한 생명의 의식화는 한 집단, 예컨대 그것이 국가든, 인종이든, 민족이든, 지역이든 간에, 그것을

'정서적으로'(혹은 감정적으로) 결속시킨다는 의미를 지니고 있다. 이는 현대 정치적 신화가 이성에 의해 결정된 '도덕적' 의사 공동체가 아닌 '정서적으로' 지배된 감정 공동체를 만들어내게 된다. 이러한 카시러 의 분석은 한국의 정치 상황을 파악하는 데에도 유용하게 활용될 수 있을 것이다. 3김 정치로 대표되었던 한국의 현대 정치사는 그 밑바 탕에 골 깊은 지역감정, 혹은 지역정서를 은연중에 그러면서 강력하 게 깔고 있는데, 이러한 현상은 바로 정치적 신화의 전형적인 부산물 이라고 할 수 있을 것이다.

둘째, 현대의 정치적 신화에서 나타나는 칼라일의 영웅 숭배론은 거의 한 세기가 흘렀음에도 불구하고, 그 모양만 달리할 뿐이지 실질 적인 내용에 있어서는 지금까지도 한국 사회에서 효능을 발휘하고 있다고 나는 생각한다. 특히 한국 사회에서 대중 연예계 스타들, 스포 츠 스타들에 대한 청소년들의 광적인 집착과 선호, 그리고 찬양은 어 떤 측면에서 칼라일 사상의 한국판 부활이라고 해도 지나치지 않을 것이다.

셋째, 고비노의 인종불평등론 또한 한국 사회에서 그야말로 더욱 교묘하게 정치 사회적으로 용인되고 있다고 할 수 있다. 고비노 이론 에서 특정 인종이 다른 여타의 인종들보다 우월하다고 논의되듯이, 한국 사회에서는 그 인종이 '학벌'이라는 이름으로 둔갑하여 활개치 고 있다고 할 수 있다. 정부 조직상 고위관료의 절대 다수가 특정 대학 출신들로 이루어져 있는 현실, 그리고 고교 교육의 최종 목표가 특정 대학으로의 진학에 맞추어져 있다는 것은 부끄러운 우리의 자 화상임에 틀림없다. 이런 와중에 다행스러운 것은 안티 학벌(www. antihakbul.org)과 같은 대중적 모임이 활발히 전개되고, 이것이 여론의 폭넓은 지지를 얻었던 점은 대단히 바람직한 현상이라고 여겨진다.

넷째, 현대의 정치적 신화는 역사의 숙명론적인 관점을 제시한다. 이러한 사고방식에서는 역사적 시간은 운명적 고리로서 주어진다. 이는 비관론적 세계관을 제공할 가능성이 대단히 커지게 된다. 그렇게 된다면 개인 상호간에, 사회 전반에 걸쳐, 그리고 국가적으로도 불신 풍조를 더욱 조장하는 효과를 가져 올 수가 있는 것이다. 그렇게 된다면 사회의 기본적인 규범과 질서에 대한 회의적 태도가 확산될 수 있고, 정치적으로는 대화와 타협에 의한 합리적인 정치보다는 극단적인 힘에 의한 정치, 파벌 중심의 밀실 정치가 더욱 강하게 나타나게 될 것이다.

지금까지의 논의를 통해서 확인할 수 있는 사실은 인간 문화의 뿌리 깊은 근원의 하나인 신화와 신화적 사고의 부정적인 측면이 오늘날에도 여전히 정치에 그대로 침투하여 이데올로기로 활용되고 있다는 사실이다. 문제는 어떻게 하면 이러한 상황이 변화될 수 있는가 하는 점이다.

카시러는 『국가의 신화』 마지막 부분에서 이 문제를 나름대로 모색하고 있다. 카시러는 베이컨의 입장을 제시함으로써 현대 정치적 신화의 본질을 밝혀내어야 한다고 주장한다. 베이컨은 우리가 먼저 순종하지 않으면, 자연은 정복되지 않는다고 말한다. 이 말을 통해서 베이컨이 목표하는 바는, 인간으로 하여금 자연의 주인이 되게 하는 데 있다. 인간은 자연을 예속시키거나 노예화할 수 없다. 자연을 지배하려면 인간은 자연을 존중하지 않으면 안 된다. 인간은 먼저 자기 자신을 해방시키는 일에서 출발하지 않으면 안 된다. 즉 그의 오류들

과 착각들, 그의 인간적 괴벽과 망상에서 벗어나지 않으면 안 된
다.(Cassirer: 1946, 294)

　카시러는 베이컨의 이 말을 왜 어떤 맥락에서 언급하고 있는 것일
까? 카시러는『문화과학의 논리』에서 문화의 목적은 이 세상에서 우
리가 '행복'을 성취하는 데 있는 것이 아니라 '자유의 성취', 진정한
'자율의 성취'에 있다고 말한다. 이러한 자율은 자연에 대한 인간의
'기술적 지배'에 있는 것이 아니라, 인간이 자기 자신을 '도덕적으로'
지배한다는 것을 의미한다.(Cassirer: 1942. 255)

제1부 **전근대에서 근대로 변용**

【만민(萬民)에서 개인(individual)으로】_ 강원돈

『독립신문』, 1898.5.7.

『독립신문』, 1898.9.17.

게일, J. S., 신복룡 역주, 『전환기의 조선』, 집문당, 1999.

_____, 권혁일 역, 『한국의 마테오 리치 제임스 게일』, KIAST, 2012.

김권정, 「근대전환기 윤치호의 기독교 사회윤리사상」, 『기독교사회윤리』 22, 한국기독교사회윤리학회, 2011.

김도태, 『서재필박사자서전』, 을유문화사, 1972.

김소영, 「한말 서재필의 '공화주의적' 개혁 시도와 리더십」, 『한국·동양정치사상사학회 학술대회 발표논문집』, 한국동양정치사상사학회, 2015. 12.

김신재, 「유길준의 민권의식의 특질」, 『동학연구』 22, 한국동학학회, 2007.

김영철, 「'영해동학혁명'과 해월의 삶에 나타난 사인여천 사상」, 『동학학보』 30, 동학학회, 2014.

김용해, 「정약용의 사천학은 서학인가 유학인가? - 서학비판론과 정약용의 사천학」, 신촌포럼 발제문, 2019.

김인석, 「최한기의 인간관에 관한 소고」, 『철학연구』 58, 철학연구회, 2002.

김한식, 「혜강(惠崗)사상에 나타난 근대성 논리의 구조」, 『한국정치학회보』 34:4, 한국정치학회, 2001.

김현철, 「개화기 『만국공법』의 전래와 서구 근대주권국가의 인식」, 『정신문화연구』 28:1, 한국학중앙연구원, 2005.

나종석, 「다산 정약용을 통해 본 유교와 천주교의 만남: 한국적 근대성의 논리

를 둘러싼 논쟁의 맥락에서」, 『사회와 철학』 31, 한국사회와철학연구회, 2016.

류충희, 「윤치호의 계몽사상과 기독교적 자유: 후쿠자와 유키치의 자유관과 종교관의 비교를 통해서」, 『동방학지』 171, 연세대학교 국학연구원, 2015.

박세준, 「수운 최제우와 근대성」, 『한국학논집』 73, 계명대학교 한국학연구소, 2018.

박영신, 「독립협회 지도 세력의 상징적 의식 구조」, 『동방학지』 20, 연세대학교 국학연구원, 1978.

백민정, 『정약용의 철학』, 이학사, 2007.

블룸퀴스트, 제라 외 영어번역 및 편집, 『자주독립 민주개혁의 선구자 서재필』 한국기독교지도자작품선집 013, 한국고등신학연구원, 2013.

송영배, 「다산에 보이는 『천주실의』의 철학적 영향」, 경기문화재단 실학박물관 편, 『다산 사상과 서학』, 경인문화사, 2013.

신해순, 「최한기의 상업관」, 『대동문화연구』 27, 성균관대학교 동아시아학술원, 1992.

안외순, 「유가적 군주정과 서구 민주정에 대한 조선 실학자의 인식: 혜강 최한기를 중심으로」, 『한국정치학회보』 35:4, 한국정치학회, 2001.

유길준, 허경진 옮김, 『서유견문: 조선 지식인 유길준, 서양을 번역하다』, 서해문집, 2004.

윤석산, 『동경대전』, 동학사, 1996.

이나미, 「19세기 말 개화파의 자유주의 사상: 독립신문을 중심으로」, 『한국정치학회보』 35:3, 한국정치학회, 2001.

이신철, 「독립협회와 만민공동회의 '근대성' 논의 검토」, 『사림』 39, 수선사학회, 2011.

이이화, 「허균이 본 호민」, 한국신학연구소 편, 『한국 민중론』 제2판, 한국신학연구소, 1984.

이종우, 「동학(東學)에 있어서 천주의 초월성과 내재성에 근거한 인간관의 변화: 시천주(侍天主)에서 인내천(人乃天)으로의 변화」, 『한국철학논집』 23, 한국철학사연구회, 2008.

丁若鏞, 이지형 옮김, 『論語古今註』 다산번역총서 5, 사암, 2010.

_____, 전주대호남학연구소 옮김, 「中庸自箴」, 『國譯 與猶堂全書』 1, 여강출판사, 1989.

丁若鏞, 전주대호남학연구소 옮김, 「心經密驗」, 『國譯 與猶堂全書』 1, 여강출판사, 1989.

정용화, 「유교와 인권(I): 유길준의 '인민의 권리'론」, 『한국정치학회보』 33:4, 한국정치학회, 2000.

_____, 「문명개화론의 덫: 윤치호일기를 중심으로」, 『국제정치논총』 41:4, 한국국제정치학회, 2001.

정종성, 「기독교와 동학(東學)의 대화: 눅 10,25-26의 하나님 사랑·이웃 사랑과 수운(水雲)의 시천주(侍天主)·고아정(顧我情)에 대한 비교 연구」, 『신학논단』 81, 연세대학교 신과대학(연합신학대학원), 2015.

정창렬, 「백성의식·평민의식·민중의식」, 한국신학연구소 편, 『한국 민중론』 제2판, 한국신학연구소, 1984.

좌옹윤치호문화사업회 편, 『윤치호의 생애와 사상』, 을유문화사, 1998.

崔漢綺, 민족문화추진회 편역, 「神氣通」, 『국역 기측체의』 I, 민족문화추진회, 1979.

_____, 『국역 인정』 I(재판), 민족문화추진회, 1982.

_____, 『국역 인정』 III, 민족문화추진회, 1981.

황재범, 「한국 개신교의 1907년 평양대부흥운동에 대한 다양한 해석들의 비교 연구」, 『종교연구』 45, 한국종교학회, 2006.

Rawles, John., *A Theory of Justice,* Revised Edition. Harvard Univ. Press, 1999.

Sandel, Michael J., *Liberalism and the Limits of Justice.* Cambridge Univ. Press, 1982.

【도(道)에서 진리(truth)로】_ 이행훈

『대학』, 『논어』, 『중용』, 『맹자』, 『서경』, 『주역』

김남두 외, 백낙청 엮음, 『현대 학문의 성격』, 민음사, 2000.

김영식, 『과학, 인문학 그리고 대학』, 생각의 나무, 2007.

미조구치 유조, 김석근·김용천·박규태 옮김, 『중국사상문화사전』, 책과함께, 2011.

박승억, 「키와 돛-형이상학 없는 시대에서의 과학과 윤리」, 『철학과 현상학 연구』 56, 한국현상학회, 2013.

안원태, 「회화창작에 있어서 응물연구」, 『조형예술학연구』 12, 한국조형예술학
　회, 2007.

오세근, 「유교 학문론-공부론의 탈근대학문 언어체계로서의 적용 가능성에 관
　한 연구」, 『동양사회사상』 13, 동양사회사상학회, 2006.

옥성득, 「'한일합병' 전후 최병헌 목사의 시대 인식-계축년(1913) 설교를 중심
　으로-」, 『한국기독교와 역사』 13, 한국기독교역사연구소, 2000.

우실하, 「오리엔탈리즘의 해체를 위한 인식 전환으로서의 동도동기론」, 『사회
　사상과 문화』 1, 동양사회사상학회, 1998.

이진경 외, 『현대사회론 강의 모더니티의 지층들』, 그린비, 2007.

이행훈, 『학문의 고고학: 한국 전통 지식의 굴절과 근대 학문의 기원』, 소명출
　판, 2016.

최병헌, 『성산명경』, 한국고등신학연구원, 2010.

한국사상연구회, 『조선유학의 개념들』, 예문서원, 2002.

【혁명(革命)에서 개벽(開闢)으로】_ 조성환

『세종실록』, 『영조실록』, 『천도교회월보』

김용우, 「여운형의 좌우합작론과 자주적 근대」, 원광대학교 원불교사상연구원
　제2차 시민강좌 발표문, 2019.5.29, 익산 동산수도원.

김용휘, 『최제우의 철학』, 이화여자대학교출판문화원, 2012.

류병덕, 『원불교와 한국사회』, 시인사, 1986.

박맹수, 『생명의 눈으로 보는 동학』, 모시는사람들, 2014.

오구라 기조, 조성환 옮김, 『한국은 하나의 철학이다』, 모시는사람들, 2018.

오문환, 「천도교(동학)의 민주공화주의 사상과 운동」, 『정신문화연구』 30:1, 한국
　학중앙연구원, 2007.

유신지·여상임, 「이상화 문학에 나타난 시적 상상력의 근원 연구」, 『어문논총』
　74, 한국문학언어학회, 2017.

이규성, 『최시형의 철학』, 이화여자대학교출판부, 2011.

정종모, 「송명유학의 도통론에서 안회의 지위와 의미-정명도의 도통론과 그
　굴절을 중심으로」, 『양명학』 54, 한국양명학회, 2019.

정혜정, 『동학 문명론의 주체적 근대성-오상준의 초등교서 다시읽기』, 모시는

사람들, 2019.

조규태 외, 『강원도 원주 동학농민혁명』, 모시는사람들, 2019.

조성환, 「'개벽'으로 다시 읽는 한국 근대－「삼일독립선언서」에 나타난 개벽사상을 중심으로」, 『종교교육학연구』 59, 한국종교교육학회, 2019.

_____, 「정제두의 심학적 응물론－『정성서해(定性書解)』를 중심으로」, 『유교문화연구』 19, 성균관대학교 동아시아학술원, 2011.

_____, 「최시형의 도덕개벽론」, 『개벽신문』 81, 2019.1.

_____, 『한국 근대의 탄생－개화에서 개벽으로』, 모시는사람들, 2018.

조성환·이병한, 『개벽파선언』, 모시는사람들, 2019.

_____·허남진, 「지구인문학적 관점에서 본 한국종교－홍대용의 『의산문답』과 개벽종교를 중심으로」, 『신종교연구』 43, 한국신종교학회, 2020.

한승훈, 「開闢(개벽)과 改闢(개벽): 조선후기 묵시종말적 개벽 개념의 18세기적 기원」, 『종교와 문화』 34, 서울대학교 종교문제연구소, 2018.

홍승진, 「김소월과 인내천: 『개벽』지 발표작에 관한 일고찰」, 『문학과 종교』 22, 한국문학과종교학회, 2017.

【아니마(anima)에서 영성(靈性)으로】_ 심의용

김근숙, 「茶山上帝觀 유교적 靈性 연구」, 성균관대학교 유학대학원 석사논문, 2019.

김선희, 「영명으로서의 인간 - 성학추술 을 통해 본 정약용의 인간론」, 『동양철학연구』 60, 동양철학연구, 2009.

_____, 「중세 기독교 세계관의 유교적 변용에 관한 연구」, 이화여자대학교 박사논문, 2008.

김영식, 『중국천통문화와 과학』, 창작과비평사, 1986.

김용옥, 『도올논문집』, 통나무, 1991.

김희정, 「고대 중국의 치유관념에 대한 종교학적 고찰」, 『동북아 문화연구』 10, 동북아시아문화학회, 2006.

리처드 콤스톡, 윤원철 역, 『종교학』, 전망사, 1986.

벤자민 슈워츠, 나성 역, 『중국 고대 사상의 세계』, 살림, 1996.

심의용, 「易傳의 神 개념에 대한 해석 연구」, 숭실대학교 대학원 석사논문, 1994.

야마다 케이지, 김석근 역, 『주자의 자연학』, 통나무, 1991.

윌리엄 페이든, 이진구 역, 『비교의 시선으로 바라본 종교의 세계』, 청년사, 2004.

윌프레드 캔트웰 스미스, 길희성 역, 『종교의 의미와 목적』, 분도출판사, 1991.

이문규, 「동아시아 전통 과학의 발견과 그 영향: 조지프 니덤의 『중국의 과학과 문명』」, 『인간·환경·미래』 19, 인제대학교 인간환경미래연구원, 2017.

이연승, 「서구의 유교종교론－유교의 초월성에 대한 담론을 중심으로」, 『동서 철학연구』 81, 한국동서철학회, 2016.

이정배, 「유교적 자연관과 생태학적 신학」, 『신학과 세계』 36, 감리교신학대학 교, 1998.

李志林, 『氣論與傳統思惟方式』, 學林出版社, 1990.

주   희, 『맹자집주(孟子集注)』.

_____, 『주자어류(朱子語類)』.

줄리아 칭, 임찬순·최효선 공역, 『유교와 기독교』, 분도출판사, 1993.

최정연, 「다산 정약용의 '靈明之體' 개념에 대한 논의－정약용의 『심경밀험』과 롱고바르디의 『영혼도체설』을 중심으로」, 『한문학논집(漢文學論集)』 55, 근역 한문학회, 2020.

_____, 「혼령(魂靈)에서 영체(靈體)로－anima humana의 역어를 둘러싼 조선 지식계의 반응」, 『中國文學』 95, 한국중국어문학회, 2018.

祝平次, 『朱子學與明初理學的發展』, 臺灣學生, 民國 83, 1994.

풍우란, 곽신환 역, 『중국 철학의 정신』, 서광사, 1993.

한스 큉·줄리아 칭, 이낙선 역, 『중국 종교와 그리스도교』, 분도출판사, 1994.

A.C.그레이엄, 이현선 역, 『정명도와 정이천 철학』, 심산, 2011.

제2부 **근대 사상과 메타모포시스**

【근대전환기 평양 숭실 철학교육의 메타모포시스 특징】_ 오지석

강영안, 『우리에게 철학은 무엇인가』, 궁리, 2003.

곽신환, 『편하설』, 서울: 한국기독교문화연구원, 2017.

김영식, 『동아시아 과학의 차이』, 휴머니스트, 2013.

김재현, 「한국에서 근대적 학문으로서 철학의 형성과 그 특징-경성제국대학 철학과를 중심으로」, 『시대와 철학』, 18:3, 한국철학사상연구회, 2007.

신주백, 「근대적 지식체계의 제도화와 식민지 공공성」, 『한국 근현대 인문학의 제도화: 1910~1959』, 혜안, 2014.

알폰소 바뇨니(P.A. Vagnoni), 김귀성 옮김, 『童幼敎育: 바뇨니의 아동교육론』, 북코리아, 2015.

이기상, 「철학개론서와 교과과정을 통해 본 서양철학 수용(1900-1960)」, 『철학 사상』 5, 서울대학교 철학사상연구소, 1995.

＿＿＿, 『서양철학의 수용과 한국철학의 모색』, 지식산업사, 2002.

이행훈, 「學問 개념의 근대적 전환-'格致' '窮理' 개념을 중심으로」, 『東洋古典硏 究』 37, 동양고전학회, 2009.

＿＿＿, 「한국 근대 '철학'개념의 역사 의미론 연구」, 『개념의 번역과 창조-개념 사로 본 동아시아 근대』, 돌베개, 2012.

조요한, 『관심과 통찰:이경 조요한 선생 유고집』, 숭실대학교출판부, 2004.

진교훈, 「서양철학의 수용과 전개」, 『한국철학사』 하권, 동명사, 1987.

편하설, 김태완 역해, 『論理略解』, 한국기독교문화연구원, 2017.

＿＿＿, 김인수 옮김, 『편하설 목사의 선교일기』, 쿰란출판사, 2004

한국철학사상연구회, 『처음 읽는 한국 현대철학』, 동녘, 2015.

허남진외 4인, 「제4부 근백년 한국철학의 교육과 제도」, 『철학사상』 8, 철학사 상연구소, 1998.

허지향, 「경성제국대학 법문학부 철학과 강좌 개설 상황, 강좌 담임에 관한 역 사적 검토」, 『시대와 철학』 29:2, 한국철학사상연구회, 2018.

J. Aleni, 김귀성 역, 『17세기 조선에 소개된 서구교육:『서학범』, 『직방외기』』, 원미사, 2001.

【교육철학과 윤리사상의 메타모포시스】_박삼열

곽신환, 『윤산온』, 숭실대학교 출판국, 2017.

김명배, 「한국교회 '대학문제'(College Question)의 발생배경과 그 쟁점들에 관 한 연구」, 『현상과 인식』 41:4, 한국인문사회과학회, 2017.

김선욱·박신순, 『마포삼열』, 숭실대학교 출판부, 2017.

류대영, 「윌리엄 베어드의 교육사업」, 『한국기독교와 역사』 32, 한국기독교역사 연구소, 2010.

박정신, 『숭실과 기독교』, 숭실대학교 출판부, 2014.

변창욱, 「윌리엄 베어드의 선교방법과 교육선교정책」, 『한국기독교신학논총』 74, 한국기독교학회, 2011.

숭실대학교 100년사편찬위원회, 『숭실대학교 100년사』, 숭실대학교 출판부, 1997.

숭실대학교 120년사편찬위원회, 『민족과 함께 한 숭실 120년』, 숭실대학교 한국 기독교박물관, 2017.

안종철, 「윤산온의 교육선교 활동과 신사참배문제」, 『한국기독교와 역사』, 한국 기독교역사연구소, 2005.

유영렬, 『민족과 기독교와 숭실대학』, 숭실대학교 출판부, 2005.

이혜정, 「배위량 선교사가 지역사회에 끼친 사회적 영향」, 『신학과목회』, 영남 신학대학교, 2018.

임희국, 『평양의 장로교외와 숭실대학』, 숭실대학교 출판국, 2017.

Richard Baird, William M. Baird, 숭실대학교 뿌리찾기위원회, 『윌리엄 베어드』, 숭실대학교 출판국, 2016.

R.O.Reiner, "Personal Report 1927-1928".

William M. Baird, 『윌리엄 베어드의 선교일기』, 숭실대학교 한국기독교박물관, 2013.

_____, 『윌리엄 베어드의 선교편지』, 숭실대학교 한국기독교박물관, 2017.

_____, 김용진 옮김, 『윌리엄 베어드의 선교 리포트 I』, 숭실대학교 한국기독교박물관, 2016.

_____, 김용진 옮김, 『윌리엄 베어드의 선교 리포트 II』, 숭실대학교 한국기독교박물관, 2016.

【종교 개념의 메타모포시스】_ 방원일

『신학월보』, 『대한크리스도인회보』, 『그리스도신문』, 『그리스도회보』

김주현, 「'서호문답'의 저자 및 성격 규명」, 『국어교육연구』 50, 국어교육학회,

2012.

노병선, 『파혹진선론』, 예수교서회, 1897.

데이비드 치데스터, 심선영 옮김, 『새비지 시스템: 식민주의와 비교종교』, 경세원, 2008.

문시영 외, 『근대 사상의 수용과 변용 I』, 선인, 2020.

박한민, 「유길준 『世界大勢論』(1883)의 전거(典據)와 저술의 성격」, 『한국사학보』 53, 고려사학회, 2013.

신광철, 「濯斯 崔炳憲의 비교종교론적 기독교변증론:《聖山明鏡》을 중심으로」, 『한국기독교와 역사』 7, 한국기독교역사연구소, 1997.

야나부 아키라, 김옥희 옮김, 『번역어의 성립: 서구어가 일본 근대를 만나 새로운 언어가 되기까지』, 마음산책, 2011.

윌프레드 캔트웰 스미스, 길희성 옮김, 『종교의 의미와 목적』, 분도출판사, 1991[1963].

유길준, 『世界大勢論』, 俞吉濬全書編纂委員會編, 『俞吉濬全書』 III, 一潮閣, 1971[1883].

이소마에 준이치, 제점숙 옮김, 『근대 일본의 종교 담론과 계보: 종교, 국가, 신도』, 논형, 2016.

이예안, 「유길준 『세계대세론』의 근대적 개념 이해와 개항기 조선: 우치다 마사오 『여지지략』과의 비교를 단서로」, 『한국학연구』 64, 인하대학교 한국학연구소, 2018.

이종우, 「예교(禮敎)에서 종교(宗敎)로: 대한제국기 종교정책과 배경 담론들을 중심으로」, 『원불교사상과 종교문화』 81, 원광대학교 원불교사상연구원, 2019.

이진구, 『한국 개신교의 타자 인식』, 모시는사람들, 2018.

이행훈, 『학문의 고고학: 한국 전통 지식의 굴절과 근대 학문의 기원』, 소명, 2016.

임부연, 「근대 유교지식인의 '종교' 담론」, 강돈구 외, 『근대 한국 종교문화의 재구성』, 한국학중앙연구원출판부, 2006.

장석만, 「개항기 한국사회의 '종교' 개념 형성에 관한 연구」, 서울대학교대학원 철학박사학위논문, 1992.

장석만, 『한국 근대종교란 무엇인가?』, 모시는사람들, 2017.

최병헌, 조원시 교열, 『성산명경』, 정동황화서재, 1909.

최병헌, 『예수텬쥬량교변론』, 정동 야소교회사무소, 1909.

Asad, Talal, *Genealogies of Religion: Discipline and Reasons of Power in Christianity and Islam*, Johns Hopkins University Press: Baltimore, 1993.

F. S. Miller, Mrs. M. H. Gifford 옮김, 『순도긔록』, 대한예수교서회, 1906.

King, Richard, *Orientalism and Religion: Post-Colonial Theory, India and" The Mystic East"*, Routledge: London, 1999.

Stroumsa, G. G., *A New Science: The Discovery of Religion in the Age of Reason*, Cambridge: Harvard University Press, 2010.

【문화의 메타모포시스】_ 신응철

신응철, 「카시러 문화철학에 나타난 신화관」, 『대동철학』 7, 대동철학회, 2000.

_____, 「카시러의 인식이론 고찰」, 『칸트와 현대 유럽철학』, 철학과현실사, 2001.

_____, 「카시러와 하이데거의 다보스 논쟁 다시 읽기」, 『철학논총』 29, 새한철학회, 2002.

_____, 「뮈토스, 로고스, 심볼의 상관관계 -카시러의 문화철학을 중심으로-」, 『인문사회21』 8(6), (사)아시아문화학술원, 2017.

_____, 「카시러 〈문화과학의 논리〉의 문제의식과 두 문화」, 『현대유럽철학연구』 51, 한국현대유럽철학회, 2018.

_____, 『카시러의 문화철학』, 한울출판사, 2001.

_____, 『카시러 사회철학과 역사철학』, 철학과현실사, 2004.

_____, 『에른스트 카시러』, 커뮤니케이션북스, 2016.

카시러, 에른스트, 신응철 역, 『언어와 신화』, 지식을만드는지식, 2015.

파에촐트, 하인츠, 봉일원 역, 『카시러』, 인간사랑, 2000.

Carlyle, Thomas., *On Heroes, Hero Worship and the Heroic in History*, Oxford University Press, London: Humphrey Milford, 1841. Reprinted, 1928.
(번역본으로 박시인 역, 『영웅숭배론』, 을유문화사, 1963.)

Cassirer, Ernst., *Philosophie der Symbolischen Formen, Bd. I. Die Sprache*, Wissenschaftliche Buchgesellschaft, Darmstadt, 1923. Reprint, 1973.

(번역본으로 박찬국 옮김, 『상징 형식의 철학』 제1권: 언어, 아카넷, 2011.)

Cassirer, Ernst., *Philosophie der Symbolischen Formen, Bd. Ⅱ. Das mythische Denken*, Wissenschaftliche Buchgesellschaft, Darmstadt, 1925.
(번역본으로 심철민 옮김, 『상징형식의 철학』 제2권: 신화적 사고, 도서출판b, 2012.)

Cassirer, Ernst., *Zur Logik der Kulturwissenschaften*, Wissenschaftliche Buchgesellschaft, Darmstadt, 1942.
(번역본으로 박완규 옮김, 『문화과학의 논리』, 도서출판 길, 2007.)

Cassirer, Ernst., *An Essay on Man: An Introduction to a Philosophy of Human Culture*, New Haven, Yale University Press, 1944.
(번역본으로 최명관 옮김, 『인간이란 무엇인가』, 서광사, 1988.)

Cassirer, Ernst., *The Myth of the State*, New Haven and London: Yale University Press, 1946. (번역본으로 최명관 역, 『국가의 신화』, 서광사, 1988.)

Heidegger, Martin., *Sein und Zeit*, Max Niemeyer Verlag Tübingen, 1927.
(번역본으로 이기상 역, 『존재와 시간』, 까치, 1998.)

Krois, J.M., *Cassirer: Symbolic Forms and History*, Yale University Press, New Haven and London, 1987.

Spengler, Oswald., *Der Untergang des Abendlandes*, München: Beck, 1918.

Verene, Donald Phillip., *Symbol, Myth, and Culture: Essays and Lectures of Ernst Cassirer 1935-1945*, New Haven and London Yale University Press, 1979(ed). (번역본으로 심철민 역, 『상징 신화 문화』, 아카넷, 2012.)

초출일람

제1부
전근대에서 근대로 변용

강원돈 ― 「만민(萬民)에서 개인(individual)으로의 전환―개항 전후 외래 문명의 수용과 변용의 맥락에서」, 『神學과社會』 33:4, 2019.11.

이행훈 ― 숭실대학교 인문한국플러스(HK+)사업단 학술대회 발표논문, 2019.6.

조성환 ― 숭실대학교 인문한국플러스(HK+)사업단 학술대회 발표논문, 2019.6.

심의용 ― 「기론(氣論)과 영성(靈性)」, 『한국기독교문화연구』 13, 2020.

제2부
근대 사상과 메타모포시스

오지석 ― 「한국 근대전환기 철학교육의 메타모포시스 : 평양 숭실의 경험을 중심으로」, 『인문사회21』 11:4, 2020.

박삼열 ― 「숭실대학 초기 선교사 교장들의 교육철학과 윤리사상」, 『기독교사회윤리』 45, 2019.

방원일 ― 숭실대학교 인문한국플러스(HK+)사업단 학술대회 발표논문, 2020.

신응철 ― 「카시러(E. Cassirer)의 신화철학과 정치적 신화 해석」, 『현대유럽철학연구』 52, 2019. 1.

| ㄱ

감리교 165, 169, 171, 187

갑신정변 40, 48, 49, 52, 53

갑오경장 47, 51, 52, 53

강석우(康錫佑) 147

「강씨철학대략」 152

강영안 152, 154

『개벽』 92, 100

개벽 91, 92, 93, 94, 95, 96, 97, 99, 100, 101, 103, 104, 108, 109, 112, 113, 114

개벽문학 113, 114

개벽파 98, 113

개벽학 112, 113, 114

개신교 20, 38, 49, 51, 56, 60, 62

개인 17, 18, 19, 20, 25, 26, 28, 30, 33, 34, 35, 39, 40, 41, 44, 45, 46, 47, 48, 51, 52, 54, 55, 56, 58, 59, 60, 61, 62, 63

개인의식 17, 20, 21, 22, 24, 38, 47, 52, 56, 58, 60, 61, 62, 63

개종 20, 47, 48, 49, 53, 56, 60, 62

개체성 22, 34, 35, 36, 37

개항 20, 21, 37, 38, 61, 62

개화파 20, 48, 56

격치(格致) 149

경성제대 148, 153, 154, 158, 159

경천 21, 22, 23, 26, 27

계몽 47, 48, 51, 52, 55

『고대희랍철학고변』 152

고백 53, 54, 57, 58, 59, 60, 61

고봉생(高峰生) 157

고비노(Joseph-Arthur Gobineau) 228, 235, 236, 237, 238, 239, 243

고아정(顧我情) 27, 29, 62

고종(高宗) 193, 200, 201

『고종실록』 199

공개인(公個人) 111, 112

공동체 18, 25, 26, 35, 37, 62

공동체주의 46

과학만능주의 67

과학문명 38, 40, 53

과학적 사고 224, 225

괴테 217, 218

교(教) 192, 206, 207, 208, 209, 210

교법(教法) 194, 196

교육과정 145, 146, 152

「교육조서(教育詔書)」 146

교육철학 161, 162, 167, 168, 172, 178, 179, 180, 183, 184, 189, 190

교육학 153, 155

교회 163, 166, 167, 169, 170, 172, 177, 179, 180, 181, 182, 184, 189, 190

『국가의 신화』 227, 229, 244

국가주의(nationalism) 238

궁극적 관심 118, 122, 139

궁리(窮理) 149

궁리학 150

권리 18, 20, 38, 39, 40, 41, 42, 43, 44, 45, 46, 47, 48, 51, 52, 55, 56, 62, 63

그레이엄(Graham) 126, 128

『그리스도신문』 207

『그리스도회보』 212

근대전환공간 146, 148, 150, 154, 157, 158, 159

근대전환기 145, 147, 148, 149, 154, 156, 158, 159

근대지식체계 147

기독교 161, 162, 163, 164, 165, 166, 167, 168, 169, 170, 171, 172, 179, 180, 181, 182, 185, 186, 187, 188, 189, 190

기독교연합대학 164, 165, 169

기독교 윤리 161, 162, 166, 170, 178, 179, 183

「기미독립선언문」 98

기일원론(氣一元論) 33

기학 22, 33, 34, 37

김치진(金致振) 136

| ㄴ |

나도래(R. O. Reiner) 172, 173, 174, 175, 176, 177, 181, 190

내면 23, 58, 59

내면성 23, 26, 58, 59

내재성 27, 122

네페쉬(nephesh) 133

노병선(盧炳善) 208

『論理略解(논리략해)』 156, 159

논리학 155, 156

논어 155

농과 183, 184, 185

니덤의 난제 123, 125

니시 아마네 149, 150

| ㄷ |

다산 20, 22, 23, 24, 25, 26, 28, 62

『다시개벽』 109

다시개벽 93, 97, 98, 99, 100, 101, 102, 103, 106

대기운화 34, 37

대동교(大同敎) 204

대학문제 165

『대한매일신보』 202, 203

『대한크리스도인회보』 208

데이비드 치데스터(David Chidester) 213

데카르트(Rene Descartes) 222

도(道) 192, 200, 206, 207, 208

도덕 91, 99, 105, 106, 108, 111

도덕개벽 99, 107, 109, 110

도덕성(morality) 234, 237

도덕적 힘(moral force) 234

도덕지향 111

도덕학 155, 156

도학(道學) 207

『독립신문』 48, 50, 52, 55

독립협회 48, 53, 55

『동경대전』 94, 101, 102, 103, 105

동도서기(東道西器) 38

『동유교육』 149

동학 91, 92, 93, 94, 95, 97, 99, 100, 103, 104, 108, 109, 110, 111, 112, 113, 201, 202

동학농민개벽 109

| ㄹ |

라이프니츠(Gottfried Wilhelm von Leibniz) 222

로이포터(Roy Porter) 140

롱고바르디(Nicholas Longobardi) 137

루지에리(Michele Ruggieri) 136

| ㅁ |

마테오 리치 32, 57, 115, 131, 133, 135, 136, 138, 140

마포삼열(Samuel Austin Moffett) 174, 178, 179, 180, 181, 182, 184, 190

만민 17, 18, 19, 20, 44

『만종일련』 82, 86

『매일신문(每日新聞)』 147

메타모포시스 145, 146, 148, 154, 157, 158, 159, 161

목적의 왕국 237

『문명론의 개략』 197

『문부성 소할 목록』 151

문사철(文史哲) 148

문화과학 215, 216, 217, 218, 219, 220, 221

『문화과학의 논리』 216, 245

문화과학의 논리 215

문화의 메타모포시스 221, 222, 229, 242

문화의 부활(the palingenesis of culture) 221

문화의 재생(re-birth) 221

문화주의 69, 81

미국 163, 164, 173, 174, 177, 178, 183

민주주의 38, 40, 53, 54

민중 17, 18, 26, 47, 49, 50, 51, 52, 55, 63

| ㅂ |

바뇨니(Alfonso Vagnoni) 136

박은식(朴殷植) 203, 204

박치우 148, 153, 158, 159

「배근학설」 152

배위량(W. M. Baird) 163, 164, 165, 166, 167, 168, 169, 170, 171,

172, 174, 178, 181, 184, 189
백성 17, 21, 32, 35, 36
번하이젤(C. F. Bernheisel, 편하설)
    148, 155, 156, 157, 159
법률 41, 42, 43, 46, 47, 62
법치국가 39, 50, 62
베어드 148, 157
베이컨 244, 245
변법자강(變法自疆) 38
변용 145, 146, 148, 157, 159
보빙사(報聘使) 37, 40
복음 161, 163, 166, 167
북장로교 163, 178
북학파 32
『불교진흥회월보』 152
빙켈만 217

| ㅅ |
사변적 태만(speculative idleness) 228,
    229
사신(邪神) 206
사인여천(事人如天) 31
사천학(事天學) 22, 23, 25, 26
사회진화론 53, 54, 69
삼비아시(Francesco Sambiasi) 136
상모적 성격 224
상징체계 49, 54
『상징형식의 철학』 216, 230
상징형식의 철학 230
생명 45, 46, 47, 62
생명의 연대성(solidarity of life) 226,

230
생명평화 108, 110, 111
생태신학 130
서(恕) 22, 25
『서구의 몰락』 240, 241
서양 213
서양철학 145, 146, 147, 148, 149,
    152, 154, 158, 159
「서양철학사서론(西洋哲學史序論)」
    147
서울 163, 164, 165, 178
『서유견문』 40
서재필 20, 38, 47, 48, 49, 50, 51, 52,
    55, 56, 62
『서철강덕격치학설』 152
『서학범』 149
서호문답 203, 204
선교사 161, 162, 163, 172, 178, 180,
    181, 189
선교회 171, 178, 179, 180, 187
선천(先天) 104, 105, 177
선천도덕 104, 105
성리학 21, 22, 33, 62
『성산명경』 82, 83, 84, 86, 210, 211
성산유람기 210, 211
성스러움 116, 118, 119, 122, 139
성실성(sincerity) 233
성학(性學) 149
『성학추술』 136
세계관 20, 21, 33, 37, 38, 49, 50, 51,
    52, 54, 62

『세계대세론』 194, 195, 196

세계종교 197, 198

손병희 98, 108, 111, 112

수심정기(守心正氣) 101, 102, 103,
105

수양(修養) 23, 27, 28, 93, 94, 97

수용 145, 146, 147, 148, 157, 158,
159

수운 20, 22, 26, 27, 28, 29, 30, 31,
62

『崇實(숭실)』 157

숭실 145, 148, 155, 156, 157, 158,
159, 165, 172, 173, 174, 175,
176, 177, 178, 183, 186, 187, 189

숭실대학 153, 155, 156, 158, 162,
163, 165, 169, 170, 171, 172,
175, 176, 177, 178, 181, 182,
183, 184, 187, 189

「숭실문학」 176

숭실학당 162, 163, 168, 169, 181,
186, 189, 190

『숭실학보』 157

「숭실학보」 175, 176, 190

『숭실활천(崇實活泉)』 157

슈워츠(Schwartz) 126, 127, 128

슈펭글러(Oswald Spengler) 228, 240,
241, 242

스미스(W. E. Smith, 심익순) 148,
155, 157

시천주(侍天主) 22, 26, 27, 28, 29,
30, 31, 62, 103

신구학논쟁 74

신기선(申箕善) 75

신독 22, 23, 24

신분 17, 44, 46

신분제 17, 19, 31, 34, 35, 44, 46, 50

신비종교 116

신비주의 121, 140

신사유람단 37, 40, 53

신사참배 166, 183, 187, 188, 190

신채호(申采浩) 203

신체 45, 46, 47, 62

『신편서축국천주실록』 136

신화적 사고 222, 224, 226, 227, 229,
230, 231, 241, 242, 244

신후담(慎後聃) 136, 149

실러 217, 218

실존 241, 242

실존철학 241, 242

실학 75, 76, 78, 81

심리학 153, 155, 156

| ㅇ |

아니마(anima) 115, 132, 133

아리스토텔레스 132, 133, 134, 135

아퀴나스 132, 134

안정복(安鼎福) 136

알레니(Julio Aleni, 艾儒略) 136, 137,
149

알폰소 바뇨니(P.A. Vagnoni, 高一志)
149

야나부 아키라 199

야마다 케이지 131

양건식 152

양심 23, 26, 59

엔트로피(entropy) 139

여병현(呂炳鉉) 76

『여지지략(輿地誌略)』 196

역사적 기억 220

연합운동회 175

『영언여작』 136

영웅 숭배론 222, 228, 231, 232, 233, 234, 243

『영조실록』 92, 93, 96, 99, 103

『예수텬쥬량교변론』 212

예언종교 116

오륜 22, 32, 36, 37

오상준 111, 112

오심즉여심(吾心卽汝心) 27

외래사상 145, 157, 158

『용담유사』 94, 97, 98, 100, 103, 106

우민관(愚民觀) 51

우상(偶像) 206

운명론적 역사관 222, 228, 240

운명의 힘(the power of destination) 240

원불교 97, 100, 103, 107, 113

원시유학 25

위정척사(衛正斥邪) 38

윌림 페이든 119

윌프레드 캔트웰 스미스(Wilfred Cantwell Smith) 192

유교 193, 198, 199, 200, 201, 202, 203, 204, 205, 213, 214

유길준(俞吉濬) 20, 38, 40, 41, 42, 43, 44, 45, 46, 47, 56, 62, 194, 195, 196, 197, 198, 199, 205

유중교(柳重敎) 136

유학사상 147

윤리사상 161, 162, 167

윤리학 153, 155, 156, 157

윤산온(George S. McCune) 183, 184, 185, 186, 187, 188, 189, 190

윤치호 20, 38, 47, 48, 52, 53, 54, 55, 56, 62

음악 전도대 176, 177

응물(應物) 94, 95

의암 손병희(義菴 孫秉熙) 31

의인화(Anthropomorphism) 218

이(理) 33

이광수 147

이노우에 데츠지로 150

이데올로기 223, 227, 231, 236, 242, 244

이벽(李檗) 137

이용후생 76, 77

이인재 152

이재곤(李載崑) 199

이정직 152

이지림(李志林) 124, 125, 126

이학(理學) 149, 150, 151

인(仁) 22

인간중심주의(Anthropocentrism) 218

인권 40, 45, 50, 54, 55

인내천(人乃天)   31

인문개벽   93, 94

인심개벽   97, 99, 103, 104, 105

인종 불평등론   222, 228, 235

인종주의(racism)   238

일신(一身)   39

일신운화(一身運化)   34

| ㅈ |

자기   27, 41, 51, 58, 60, 61

자연과학   218, 219, 221

자유(freedom)   18, 20, 39, 40, 41, 42, 43, 44, 45, 47, 49, 52, 56, 58, 61, 62, 63, 218, 237

자유주의   18, 19, 44, 45, 46, 47, 54

자율(autonomy)   237, 245

자율성   26

자조부(自助部)   171, 183

자주지권(自主之權)   39

장로교   165, 169, 183, 187

장로교회   169

장석만   193

장일순   107, 110

재산   45, 46, 47, 62

재산권   46, 47, 63

전병훈   152

전체주의   228, 236

정(情)   28, 29

정보(information)   139

정신개벽   97, 103, 107

『정신철학통편』   152

정약용   20, 22, 24, 25, 26, 62

정약종(丁若鍾)   137

정의   53

정치적 신화   222, 227, 228, 229, 231, 240, 242, 243, 244

정하상(丁夏祥)   137

조민화합(兆民和合)   37

조사시찰단(朝士視察團)   151

조선   161, 162, 163, 186, 188, 189

조재삼(趙在三)   76

조준영   151

조지프 니덤(Joseph Needham)   116

존성윤음(尊聖綸音)   193, 200

존엄성(dignity)   27, 31, 62, 226, 237

『존재와 시간』   241

종교   191, 196, 200, 201, 208, 212, 213, 214

종교적인 것(religiousness)   119, 141

종교철학   155

죄   53, 57, 58, 59, 60, 61

죄책고백   58, 59

『죠션크리스도인회보』   206

주자학   23, 24, 25, 26, 33

주재천   22

주희(朱熹)   120, 131, 134

줄리아 칭   121

지구학   114

| ㅊ |

참정권   38, 40, 44, 45, 47, 52, 63

채필근   148, 153, 157, 158, 159

책임 36, 39, 43, 44, 59
천도(天道) 101, 102
천도(西學) 101
천도교 92, 94, 97, 100, 107, 112
천명(天命) 23, 24, 51, 54
천인감응 26, 27
천인공화(天人共和) 112
천주(天主) 23, 106
『천주교요해략』 136
『천주실의』 24, 32, 136
천주학 20, 21, 22, 23, 26, 27, 62
천지부모 105, 106
「철학개론」 157
철학교육 145, 148, 152, 153, 154,
    155, 156, 157, 158, 159
철학역사 156
『철학자휘』 150
청일전쟁 51, 58
『청춘(靑春)』 147
초월에의 지향성 122
초월적 실재 115, 116
촛불혁명 92, 110
총회 169
최두선(崔斗善) 147
최병헌(崔炳憲) 82, 83, 84, 86, 208,
    209, 210, 211
최시형 91, 93, 94, 97, 98, 99, 103,
    104, 105, 106, 107, 110, 111
최제우 20, 22, 62, 93, 94, 97, 99,
    100, 101, 102, 103, 104, 105,
    106, 108

최한기 20, 22, 32, 33, 36, 62
축구 175
축구부 175
충(忠) 25, 26, 36
친친·인민·애물 72

| ㅋ |

카시러(Ernst Cassirer) 215, 216, 217,
    218, 219, 220, 221, 222, 223,
    224, 225, 226, 227, 228, 229,
    230, 231, 232, 233, 234, 235,
    236, 237, 238, 239, 240, 241,
    242, 243, 244, 245
칸트 216, 217, 218, 224, 237, 238
칼라일(Thomas Carlyle) 228, 231,
    232, 233, 234, 235, 238, 239, 243
코엔 215

| ㅌ |

탈랄 아사드(Talal Asad) 192
통민운화(統民運化) 36
통의(通義) 42
통찰력(insight) 233

| ㅍ |

파시즘 228, 229, 233, 234
『파혹진선론』 208
평등성 22, 34, 35, 36, 37
평양 145, 148, 153, 155, 156, 157,
    158, 159, 163, 164, 165, 166,
    168, 169, 171, 175, 183, 184,

187, 188, 189

평양대부흥회 20, 38, 56, 58, 59, 60,
61

폐교 162, 187, 189

폴 틸리히(Paul Tillich) 141

표현양식 219, 220, 221

풍우란 122

프쉬케(psyche) 133

피타고라스 133

피히테(Johann Gottlieb Fichte) 232,
233

필로소피아(philosophica) 148, 149

| ㅎ |

하늘님 22, 27, 28, 29, 30, 31

하늘님 99, 100, 101, 102, 105, 106

하이데거(Martin Heidegger) 241, 242

『학지광(學之光)』 147

한국기독교박물관 145

한살림 109, 110

『한성순보』 39, 40, 194, 195, 198

한스 큉 116

한의학 115, 128

합리주의 38, 40

합성숭실대학 182

해월 31, 91, 93, 98

향벽설위(向壁設位) 31

향아설위(向我設位) 31

헤르더 217, 218

혁명(革命) 91, 92, 95, 96, 97, 99,
108, 109, 114

형식 216, 217, 218, 219, 220, 221,
231

혜강 20, 22, 32, 33, 34, 35, 36, 37,
62

활동운화(活動運化) 33

황노학(黃老學) 128, 129

황덕일(黃德壹) 136

『황성신문』 209

회심 56

효(孝) 36

후천(後天) 104, 105

후천도덕 105

후쿠자와 유기치(福澤諭吉) 40, 196,
197

훔볼트 217, 218

저자 소개(원고 수록순)

강원돈

한국신학대학 신학사
한국신학대학 대학원 신학석사
독일 보훔의 루르대학교 개신교 신학부 신학박사(Dr.theol.)
한국신학연구소 연구원
성공회대학교 학술연구교수
배재대학교 교수
한국민중신학회 회장
한국기독교사회윤리학회 회장
한신대학교 신학부 교수
한신대학교 은퇴교수

『사회적 개신교와 디아코니아』, 『지구화 시대의 사회윤리』, 『인간과 노동』, 『살림의 경제』, *Zur Gestaltung einer human, sozial und oekologisch gerechten Arbeit*, 『物의 신학 – 실천과 유물론에 굳게 선 신학의 모색』, 『사회정의론 연구』(공저), 『다시, 민중신학이다』(공저), 『한국신학, 이것이다』(공저), 『제국의 신』(공저), 『동서양 생명사상과 21세기 대안문화 형성』(공저), *Zwischen Regionalitaet und Globalisierung. Studien zu Mission, Oekumene und Religion*(공저)

이행훈

성균관대학교 철학박사
성균관대학교 동아시아학술원 박사후연구원
한림대학교 한림과학원 HK연구교수
현재 한림대학교 한림과학원 HK교수

『비교와 연동으로 본 19세기의 동아시아: 동아시아사의 새로운 발견』(공저), 『동아시아 전통 지식 이론의 발전과 그 근대적 굴절』(공저), 『21세기 유교 연구를 위한 백가쟁명 1』(공저), 『학문의 고고학』, 『한국의 근현대, 개념으로 읽다』(공저), 『개념의 번역과 창조: 개념사로 본 동아시아 근대』(공저), 『동서양 역사 속의 소통과 화해』(공저), 『한국철학사: 18개의 주제로 읽는 한국철학사』(공저) 등
『음빙실자유서: 중국 근대사상의 별 량치차오, 망명지 일본에서 동서 사상의 가교를 놓다』(공역), 『대학·중용』(공역) 등

조성환
서강대학교 철학박사
『월간 공공철학』편집 및 발행
한국학중앙연구원 세종리더십연구소 전임연구원
원광대학교 종교문제연구소 전임연구원
현재 원광대학교 원불교사상연구원 책임연구원, 『다시개벽』편집인

『한국 근대의 탄생』, 『개벽파선언』(공저), 『한국은 하나의 철학이다』(번역), 『공공철학대화』(번역)

심의용
숭실대학교 철학박사
고전번역연수원 연수과정 수료
충북대학교 인문연구원
국사편찬위원회 『비변사등록』번역 프로젝트 참여
성신여자대학교 연구교수
현재 숭실대학교 HK+연구교수

『마흔의 단어들』, 『서사적 상상력으로 주역을 읽다』, 『주역, 마음속에 마르지 않는 우물을 파라』, 『주역과 운명』, 『귀곡자 교양강의』, 『세상과 소통하는 힘』, 『주역』, 『인역(人易)』, 『중국 지식인들과 정체성』, 『케임브리지 중국철학 입문』, 『장자 교양강의』, 『주역절중』(공역), 『성리대전』(공역), 『근대 사상의 수용과 변용 I』(공저), 『천문략해』(해제)

오지석
숭실대학교 철학박사
현재 숭실대학교 HK교수, 숭실대학교 한국기독교문화연구원 부원장, 한국기독교사회윤리학회장

『서양 기독교윤리의 주체적 수용과 변용: 갈등과 비판을 넘어서』, 『가치가 이끄는 삶』(공저), 『인간을 이해하는 아홉가지 단어』(공저), 『한국기독교박물관 자료를 통해 본 근대의 수용과 변용』(공저), 『근대 사상의 수용과 변용 I』(공저), 『개화기 조선 선교사의 삶』(해제), 『동물학』(해제)

박삼열
숭실대학교 철학과 졸업
영국 University of Glasgow 철학 박사
현재 숭실대학교 베어드교양대학 교수

『스피노자의 심리철학』, 『스피노자의 윤리학 연구』, 『스피노자와 후계자들』, 『서양 근대

합리론 특강』, 『토론과 수사학』

방원일
서울대학교 종교학박사
서울대학교 종교학과, 치의학대학원 강사
현재 숭실대학교 한국기독교문화연구원 HK+연구교수

『메리 더글러스』, 『종교와 동물 그리고 윤리적 성찰』(공저), 『종교, 미디어, 감각』(공저),
『우리에게 종교란 무엇인가』(공저), 『한국의 과학과 종교』(공저), 『한국의 종교학: 종교,
종교들, 종교문화』(공저), 『자리 잡기: 의례 내의 이론을 찾아서』(번역), 『자연 상징: 우주론
탐구』(번역)

신응철
숭실대학교 철학과 및 대학원 졸업(철학박사. 문화철학)
숭실대학교 인문과학연구소 학술연구교수
대림대학교 교양학부 교수
경성대학교 글로컬문화학부 교수
동아대학교 철학생명의료윤리학과 교수
한국현대유럽철학회 편집위원장
한국해석학회 편집위원장

『카시러의 문화철학』, 『카시러 사회철학과 역사철학』, 『철학으로 보는 문화』, 『관상의 문화
학』, 『기독교문화학이란 무엇인가』, 『기독교철학자들의 문화관』, 『문화, 철학으로 읽다』,
『에른스트 카시러』, 『20대, 이제 철학을 만나다』, 『대학생이 알아야 할 인성 교양 윤리의
문제들』

메타모포시스 인문학총서 11

근대사상의 수용과 변용 II

2021년 1월 30일 초판 1쇄 펴냄

지은이 강원돈·이행훈·조성환·심의용·오지석·박삼열·방원일·신응철
펴낸이 김흥국
펴낸곳 도서출판 보고사

책임편집 이소희
표지디자인 손정자

등록 1990년 12월 13일 제6-0429호
주소 경기도 파주시 회동길 337-15 보고사
전화 031-955-9797(대표), 02-922-5120~1(편집), 02-922-2246(영업)
팩스 02-922-6990
메일 kanapub3@naver.com / bogosabooks@naver.com
http://www.bogosabooks.co.kr

ISBN 979-11-6587-143-7 94300
      979-11-6587-140-6 94080 (세트)
ⓒ 강원돈·이행훈·조성환·심의용·오지석·박삼열·방원일·신응철, 2021

이 저서는 2018년 대한민국 교육부와 한국연구재단의 지원을 받아
수행된 연구임(KRF-2018S1A6A3A01042723)